职业教育新能源汽车
系列教材

电动汽车检测
与故障诊断技术

唐中然　邹　欢　徐皓鹏　主编

化学工业出版社

·北京·

内容简介

本书在企业专家深度参与下,经过系统化分析岗位任务、重构课程体系、开发教学资源等环节编写而成。本书聚焦新能源汽车检测诊断的核心技能(涵盖动力电池、充电系统、高压配电系统、电机控制系统等),提炼31个职业能力点,每个能力点以"学习目标—基本知识—能力训练—问题情境—学习结果评价—课后作业"六环节标准化设计实现知识讲解与技能训练的有机融合。本书采用模块式结构设计,支持灵活组合教学单元,依托企业真实案例和技能大赛成果开发实训任务,将"岗课赛证"要求贯穿始终,通过图文并茂的理论解析、分层实训任务及量化评价体系,强化高压安全操作、故障诊断逻辑等核心技能。同时,本书配有丰富的数字化教学资源。

本书可作为职业院校新能源汽车技术专业教材,也为企业技术员培训和职业技能等级认证提供高效的学习支持,着力培养"精操作、善诊断、重素养"的新能源汽车技术人才。

图书在版编目(CIP)数据

电动汽车检测与故障诊断技术 / 唐中然, 邹欢, 徐皓鹏主编. -- 北京 : 化学工业出版社, 2025.8.

(职业教育新能源汽车系列教材). -- ISBN 978-7-122-48366-9

I. U469.72

中国国家版本馆 CIP 数据核字 2025RN0923 号

责任编辑:韩庆利　　　　　　　　文字编辑:吴开亮
责任校对:李露洁　　　　　　　　装帧设计:刘丽华

出版发行:化学工业出版社(北京市东城区青年湖南街 13 号 邮政编码 100011)
印　　装:河北鑫兆源印刷有限公司
787mm×1092mm　1/16　印张 18½　字数 455 千字　2025 年 10 月北京第 1 版第 1 次印刷

购书咨询:010-64518888　　售后服务:010-64518899
网　　址:http://www.cip.com.cn
凡购买本书,如有缺损质量问题,本社销售中心负责调换。

定　　价:59.00元

前言
PREFACE

电动汽车作为一种清洁、高效的交通工具，越来越受到人们的青睐，市场占有率逐年攀高。然而，与传统燃油汽车相比，电动汽车的结构和技术更为复杂，检测与诊断涉及多学科知识与多领域技术，对从业人员的要求不断提高，这就要求相关维修技术人员必须掌握专业的检测与诊断技能。为此，我们编写了这本实践性很强的指导用书，供职业院校相关专业的学生使用。

本书采用任务驱动的形式编写，按照电动汽车的结构组成及工作原理重组教学项目，从能力本位出发设计学习任务，使学生做中学、学中做、学做合一，从而培养学生分析问题、解决问题的职业能力。

本书较好地吸收了职业教育最新的理论和实践研究成果，符合职业教育人才培养目标要求。本书条理清晰、结构严谨，内容深入浅出、难易适中，突出诊断思维逻辑的启发及专业实践技能的培养。

本书由九个项目组成，即动力电池检测诊断、充电系统检测诊断、高压配电系统检测诊断、电机控制系统检测诊断、冷却系统检测诊断、空调系统检测诊断、通信系统检测诊断、典型故障诊断及维修后质量检验，共设计有 31 个任务。

本书由重庆科创职业学院唐中然、云南农业大学邹欢、北京能源集团有限责任公司徐皓鹏主编，参加编写的还有合肥职业技术学院杨光明、江滔及上海上德宝骏汽车销售服务有限公司潘明明。本书的编写团队专业结构合理，既有职业教育名师团队、双师型团队核心成员，也有行业内企业的技术骨干，既有汽车类专业教师，也有电气类专业教师，从而保证了本书的编写质量。

　　由于编者水平有限，书中项目及任务设计、诊断流程及检测数据可能存在疏漏和不妥之处，恳请读者和专家批评、指正。

编者

目录

项目一
动力电池检测诊断

任务一

对高压作业区域进行布置和高压安全防护

学习目标

知识目标

1. 了解"电"的危险；
2. 掌握电动汽车（新能源汽车）高压系统作业时的防护内容。

能力目标

1. 能识别电的危险标志；
2. 能熟练掌握触电的急救措施和心肺复苏方法；
3. 能对高压作业区域进行布置；
4. 能正确做好个人高压安全防护；
5. 能对电动汽车进行下电和上电操作。

素养目标

1. 通过对急救措施和心肺复苏方法的练习，培养对突发情况的应急处理能力；
2. 通过对高压作业区域进行布置及高压安全防护的练习，树立安全意识、规范意识和严谨细致的工作态度。

基本知识

一、"电"的危险

在对电动汽车进行检测诊断时，会频繁接触高压直流电和交流电，25 V 及以上的交流电压和 60V 及以上的直流电压都非常危险。当通过人体的电流达到 5mA 或更大时,人会出现"触电反应",此时人虽然感到刺痛,但仍可以脱离带电体;当通过人体的电流达到 10mA 及以上时,人体开始收缩,且无法脱离带电体;当通过人体的电流达到 30～50mA 且停留较长时间时,会导致人的呼吸骤停和心室纤维性颤动,危害生命;当通过人体的电流超过 80mA 即达到"致命阈值"。电路短路故障时,容易导致灼伤或火灾等危险。

二、"电"的防护

在对电动汽车的高压系统及相关部件进行检修时,必须做好"电"的防护,具体包括警示标志、人身防护、高压断电和绝缘工具等。

1. 警示标志

如图 1-1-1 所示为作业区域内的警示标志,用以提醒处于作业区域的相关人员危险的内容和禁止的行为。当作业区域放置下列警示标志时,切勿违反要求违规操作。

当心电池泄漏　　高压危险　　切勿靠近　　请勿接通　　严禁烟火

图 1-1-1　作业区域警示标志

如图 1-1-2 所示为车内高压危险区域警示标志,接触这些区域可能造成电击或烧伤。操作前须阅读维修手册,并关闭或切断高压系统。

图 1-1-2　车内高压危险区域警示标志

2. 人身防护

人身防护包括绝缘手套、护目镜(防护眼镜)、绝缘安全鞋(绝缘胶鞋)及绝缘垫等,如图 1-1-3 所示。人员进行涉及高压的作业时,需要按要求穿戴和设置。

图 1-1-3　防护用品

3. 高压断电

高压断电是指切断动力电池对外输出的高压电,即切断动力电池与其他部件的连接。方法是在车辆下电后拔出维修开关(又称保养插头,一般为橙色),如图1-1-4所示。为了保证安全,断开的维修开关可由专人看管或放置在特定的安全位置,防止他人误操作,导致安全事故。

当电动汽车没有配备维修开关时,可以断开低压蓄电池负极端子实现高压断电。为了保证低压蓄电池负极可靠断开,需要利用绝缘胶带缠绕固定。

4. 绝缘工具

如图1-1-5所示为常用绝缘工具,其是在传统拆装工具表面覆盖了绝缘橡胶形成的,起到绝缘保护的作用。

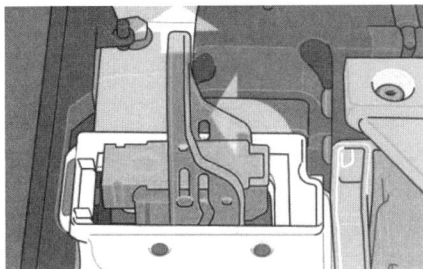

图1-1-4 维修开关　　　图1-1-5 绝缘工具

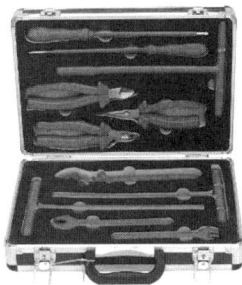

三、触电急救

维修人员通过安全防护及技术规范来避免触电危险。当发现有人触电时,切不可直接接触触电人员,在条件允许的情况下切断电源。例如,关闭点火开关或断开维修开关,也可以采用木棒、塑料、橡胶等不导电的物体将受害者与导电体分离,如果周围没有绝缘工具,可用施救者身上干燥的衣物将手包裹,直接去拉触电者的不与身体直接接触的干燥衣物,使其脱困。

触电者脱困后,应将其带到通风、干燥地带,并迅速拨打医疗救援电话120,然后用手轻拍触电者肩膀并呼叫触电者,切勿摇动触电者头部。如果触电者清醒,则让其休息并继续等待120救援。如果触电者昏迷,则将其平躺,手放平,脚伸直,解开其衣领,松开其裤带,判断其是否有呼吸和心跳,具体的判断方式如下:

① 查看触电者的胸部和腹部有无起伏动作;

② 用耳朵贴近触电者的口鼻处,听有无呼吸声音;

③ 用中指或食指的指背放在触电者的口鼻处,测试有无呼吸的气流,然后用两手指的指腹轻试一侧喉结旁的凹陷处的颈动脉有无搏动。

对昏迷的触电者做初步判断后,如有需要,对其采取人工呼吸、胸外心脏按压或心肺复苏等急救措施。

1. 人工呼吸

触电者有心跳没呼吸时,需要进行人工呼吸急救。

施救前需要检查触电者口中是否存在异物,如有,应先进行清理,具体方法:施救者将触电者身体及头部同时侧转,迅速用一根或两根手指从口角处伸入口中,取出异物。操作过程中要注意防止将异物推到咽喉深处;清理过程中要保持气道畅通。

确保触电者口中无异物后,进行人工呼吸。如图
1-1-6 所示,施救者处于触电者一侧,用一只手的大
拇指和食指捏紧伤员鼻孔,掌根按住伤者额头使其下
颚垂直于地面打开气道,另一只手托住触电者的下
颚,使其嘴巴张开,然后施救者深吸一口气,用自己的
嘴包住触电者的嘴,用力吹气,观察触电者胸部是否
有明显起伏。吹气成功后,松开伤员鼻孔让其自主
呼吸。人工呼吸每分钟不得少于 12 次吹气,一般为

图 1-1-6 人工呼吸

16~18 次,每次吹气量为 500~1000mL,吹气量过小没有效果,过大会损害触电者的肺部。

2. 胸外心脏按压

触电者有呼吸没心跳时,需要进行胸外心脏按压急救。

施救者跪于伤者一侧,找到正确的按压部位,如图 1-1-7 所示,在胸骨下方 1/3 处或剑
突上两横指处。

胸骨下方1/3处   剑突上两横指处

图 1-1-7 胸外心脏按压部位

施救者两手掌掌根相叠,十指交叉并抬起,如图 1-1-8 所示,用手掌的掌根施力。

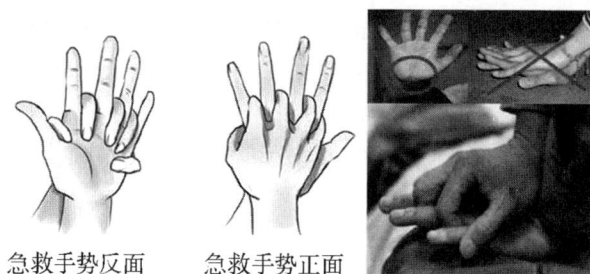

急救手势反面   急救手势正面

图 1-1-8 胸外心脏按压手势

施救者准备按压时,身体的中心线
与触电者两乳头的连线相互垂直,双臂
绷直,不可弯曲或左右摆动,掌根不可脱
离按压部位,如图 1-1-9 所示。胸外心
脏按压每分钟不得少于 100 次,成人按
压深度不小于 5cm,儿童或瘦弱者视情
况减小。

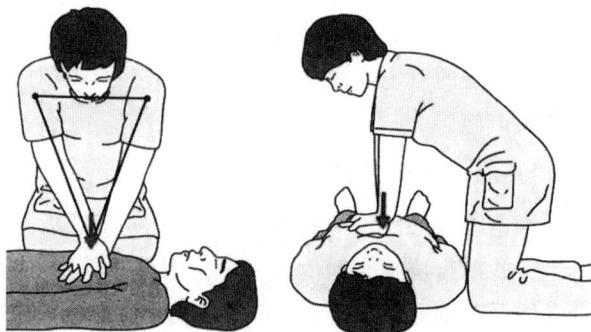

图 1-1-9 胸外心脏按压姿势

3. 心肺复苏

触电者既无呼吸也没心跳,需要进行心肺复苏急救。

心肺复苏是将胸外心脏按压与人工呼吸两种急救措施配合使用的施救方法。两者按照30:2的比例进行,即先做30次胸外心脏按压,再做2次人工呼吸。施救前同样需要做让触电者平躺、解开其衣领、检查其口中有无异物等准备。

4. 自动除颤仪

自动除颤仪又称AED,如图1-1-10所示,是一种便携式的医疗设备,它可以诊断特定的心律失常,并给予电击除颤,是可被非专业人员使用的用于抢救心脏骤停患者的医疗设备。自动除颤仪一般与心肺复苏法结合使用,首先使触电者平躺,解开其胸部衣物,开启仪器电源;再按照仪器提示连接电极片与人体、连接电极片与仪器;根据仪器提示按下"电击"按键;最后进行心肺复苏。自动除颤仪工作过程中,切勿接触触电者或仪器的电极片。

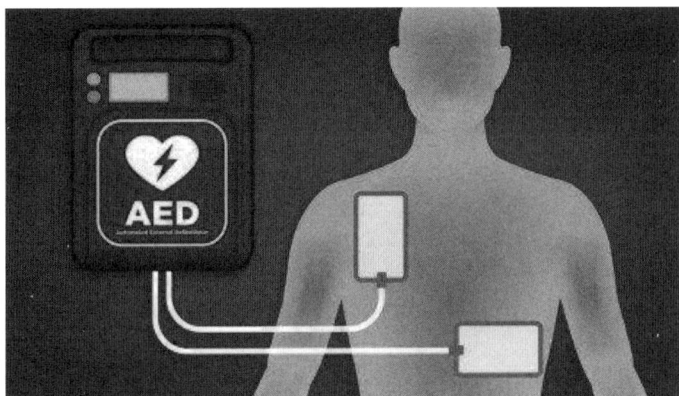

图1-1-10 自动除颤仪

能力训练

一、操作条件

① 设备:吉利帝豪EV450电动汽车。

② 工具和器材:安全帽、防护眼镜、绝缘手套、绝缘胶鞋、绝缘防护服、灭火器、警示标志、防护栏、绝缘测试仪、数字万用表等。

二、安全及注意事项

① 在使用绝缘测试仪之前需要对其进行设备自检时,请勿将正负极表棒与人体相通,以免产生触电;

② 绝缘垫铺设时需铺设在车辆正前方,确保操作人员能正常站在上面进行安全操作;

③ 去除身上佩戴的手表、首饰、衣服上的所有金属物品;

④ 对所使用的纸质维修手册、绝缘检测仪、安全帽、绝缘手套等要及时规整复位,并对场地进行5S工作。

三、操作过程

序号	操作步骤	操作方法及说明	操作标准
1	工位布置	(1) 准备车辆及确定停放区域 (2) 设置工位警戒线 (3) 放置安全标志(警示牌) (4) 铺设绝缘垫 (5) 准备绝缘护具:安全帽、绝缘胶鞋、防护眼镜、绝缘手套、绝缘垫 (6) 准备检测仪器及工具 (7) 准备干粉灭火器及绝缘救援勾 	(1) 防护栏围成密闭区域 (2) 警示牌放在操作工位正前方 (3) 干粉灭火器:压力值指针处于绿色区域
2	自身防护	(1) 目视检查绝缘胶鞋 (2) 目视检查安全帽 (3) 目视检查防护眼镜 (4) 检查绝缘手套外观及绝缘等级 (5) 穿戴防护	(1) 无破损、破洞和裂纹,表面清洁干燥 (2) 在有效使用期内 (3) 绝缘电压大于346V,绝缘等级为0级

序号	操作步骤	操作方法及说明	操作标准
3	测试绝缘胶垫	(1) 佩戴绝缘手套 (2) 检查绝缘测试仪：打开绝缘测试仪并调至 1000V 挡位。正负极表棒相搭，长按 TEST 按键至灯亮。读取绝缘测试仪阻值 (3) 正负表棒分开，读取绝缘测试仪阻值 (4) 检测绝缘胶垫 4 角的对地绝缘性阻值 	绝缘测试仪表棒相搭，阻值为 0Ω；绝缘测试仪表棒分开，阻值为无穷大；绝缘胶垫绝缘性阻值大于等于 20MΩ
4	检查蓄电池电压	(1) 检查万用表 (2) 测量蓄电池电压 	(1) 万用表校零阻值小于 0.5Ω (2) 蓄电池电压为 11～14V

序号	操作步骤	操作方法及说明	操作标准
5	高压下电	(1) 点火开关至 OFF 挡,取下点火钥匙放入锁箱 (2) 断开 12V 蓄电池负极线缆,并用绝缘胶带缠绕好 (3) 佩戴绝缘手套,拔下维修开关并放入锁箱(吉利帝豪 EV450 未配备维修开关) (4) 锁住锁箱并取下锁箱钥匙 (5) 拔下高压母线 	锁箱钥匙由专人保管
6	下电验证	(1) 等待 5min 以上 (2) 利用万用表直流电压挡测量低压 (3) 利用万用表直流电压挡测量高压 (4) 再次利用万用表直流电压挡测量低压	低压:<1V 高压:≥1V

序号	操作步骤	操作方法及说明	操作标准
7	高压上电	(1) 佩戴绝缘手套,连接好高压母线 (2) 插回维修开关(吉利帝豪 EV450 未配备维修开关) (3) 连接好 12V 蓄电池负极线缆 (4) 踩下制动踏板,打开启动开关并观察仪表 Ready 指示灯 (5) 确认车辆正常运转 (6) 读取故障码,确认车辆无故障码存在(具体步骤参考项目一任务三) (7) 关闭车辆点火开关	(1) Ready 指示灯正常点亮 (2) 蓄电池负极端转矩为 9N·m
8	复位整理	(1) 恢复车辆、工具、仪器 (2) 清洁车辆、地面、操作台	(1) 连接器卡扣到位 (2) 整洁、整齐

问题情境一

某品牌电动汽车因电气设备故障发生火灾,作为一名维修人员,你如果遇到此情况会怎样处理?

解决措施: ① 自我保护,切勿吸入烟气;② 向消防部门报警,等消防人员到场后告知火灾涉及的电动汽车;③ 需要的情况下去除附近的火源,或者使用覆盖法确保安全;④ 保证自身安全的情况下使用 CO_2、干粉灭火器或泡沫灭火器进行灭火(如果有人身上着火,不可使用 CO_2 灭火器灭火,以防窒息危险)。干粉灭火器使用方法如图 1-1-11 所示。

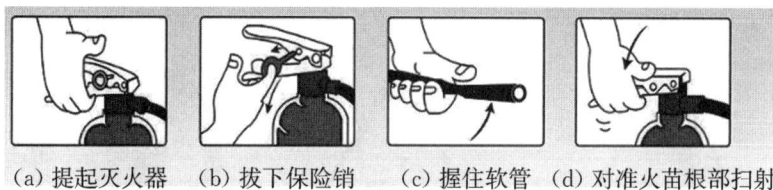

(a) 提起灭火器　(b) 拔下保险销　(c) 握住软管　(d) 对准火苗根部扫射

图 1-1-11　干粉灭火器使用方法

问题情境二

某品牌电动汽车定期到 4S 店进行保养,维修人员在进行场地安全检查时,测得绝缘胶垫绝缘性阻值非常小,如果你是工作人员,应该怎样处理?

解决措施:首先做好自身防护;其次检查绝缘测试仪,若正常,则更换绝缘胶垫;若绝缘测试仪不正常,则更换绝缘测试仪重新检测绝缘胶垫。

学习结果评价

序号	评价内容	评价标准	评价结果(是/否)
1	知识与技能	能识别电的危险标志	☐ 是　☐ 否
		能熟悉触电的急救措施	☐ 是　☐ 否
		能对高压作业区域进行布置	☐ 是　☐ 否
		能正确做好个人高压安全防护	☐ 是　☐ 否
		能熟悉心肺复苏的方法	☐ 是　☐ 否
		能对电动汽车进行下电和上电操作	☐ 是　☐ 否
2	安全与5S	能正确进行高压防护用品的检查	☐ 是　☐ 否
		能做好安全防护后进行车辆上下电	☐ 是　☐ 否
		能遵守场地日常安全条例	☐ 是　☐ 否
		能对工具、工位进行整理、复位、清扫	☐ 是　☐ 否
3	总评	是否能够进行下一步内容的学习	☐ 是　☐ 否

课后作业

1. 动力电池检测前,维修人员需要做好安全防护,请圈出正确、安全的防护用品。

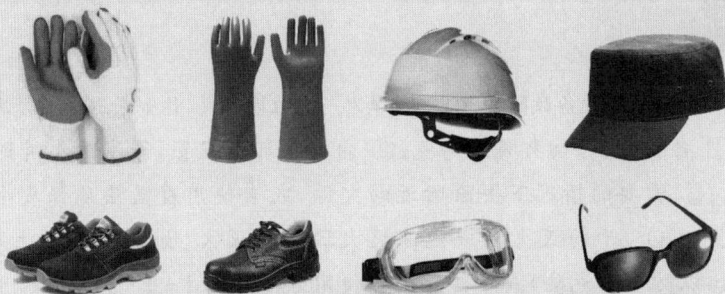

2. 请解释下列图示的含义。

3. 请按照心肺复苏的正确流程进行排序。

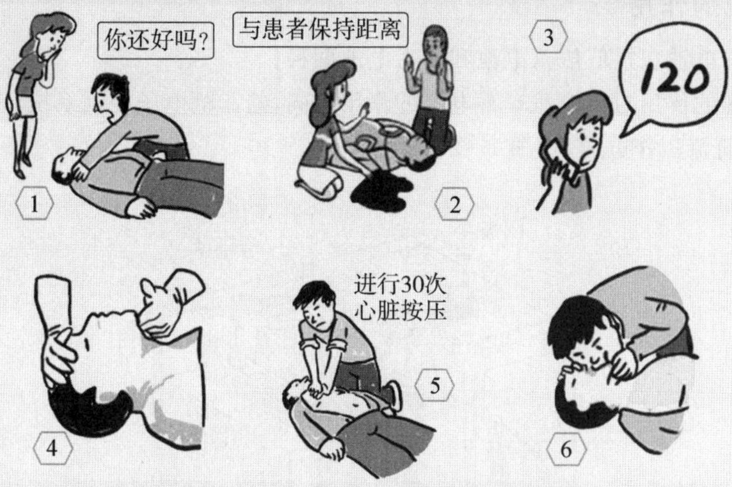

任务二

识记动力电池作用、种类、参数

学习目标

知识目标	1. 掌握动力电池的用途及其参数的含义; 2. 了解电动汽车动力电池的类型; 3. 了解动力电池的规格及铭牌参数的含义。	**能力目标**	1. 能利用维修手册查阅动力电池的安装位置; 2. 能利用维修手册查阅动力电池的规格; 3. 能利用维修手册查阅动力电池铭牌的信息。

素养目标

1. 通过利用维修手册查阅动力电池相关信息的练习,养成主动探究的学习态度;
2. 通过对动力电池参数的查阅和分析,培养严谨、细致的工作态度。

基本知识

一、动力电池的作用

电动汽车的电池包括低压蓄电池和动力电池两种。

低压蓄电池的作用与传统汽车蓄电池的作用相同,给车辆电子控制系统、车身电气设备提供 11~14V 的直流工作电压,如图 1-2-1 所示。

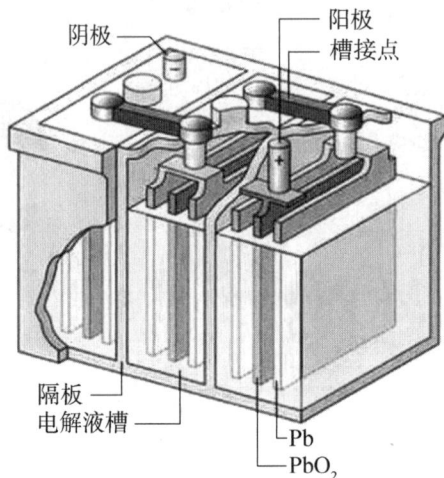

阴极
阳极
槽接点
隔板
电解液槽
Pb
PbO$_2$

图 1-2-1　低压蓄电池

动力电池为电动汽车直接提供能量,是电动汽车的重要组成部分。它除了用于驱动汽车之外,还用于驱动空调压缩机,为低压蓄电池充电。其结构如图 1-2-2 所示。

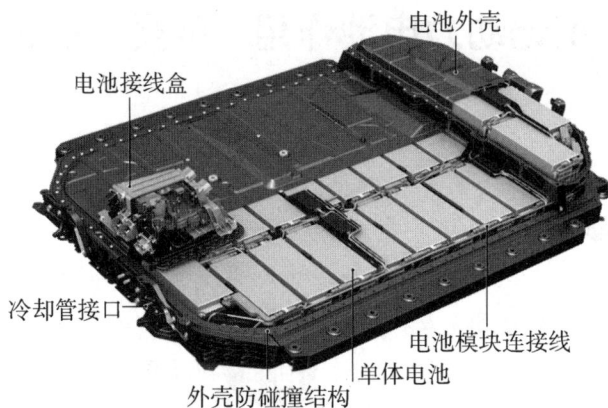

电池外壳
电池接线盒
冷却管接口
电池模块连接线
单体电池
外壳防碰撞结构

图 1-2-2　动力电池

低压蓄电池与动力电池的安装位置由汽车厂商根据设计要求而定,但普遍采用的形式是将低压蓄电池设计安装在车辆前舱,将动力电池设计安装在车辆乘客舱底部,如图 1-2-3 所示。

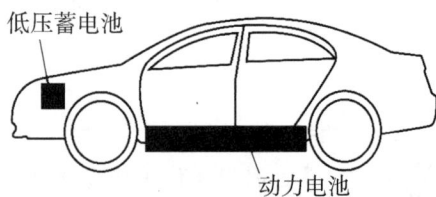

低压蓄电池
动力电池

图 1-2-3　电池安装位置

二、动力电池的种类

动力电池主要包括锂离子电池、铅酸电池、镍氢电池和镍镉电池几类。其中,锂离子电池根据采用材料的不同,又分为三元锂电池、磷酸铁锂电池和锰锂电池。目前,电动汽车主要采用三元锂电池和磷酸铁锂电池。

三、动力电池的参数

动力电池性能的优劣直接影响整车的性能。电池能量决定了纯电驱动模式下的续航里程;电池功率决定了整车的动力性,如最大爬坡角度和最大车速等;循环寿命的长短和成本的高低直接影响电动汽车的整车成本和使用经济性。

① 放电电流。动力电池在放电时所输出的电流称为放电电流。放电电流的大小直接影响电池的各项性能指标,因此,在表示动力电池的容量或能量时,需要说明动力电池的放电电流。放电电流以放电率表示,分为时率和倍率两种。时率是指以一定的放电电流放完电池额定容量所需要的时间,单位为 h,通常用 C/n 表示,其中 C 为电池的额定容量,n 为一定的放电电流。倍率是指动力电池在规定时间内放出其额定容量时所输出的电流值,在数值上等于额定容量的倍数。

② 工作电压。动力电池接上负载后处于放电状态下的电压称为工作电压,也叫作负载电压。

③ 电池容量。电池容量是指充满电的电池在指定条件下放电到终止电压时所输出的电量,单位为 A·h。

④ 电池功率密度。电池功率密度是评价能量源能否满足电动汽车加速和爬坡性能要求的重要指标。功率密度又分为质量功率密度和体积功率密度。质量功率密度是指电池单位质量所能输出的功率,单位为瓦/千克(W/kg)。体积功率密度是指电池单位体积所能输出的功率,单位为瓦/升(W/L)。

⑤ 电池能量密度。电池能量密度是衡量动力电池性能的一项重要指标,分为质量能量密度和体积能量密度。质量能量密度是指电池单位质量所能输出的电能,单位为瓦·时/千克(W·h/kg)。体积能量密度是指电池单位体积所能输出的能量,单位为瓦·时/升(W·h/L)。电池的质量能量密度影响电动汽车的整车质量和续航里程,体积能量密度影响电池的布置空间。

如图 1-2-4 所示,电池电压为 1.2V,电量(容量)为 4500mA·h,质量为 80g,如果计算其质量能量密度,则是 1.2V×4.5A·h÷0.08kg=67.5W·h/kg。

图 1-2-4　可充电电池

生活中,习惯用焦耳作为能量单位,它与 W·h 的转换关系为

$$1W·h=3600J=3.6kJ=0.0036MJ$$

假如一辆电动汽车采用图 1-2-4 所示的电池,充满电后行驶 500km 需要的能量为

389MJ,通过计算可知电池总质量为1600.8kg,单个80g的电池的数量约为20010节。

⑥ **荷电状态(SOC)**。荷电状态描述了电池的剩余电量,一般用百分比表示,其值为电池在一定放电倍率下,剩余电量与相同条件下额定容量的比值。

⑦ **电池循环使用寿命**。电池循环使用寿命是指电池充电和放电一次为一个循环,按一定的测试标准,当电池容量降到某一规定值(一般规定为额定值的80%)之前,电池所经历的充放电循环总次数。循环使用寿命是评价电池寿命性能的一项重要指标。

能力训练

一、操作条件

① 设备:吉利帝豪 EV450 电动汽车、举升机。

② 工具和器材:电子维修手册、安全防护器材等。

二、安全及注意事项

① 在观察车辆动力电池时,需按规范操作举升机,并做必要的安全防护,不能盲目举车或进入车底;

② 当打开车辆前机舱盖或进入车辆底部时,不要盲目碰触高压导线及设备,避免触电危险;

③ 对所使用计算机、车辆或举升机要及时规整、复位,并对场地进行5S工作。

三、操作过程

序号	操作步骤	操作方法及说明	操作标准
1	选取维修手册	(1) 查阅车辆信息。本次操作选用吉利帝豪 EV450 电动汽车 (2) 选取维修手册。维修手册有纸质形式和电子形式,本任务的维修手册采用电子形式	选取实训车辆对应的维修手册
2	查找动力电池安装位置	(1) 翻阅维修手册,查找动力电池安装位置所属目录 	在手册中找到动力电池安装位置所属目录,并阅读所需信息

序号	操作步骤	操作方法及说明	操作标准
2	查找动力电池安装位置	（2）根据目录查找动力电池安装位置 2.1.4 部件位置 2.1.4.1 部件位置 FE01-8165h 1—动力电池；2—车身	在手册中找到动力电池安装位置所属目录，并阅读所需信息
3	查阅动力电池规格	（1）翻阅维修手册，查找"动力电池规格"所属目录 书签 ▷ 📑 1 车型概述 ▽ 📑 2 电动化系统 　▽ 📑 2.1 动力电池 　　▽ 📑 2.1.1 规格 　　　📑 2.1.1.1 紧固件规格 　　　📑 2.1.1.2 动力电池规格 　▷ 📑 2.1.2 描述和操作 　▷ 📑 2.1.3 系统工作原理 　▷ 📑 2.1.4 部件位置 （2）根据目录查找动力电池规格 2.1.1.2　动力电池规格 动力电池规格（动力电池 150A·h）	在手册中找到"动力电池规格"所属目录，并阅读所需信息

项目	型式与参数	单位
电池类型	三元材料	—
电池组额定电压	346	V
峰值功率	150kW，持续 10s	kW
额定功率	50	kW
电池组工作电压范围	266～408.5	V
电池容量	150(1C)	A·h

序号	操作步骤	操作方法及说明	操作标准
4	查阅动力电池铭牌信息	（1）翻阅维修手册，查找车辆铭牌所属目录 书签 ▷ 📖 1.7 标准和度量 ▷ 📖 1.8 整车规格 ▽ 📖 1.9 车辆识别码 　▽ 📖 1.9.1 描述和操作 　　📖 1.9.1.1 车辆识别 　　📖 1.9.1.2 车辆识别号(VIN)说明 　　📖 1.9.1.3 标牌–车辆合格证明 　　📖 1.9.1.4 轮胎信息告示牌 （2）翻阅手册至对应位置，查阅铭牌在车辆上的安装位置 （3）根据维修手册提示，在车辆上确认铭牌位置，并读取关于动力电池的信息 1—车辆识别号；2—品牌；3—整车型号；4—乘坐人数；5—最大允许总质量；6—生产日期；7—驱动电机型号；8—驱动电机峰值功率；9—动力电池工作电压；10—动力电池容量 （4）动力电池总成上还会安装信息铭牌，标示出更为详细的动力电池参数。本次操作手册中未标明安装位置，可通过查找动力电池安装位置查询动力电池上的铭牌信息	在手册中找到车辆铭牌所属目录，并阅读所需信息

序号	操作步骤	操作方法及说明	操作标准
5	在车辆上确认手册所查询内容	（1）打开右前门，确认车辆铭牌安装位置并读取信息 （2）确认车辆位置，规范操作举升机举升车辆，进入车辆下方确认动力电池安装位置及铭牌信息 动力电池铭牌	准确找到车辆铭牌、动力电池铭牌及动力电池的安装位置； 正确操作举升机； 按规范操作举升机举升与下降车辆； 车辆举升、下降过程中，及时、全面地做好安全检查

🖊 问题情境一

我们学习了利用吉利帝豪 EV450 电动汽车维修手册查找动力电池的安装位置、规格和信息的方法，但是不同品牌的汽车维修手册的结构、内容各有特点，如果同样需要你利用维修手册查找以上信息，你应该如何处理？

解决途径：首先根据车辆的品牌、型号、年份、配置等信息选取相应的维修手册；然后翻阅手册目录，熟悉所选手册的内容布置特点，查询"安装位置""规格""信息"在手册中所处的位置；最后查询到需要的信息。

🖊 问题情境二

维修技师在对电动汽车的动力电池进行常规检查时，发现电池存在比较严重的磕碰变形情况，但顾客并没有反映车辆存在任何异常问题。如果你是维修技师，应该如何处理？

解决途径：动力电池的底面一般设计成平面，易于观察电池是否存在磕碰变形。电池变形后，容易导致内部短路或发热甚至自燃的严重安全隐患，因此，当发现动力电池出现变形时，需要及时提醒客户进行维修或更换。

学习结果评价

序号	评价内容	评价标准	评价结果（是/否）
1	知识与技能	能区分低压蓄电池和动力电池各自的作用	□ 是　□ 否
		能区分低压蓄电池和动力电池各自的安装位置	□ 是　□ 否
		能列举动力电池的种类	□ 是　□ 否

序号	评价内容	评价标准	评价结果（是/否）
1	知识与技能	能简述动力电池的参数	☐ 是　☐ 否
		能利用维修手册准确找到动力电池的规格	☐ 是　☐ 否
		能利用维修手册准确找到动力电池铭牌的安装位置	☐ 是　☐ 否
2	安全与 5S	能对场地进行安全检查	☐ 是　☐ 否
		能安全操作举升机	☐ 是　☐ 否
		能做好安全防护后进入车辆底部	☐ 是　☐ 否
		能遵守场地日常安全条例	☐ 是　☐ 否
		能对工具、工位进行整理、复位、清扫	☐ 是　☐ 否
3	总评	是否能够进行下一步内容的学习	☐ 是　☐ 否

课后作业

1. 请计算下列电池的质量能量密度（电池质量为 30g）。

锂离子电池
型号：coolgen E675
规格：3500mAh
标准电压：3.7V
充电限制电压：4.2V
执行标准：GB/T 18287-2000
生产日期：2013/12
S/N序号：201312FJ01
- 只能使用专用的充电器充电
- 勿将电池加热或靠近火源
- 充电时环境温度5℃-35℃
- 勿将正负极反接
- 谨防短路
- 勿自行拆卸

请参阅用户手册
电池投入火中可能引起爆炸
只能使用认可的充电器

深圳市金伯爵电子科技有限公司监制
深圳市捷力特科技有限公司制造

2. 请以画圈的方式标示出下图（解剖车辆）的动力电池和单元电池。

3. 选取一款电动汽车的维修手册,查找动力电池的安装位置及动力电池信息,并完成信息表的填写。

(1) 你用手册对应的车型:＿＿＿＿＿＿＿＿＿＿＿＿＿＿＿＿＿＿
(2) 该车型动力电池的类型:＿＿＿＿＿＿＿＿＿＿＿＿＿＿＿＿＿
(3) 该车型动力电池的额定电压:＿＿＿＿＿＿＿＿＿＿＿＿＿＿＿
(4) 该车型动力电池的额定容量:＿＿＿＿＿＿＿＿＿＿＿＿＿＿＿
(5) 从手册中查找动力电池的安装位置,需要翻阅至【　　　　　】
(6) 从手册中查找动力电池的信息,需要翻阅至【　　　　　】
说明:请在【　　】中填写能表示内容位置的页码或编号

注:本任务"操作过程"环节的部分图片来源于吉利帝豪 EV450 电动汽车维修手册。

任务三

读取分析动力电池的故障代码

学习目标

知识目标
1. 掌握动力电池的结构组成;
2. 掌握故障诊断仪的类型和作用,以及故障代码的作用和组成。

能力目标
1. 能正确连接故障诊断仪;
2. 能操作故障诊断仪读取关于动力电池的故障代码;
3. 能查阅所读取的动力电池故障代码的含义;
4. 能根据故障代码的含义分析产生该故障代码的原因。

素养目标
1. 通过对故障诊断仪的使用练习,以及对故障代码的理解分析,培养规范意识和严谨、细致的工作态度;
2. 通过利用维修手册查阅故障代码的含义,养成主动探究的学习态度。

基本知识

一、动力电池的组成

动力电池包括动力电池箱体与支架、电池模块（模组）、电池管理系统（BMS）、高压控制系统、热管理系统等部件，其结构如图1-3-1所示。

动力电池的箱体与支架将整个动力电池系统连接成一个整体，并作为整个系统的承载体，防止外力对系统造成破坏。

电池模块（模组）是由多个电池单体按照串联、并联或串并联的方式组合而成，而且只有一对正负极输出端子，是作为电源使用的组合体。电池单体是直接将化学能转化为电能的基本单元装置，包括电极、隔膜、电解质、外壳和端子，并且具有可充电特性。

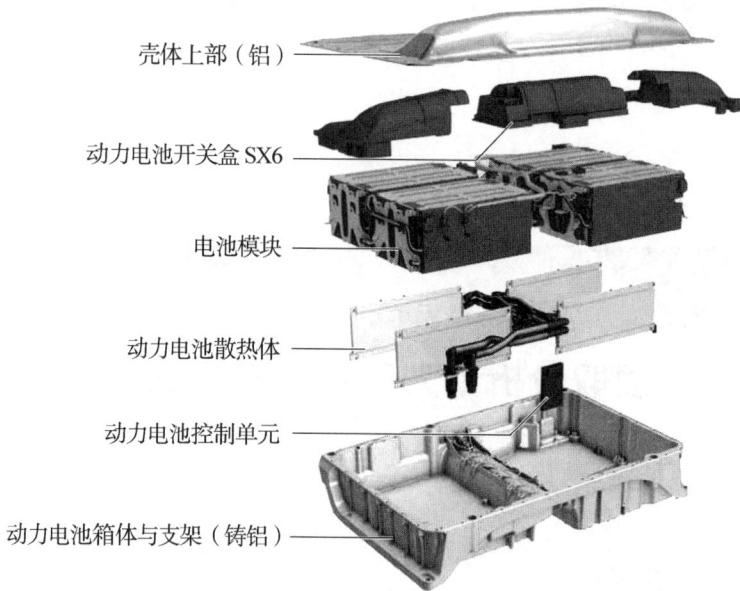

壳体上部（铝）

动力电池开关盒SX6

电池模块

动力电池散热体

动力电池控制单元

动力电池箱体与支架（铸铝）

图1-3-1 动力电池的结构

动力电池控制单元即电池管理系统（BMS），是动力电池总成的核心部件，通常集成于内部。该系统通过实时监测单体电池的电压、电流、温度及整车高压绝缘状态等参数，动态调整动力电池的运行状态，确保其安全性和效能的最优匹配。动力电池内部设计有检测每个电池单体或电池组电压、温度的系统，该系统名称由各汽车厂商定义。例如，吉利汽车称之为CSC采集系统，它将相关信息上报动力电池控制单元并根据控制系统的指令执行单体电压均衡。

高压控制系统安装在动力电池总成的正负极输出端，由继电器、电流传感器和预充电阻等组成，如图1-3-2所示。

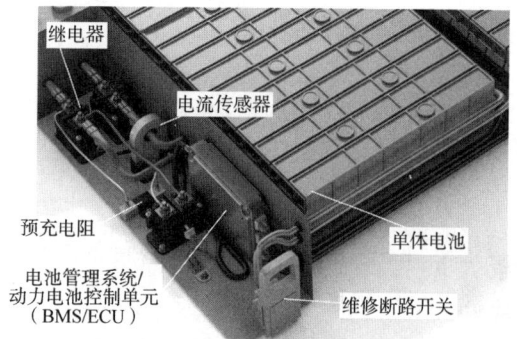

继电器

电流传感器

预充电阻

电池管理系统/
动力电池控制单元
（BMS/ECU）

单体电池

维修断路开关

图1-3-2 动力电池内部构成

热管理系统包括电池热管理系统、电机及电机驱动热管理系统和空调热管理系统三部分。

动力电池工作电流大,产生的热量大,同时电池包又是一个相对封闭的环境,容易导致电池温度升高,长时间在高温环境中工作会严重影响电池的使用性能和寿命;当动力电池温度过低时,电池内部活性物质的活性会明显下降,其内阻、极化电压增加,充放电功率和容量都会明显降低,甚至引起电池容量的不可逆衰减,并埋下安全隐患。因此,需要通过电池热管理系统将电池温度控制在合适范围内。图 1-3-3 为动力电池的冷却示意图。

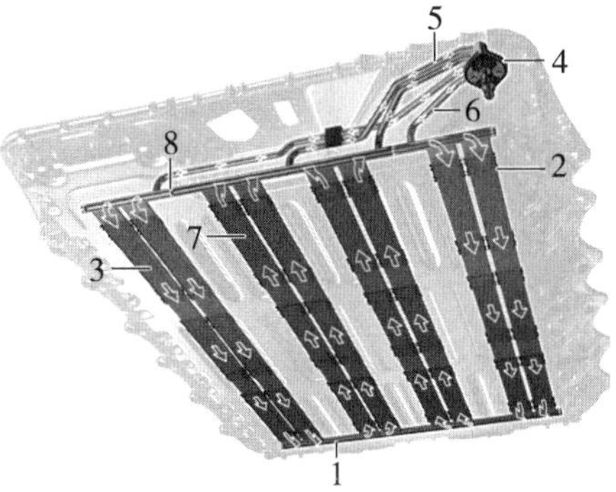

图 1-3-3　采用液体冷却的动力电池

1,3—压力进水通道;2—弹簧条;4—冷却液入口与出口连接法兰;5—回流管路;6—与冷却液泵相连接的进水管路;7—回流通道;8—隔板

驱动电机在运转过程中会产生热量,如果温度过高,会影响其使用性能,因此需要进行降温处理。

空调的制冷系统主要由压缩机、冷凝器、膨胀阀、蒸发器、鼓风机等部件组成,在电动汽车中压缩机和鼓风机都由电力驱动,而加热系统主要由 PTC、鼓风机、风道等组成。PTC 是由电力加热的加热器,主要在寒冷季节给车厢内提供热源。

二、故障诊断仪

汽车的故障诊断仪是用于检测故障、读取信息或匹配参数的智能设备,它通过有线或无线连接方式与车辆实现通信,并将信息通过显示屏显示。

故障诊断仪分为专用故障诊断仪和通用故障诊断仪两种。专用故障诊断仪是由汽车厂商根据车辆技术特点和需求设计的,只满足自有品牌各车型诊断需求的仪器;通用故障诊断仪是为满足不同品牌的汽车的诊断需求而设计、开发的仪器,其优点是通用性强,价格低,缺点是数据更新、功能实现和数据精度不及专用故障诊断仪。故障诊断仪既有显示屏幕、通信模块及计算机主机一体化的设计,如图 1-3-4(a)所示,也有计算机主机(多采用平板电脑或笔记本电脑)与通信模块分体的设计,如图 1-3-4(b)所示。

故障诊断仪上一般布置有显示屏、操作按键、车辆数据接口、波形采集通道接口、电源接口、诊断卡插孔、指示灯、USB接口等。其中,车辆数据接口通过数据线与汽车的诊断接口连接,实现汽车控制单元与故障诊断仪主机的数据传递。汽车上的诊断口多采用标准的 OBD-Ⅱ形式,具体位置需要查阅维修手册确认。

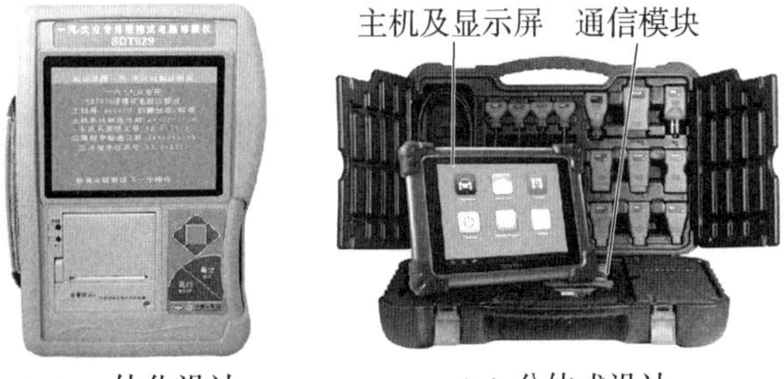

(a)一体化设计　　　(b)分体式设计

图 1-3-4　汽车故障诊断仪

故障诊断仪可以实现读取故障代码、清除故障代码、读取车辆信息及数据、采集波形、驱动测试、调试匹配等功能。

三、故障代码

汽车出现故障并且故障能够被电子控制系统检测判断,可由在电子控制单元(ECU)内部存储的一串维修信息代码表示,这些代码就是故障代码。当车辆存有故障代码时,可以通过故障诊断仪查阅读取,为解决故障提供方便。

故障代码由字母和数字组成,多数为5位。发展到现在,为更准确地表达故障信息,出现了7位数故障代码。

故障代码的第一位为字母,主要包括P(动力系统故障代码)、C(底盘系统故障代码)、B(车身系统故障代码)和U(通信系统故障代码)。故障码的第二位至第七位包括数字或字母,其含义由ISO标准或厂商设定。

能力训练

一、操作条件

① 设备:吉利帝豪EV450电动汽车、奇瑞新能源故障诊断仪。

② 工具和器材:安全防护器材、车内三件套等。

二、安全及注意事项

① 操作前需要检查车辆停放的位置,并且做好工位安全防护;

② 进入车辆前需铺设防护套,防止内饰脏污;

③ 初次使用故障诊断仪时要认真阅读使用说明,避免因操作不当影响正常使用;

④ 与车辆诊断接口连接或断开故障诊断仪时,必须关闭点火开关;

⑤ 对所使用的计算机、车辆或故障诊断仪要及时规整复位,并对场地进行5S工作,对产生的垃圾或废料进行分类处理。

三、操作过程

序号	操作步骤	操作方法及说明	操作标准
1	准备工位	(1) 准备方向盘套、座椅套和地板垫 (2) 准备车轮挡块 (3) 查看车辆信息,选取维修手册。本次任务选用吉利帝豪EV450电动汽车 (4) 准备故障诊断仪,本次任务选用奇瑞新能源故障诊断仪	能够根据作业要求准备所需的手册、工具、仪器、辅料或配件,并分类摆放整齐
2	车辆防护	(1) 安装车轮挡块 (2) 设置方向盘套、座椅套、地板垫 	(1) 车辆停放在指定工位,满足作业要求 (2) 车辆挡块安装后能够限制车辆前后移动 (3) 车内防护满足作业后的清洁、安全要求

序号	操作步骤	操作方法及说明	操作标准
3	连接故障诊断仪	（1）查阅维修手册，确认车辆诊断接口位置 （2）确认点火开关关闭，车辆处于不通电状态 （3）将测试主线母转接头连接蓝牙通信模块，16针公转接头与车辆诊断接口连接 （4）开启故障诊断仪主机（平板电脑），通过蓝牙配对使主机与通信模块建立通信 	（1）正确辨识车辆诊断接口的位置 （2）故障诊断仪与车辆连接前，电源均需要处于关闭状态
4	读取动力电池故障代码	（1）打开点火开关，使车辆处于通电状态，操作故障诊断仪界面，点击进入"故障检测"功能 （2）选择诊断车辆的品牌"吉利帝豪"选项 	根据车辆信息，正确选择品牌、车型、系统（本任务需选择"电源管理系统"）和功能（本任务需选择"读取故障码"）

序号	操作步骤	操作方法及说明	操作标准
4	读取动力电池故障代码	（3）选择诊断车辆的型号"EV450"选项 帝豪EV ／ EV300 EV450 ／ 新EV450 （4）选择"电源管理系统"选项 电源管理系统(BMS) ／ 车辆声学警示系统(AVAS) 多媒体系统(MMI) ／ 远程信息处理控制器(TBOX) 驾驶模式开关(DMS) ／ 充电控制器(OBC) 电子换挡控制器(EGSM) ／ 自动空调系统(AC) 集成动力控制器(IPU) ／ 助力转向系统(EPS) （5）选择"基本诊断"选项 基本诊断 ／ 数据写入 ECU复位 ／ 特殊功能 （6）选择"读取故障码"选项 读版本信息 读取故障码 清除故障码 读取数据流	根据车辆信息，正确选择品牌、车型、系统（本任务需选择"电源管理系统"）和功能（本任务需选择"读取故障码"）

5	查阅维修手册，分析故障代码含义	（1）根据品牌及车型选取维修手册。本次操作选取吉利帝豪 EV450 电动汽车
		（2）翻阅维修手册目录，查找动力电池故障代码所在目录
		
		∨ ☐ 2 电动化系统
		  ∨ ☐ 2.1 动力电池
		    › ☐ 2.1.1 规格
		    › ☐ 2.1.2 描述和操作
		    › ☐ 2.1.3 系统工作原理
		    › ☐ 2.1.4 部件位置
		    › ☐ 2.1.5 电气原理示意图
		    ∨ ☐ 2.1.6 诊断信息和步骤
		      ☐ 2.1.6.1 故障预防措施
		      ☐ 2.1.6.2 动力电池系统端子列表
		      ☐ 2.1.6.3 故障诊断代码(DTC)列表类型
			根据读取的故障代码正确判断所属系统，并在维修手册中查询到故障代码的含义及维修建议

续表

序号	操作步骤	操作方法及说明	操作标准
5	查阅维修手册,分析故障代码含义	（3）在"故障诊断代码"列表中查找需要的故障代码,分析其含义。例如,故障诊断仪读取到"U3006-29",通过查询可知其含义是"上高压过程中铅酸电压无效",并给出维修建议 表如下 <table><tr><td>故障代码</td><td>故障描述/条件</td><td>故障部位/排除方法</td></tr><tr><td>U3006-16</td><td>控制器供电电压低</td><td>电池包外部(给12V铅酸补电)</td></tr><tr><td>U3006-17</td><td>控制器供电电压高</td><td>电池包外部(给12V铅酸放电)</td></tr><tr><td>U3006-29</td><td>上高压过程中铅酸电压无效</td><td>电池包外部(BMU异常重启,重新上电)</td></tr><tr><td>U3472-87</td><td>动力CAN总线数据丢失</td><td>电池包外部(排查整车端外部低压通信线束,检测ACAN通信)</td></tr><tr><td>U0064-88</td><td>动力CANBUSOFF</td><td>电池包外部(排查整车端外部低压通信线束是否存在开路或断路)</td></tr><tr><td>U1500-87</td><td>SCAN电流报文丢失</td><td>电池包内部(需要拆包排查CSU)</td></tr><tr><td>U1501-87</td><td>电流采集器总线故障</td><td>电池包内部(BMU与CSU通信异常,检测SCAN通信)</td></tr></table> 注: • 关于动力电池的故障代码较多,图中截取列表的一部分,详细内容请翻阅维修手册; • 不同品牌的汽车故障代码的查询方法有所区别,一般在对应系统的子目录中查询	根据读取的故障代码正确判断所属系统,并在维修手册中查询到故障代码的含义及维修建议

问题情境一

　　汽车故障代码能够帮助维修人员查找故障,但有时候由于客户使用不当或驾驶环境等原因,汽车上出现了故障代码,但并没有真实的故障存在,此时维修人员读取到故障代码后应该如何处理?

　　解决途径:故障诊断仪读取到的故障代码分为历史故障代码、偶发故障代码和真实故障代码,如果不加以区分,会对诊断产生误导,所以在读取到故障代码后,需要进行"清除故障代码"操作,然后根据故障代码产生的条件,对车辆进行相应操作后,再次读取故障代码,此时读取的故障代码为真实的故障代码。

问题情境二

　　维修技师 A 原本从事单一品牌汽车维修,所用故障诊断仪是由厂商配置的专用仪器,数据更新及时,信息完整。后来其跳槽至综合维修企业,企业为了降低成本,购置了通用故障诊断仪,包含各种汽车品牌和车型,但经常会遇到读取的故障代码没有注释,这使维修技师 A 很困惑。如果是你遇到该问题,会如何解决?

解决途径:首先,可以根据故障代码查阅维修手册,以此了解其含义;其次,可以利用网络手段进行搜索;再次,故障代码包含的字母或数字均有特定含义,如果能够对故障代码的组合特点有所了解,则能够帮助维修技师解读含义;最后,可以对通用故障诊断仪进行数据升级,查看是否已经补充完善了故障代码含义等内容。

学习结果评价

序号	评价内容	评价标准	评价结果(是/否)
1	知识与技能	能表述动力电池的组成部分	☐ 是　☐ 否
		能列举故障诊断仪的用途	☐ 是　☐ 否
		能区分故障代码每一位不同字母的含义	☐ 是　☐ 否
		能按要求铺设车内防护用品	☐ 是　☐ 否
		能按照要求正确连接故障诊断仪	☐ 是　☐ 否
		能操作故障诊断仪读取关于动力电池的故障代码	☐ 是　☐ 否
		能利用维修手册查找并分析读取到的故障代码	☐ 是　☐ 否
2	安全与5S	能对场地进行安全检查	☐ 是　☐ 否
		能合理放置车轮挡块	☐ 是　☐ 否
		能在做好内饰防护后进入车内	☐ 是　☐ 否
		能在连接或断开故障诊断仪时关闭车辆电源	☐ 是　☐ 否
		能遵守场地日常安全条例	☐ 是　☐ 否
		能对工具、工位进行整理、复位、清扫	☐ 是　☐ 否
3	总评	是否能够进行下一步内容的学习	☐ 是　☐ 否

课后作业

1. 为了能够快速、准确地读取到动力电池相关的故障代码,需要收集车辆的哪些信息?

2. 选取一款电动汽车维修手册,查找与动力电池温度异常相关的故障代码,并完成信息的填写。

（1）你用的手册对应的车型:＿＿＿＿＿＿＿＿＿＿＿＿＿＿＿＿＿＿

（2）你查询到的故障代码及其含义:＿＿＿＿＿＿＿＿＿＿＿＿＿＿＿

＿＿＿＿＿＿＿＿＿＿＿＿＿＿＿＿＿＿＿＿＿＿＿＿＿＿＿＿＿＿＿

（3）各故障代码在手册中所处的位置:＿＿＿＿＿＿＿＿＿＿＿＿＿＿

任务四

读取分析动力电池温度、电压、电流数据

学习目标

知识目标

1. 掌握电池健康状态的判断依据和电池电量平衡的控制方式;
2. 了解电流传感器的检测原理。

能力目标

1. 能独立完成工位准备及车辆防护作业;
2. 能利用故障诊断仪读取动力电池温度、电压和电流等数据并判断。

素养目标

1. 通过工位准备及车辆防护作业,培养服务意识、安全意识和规范意识;
2. 通过对数据流的读取和分析,养成探究的学习态度。

基本知识

一、电池健康状态(SOH)

电池健康状态是反映高压动力电池使用性能和寿命的指标,它受到电池内阻、使用温度、充放电循环次数等因素的影响,当健康状态降低时意味着电池容量的损失,其计算方式为 SOH=(电池的实际容量/电池的设计容量)×100%。

温度对锂离子电池的性能尤其是安全性具有决定性的影响,目前放电温度要求为−20～55℃,而充电温度要求为0～45℃。为了延长锂电池的使用寿命,使其保持最佳的性能,一般将电池电芯温度控制为25～40℃。

如图1-4-1所示为温度对电池性能的影响,但并不是只有温度降低才会影响电池的使用性能。当电池温度过高时,同样会影响电池的使用寿命,甚至造成安全事故。

为了能够更好地控制动力电池的温度,动力电池管理系统通过温度传感器(图1-4-2)监测电池温度和冷却液(冷却空气)的温度,实现对电池温度的管理和控制。一般造成动力电池温度过高的因素有输出功率增加、环境温度升高和充电速度快三个方面,它们影响电池温度使之超出最佳工作范围时,动力电池管理系统通过控制冷却系统进行温度管理。相反,当动力电池因为环境温度低于最佳工作范围时,动力电池管理系统通过控制电热装置对电池进行加热,使电池处于最佳健康状态。

锂离子动力电池多次循环充放电后,电池容量会缓慢下降,电池内阻会稍有上升,从而影响电池健康状态,如图1-4-3所示。

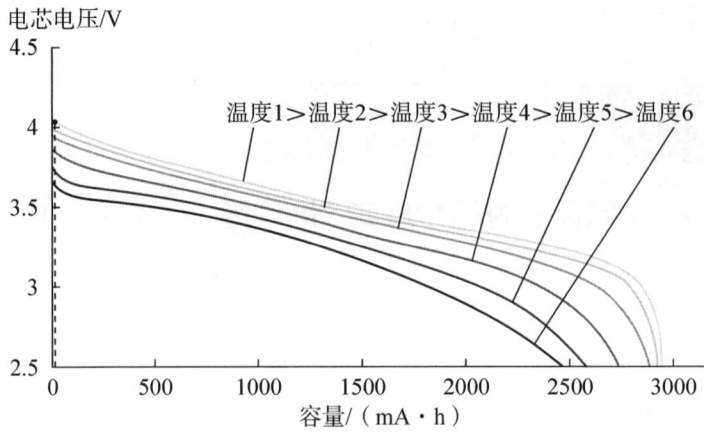

图 1-4-1　温度对电池性能的影响

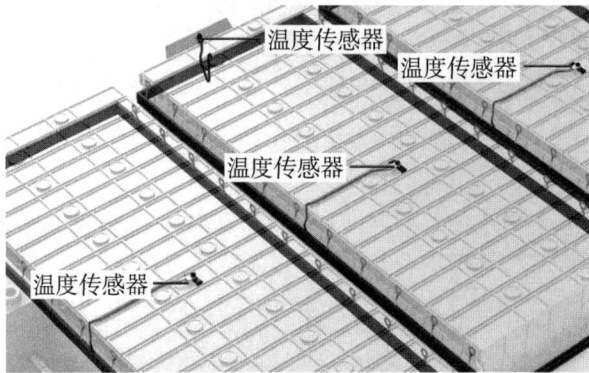

图 1-4-2　动力电池温度传感器

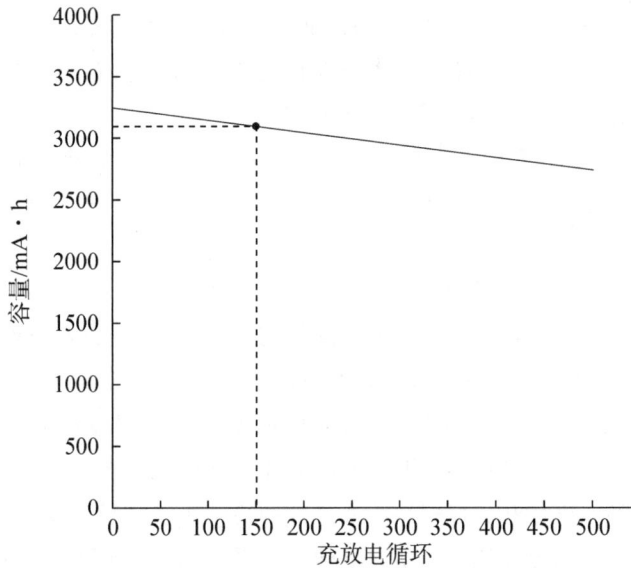

图 1-4-3　电池充放电循环对电池容量的影响

二、电池电量平衡

高压动力电池的各单体电池电量相同时,高压动力电池处于电池电量平衡状态,电池性能最佳。当经历多次充放电循环后,各单体电池的电量会发生改变,导致单体电池之间存在电量差,并且随着时间的推移,差值逐渐增大,致使高压动力电池的总容量减小,最终失效。

图1-4-4为高压动力电池与单体电池电量示意图,单体电池通过串联方式连接,高压动力电池的总容量由性能最差的单体电池的电量决定。如图1-4-4所示,在放电过程中,当单体电池2的剩余电量(1)耗尽后,其余单体电池不再放电,致使高压动力电池总电量耗尽;在充电过程中,由于单体电池4的消耗电量(2)最小,最先充满后,其余单体电池将停止充电,致使高压动力电池容量减小,出现容量损耗(3),损耗量为最佳单体电池4电量与最差单体电池2电量的差值。所以,性能最佳与损耗最大的两个单体电池的电量,决定了高压动力电池的电量差,该差值越大,高压动力电池的充放电性能越差。

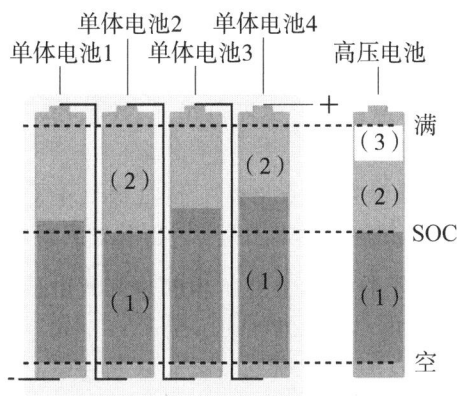

图1-4-4　电池电量平衡示意

(1)—剩余电量;(2)—消耗电量;(3)—高压电池损失电量

为了解决单体电池电量差导致高压动力电池性能下降的问题,每个单体电池都安装有电压测量模块,如图1-4-5所示。动力电池管理系统通过电压测量模块检测每个单体电池的电压,当电池电量不平衡时,各单体电池的电压差会随着使用时间的延长逐渐加大。为了控制电池电量重新达到平衡,动力电池管理系统对各电量多的单体电池进行独立放电,最终达到检测电压值相等、电池电量平衡,从而改善高压动力电池的充放电性能。

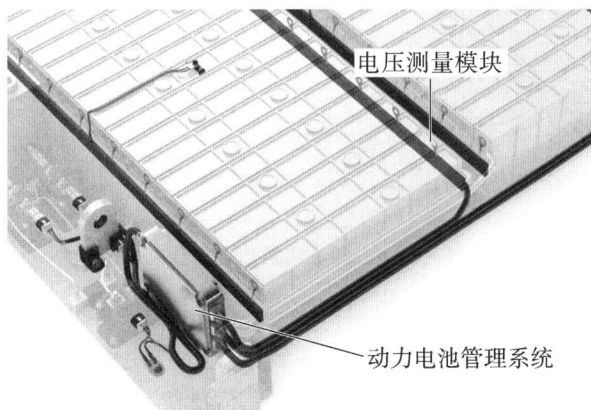

图1-4-5　电压测量模块

三、动力电池电流检测

动力电池的电量状态(SOC)或称为电池当前电量,是预测车辆剩余行驶里程、避免电池出现过放电的重要参数。动力电池管理系统在监测、计算该参数时,必须对动力电池的充放电电流进行采集和判断,因此一般在动力电池的负极母线上安装有霍尔传感器,如图 1-4-6 所示。

测量电流的方法包括分流器法(电阻取样法)、电流互感法和霍尔电流传感器法,纯电动汽车中一般采用霍尔传感器法检测充放电电流。

霍尔电流传感器在测量方式上可以分为开环式和闭环式两种,它们都基于霍尔效应。

如图 1-4-7 所示,金属或半导体薄片置于磁场中(z 轴方向),当有电流流过时(x 轴方向),在垂直于电流和磁场的方向上(y 轴方向)将产生电动势,这种物理现象称为霍尔效应。

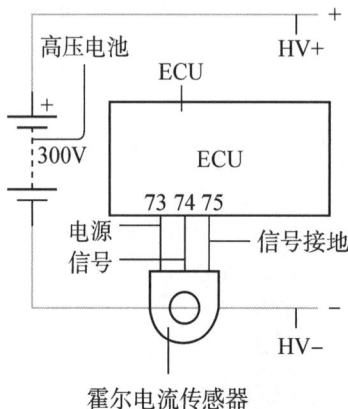

图 1-4-6 霍尔电流传感器

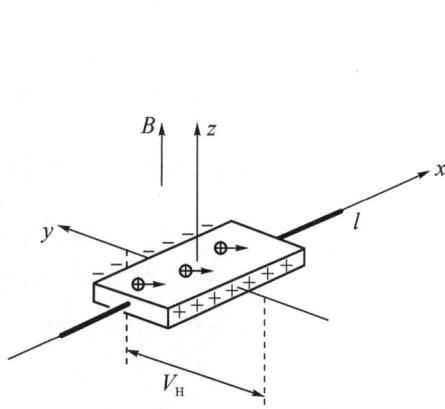

图 1-4-7 霍尔效应

① 开环式霍尔电流传感器工作原理如图 1-4-8 所示,当原边电流 I_P 流过一根长导线时,在导线周围将产生一磁场,该磁场的大小与流过导线的电流成正比,产生的磁场聚集在磁环内,通过磁环气隙中的霍尔元件进行测量并放大输出,其输出电压 V_S 精确反映原边电流 I_P 的大小。

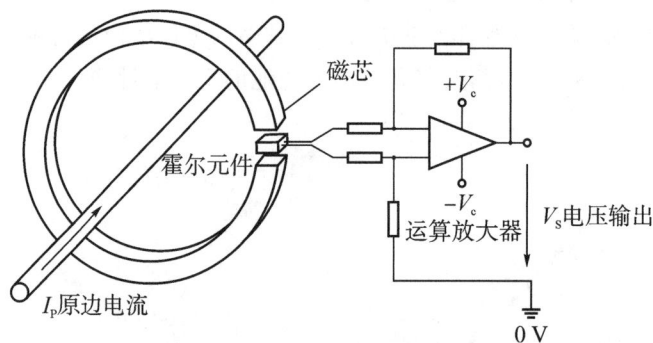

图 1-4-8 开环式霍尔电流传感器

② 闭环式霍尔电流传感器工作原理如图 1-4-9 所示。闭环式霍尔电流传感器又称磁平衡式或补偿式电流传感器。原边电流 I_P 在聚磁环处所产生的磁场通过一个次级线圈电流(霍尔元件驱动控制的补偿电流 I_S)所产生的磁场进行补偿,使霍尔元件的输出逐渐减小。当 I_P 产生的磁场与磁极线圈磁场相等时,补偿电流 I_S 不再增加,从而使霍尔元件处于检测零磁通量的工作状态。当 I_P 变化时,磁场平衡受到破坏,为了达到新的平衡,霍尔元件控制补偿电流 I_S 对应变化,从而实现补偿电流 I_S 精确反映原边电流 I_P。

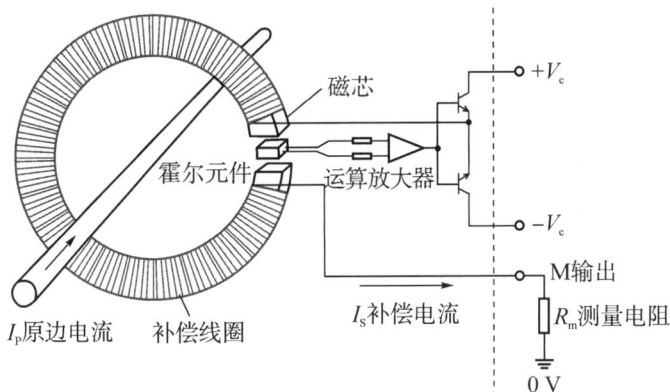

图 1 - 4 - 9　闭环式霍尔电流传感器

四、数据流

汽车数据流是指能够反映车辆信息或工作状况的信息参数,一般包括各控制系统中的传感器监测参数和执行器控制参数。

如图 1 - 4 - 10 所示,传感器是一种监测装置,将被测量的信息按一定规律变换为电信号或其他所需形式的信息后,传递给电子控制单元(ECU),电子控制单元根据设计要求,对传感器信息进行采集、分析、判断后,控制相应的元器件工作,这些被控制的元器件统称为执行器。

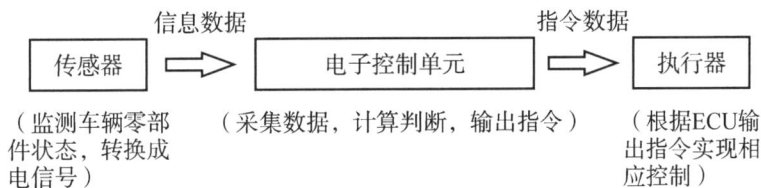

图 1 - 4 - 10　电子控制系统工作过程

电子控制单元接收传感器的信息和输出给执行器指令数据。可以利用故障诊断仪的"读取数据流"功能获取信息,作为故障判断的依据。

利用故障诊断仪读取数据流判断车辆运行状况,是故障诊断的重要手段之一,其关键是会利用故障诊断仪正确读取所需数据流,并且通过查阅手册或工作经验,判断所读取数据是否正常。动力电池的主要数据流有电压、温度和电流等参数值。

能力训练

一、操作条件

① 设备:吉利帝豪 EV450 电动汽车、奇瑞新能源故障诊断仪。

② 工具和器材:吉利帝豪 EV450 电子维修手册、防护器材等。

二、安全及注意事项

① 操作前需要检查车辆停放的位置,并且做好工位安全防护;

② 进入车辆前需铺设防护套,防止内饰脏污;

③ 与车辆诊断接口连接或断开故障诊断仪时,必须关闭点火开关;

④ 需要在车辆行驶过程中读取数据流时,必须要由具备能力和资格的指定人员进行操作;

⑤ 对所使用的计算机、车辆或故障诊断仪要及时规整复位,并对场地进行 5S 工作,对产生的垃圾或废料进行分类处理。

三、操作过程

序号	操作步骤	操作方法及说明	操作标准
1	准备工位	(1) 准备方向盘套、座椅套和地板垫 (2) 准备车轮挡块 (3) 查看车辆信息,选取维修手册。本次任务选用吉利帝豪 EV450 电动汽车 (4) 准备故障诊断仪,本次任务选用奇瑞新能源故障诊断仪	能够根据作业要求准备所需的手册、工具、仪器、辅料或配件,并分类摆放整齐
2	车辆防护	(1) 安装车轮挡块 (2) 设置方向盘套、座椅套、地板垫 	(1) 车辆停放在指定工位,满足作业要求 (2) 车辆挡块安装后能够限制车辆前后移动 (3) 车内防护满足作业后的清洁、安全要求
3	连接故障诊断仪	(1) 查阅维修手册,确认车辆诊断接口位置 (2) 确认点火开关关闭,车辆处于不通电状态 (3) 将测试主线母转接头连接蓝牙通信模块,16 针公转接头与车辆诊断接口连接 	(1) 正确辨识车辆诊断接口位置 (2) 正确连接故障诊断仪 (3) 故障诊断仪与车辆连接前,电源均需处于关闭状态

序号	操作步骤	操作方法及说明	操作标准
3	连接故障诊断仪	（4）开启故障诊断仪主机（平板电脑），通过蓝牙配对使主机与通信模块建立通信 	（1）正确辨识车辆诊断接口位置 （2）正确连接故障诊断仪 （3）故障诊断仪与车辆连接前，电源均需处于关闭状态
4	读动力电池的有关数据流	（1）打开点火开关，使车辆处于通电状态，操作故障诊断仪界面，点击进入"故障检测"功能 （2）选择诊断车辆的品牌"吉利帝豪"选项 （3）选择诊断车辆的型号"EV450"选项 （4）选择"电源管理系统"选项 	（1）正确选择品牌、车型、系统（本任务需选择"电源管理系统"）和功能（本任务需选择"读取数据流"） （2）电池包温度：$-40\sim+120℃$ （3）电池包总电压：$0\sim600\mathrm{V}$ （4）电池包总电流：$-500\sim+500\mathrm{A}$

序号	操作步骤	操作方法及说明	操作标准
4	读动力电池的有关数据流	(5) 选择"基本诊断"选项 | 基本诊断	数据写入
ECU复位	特殊功能 | (6) 选择"读取数据流"选项 读版本信息 读取故障码 清除故障码 读取数据流 (7) 翻阅页面读取动力电池温度、电压和电流数据 | 数据流名称	当前数据	单位
电池包总电压	360.7	V
电池包总电流	0.0	A
电池包最高温度	33.0	℃
电池包最高温度的温度传感器号	1	
电池包最低温度	33.0	℃		(1) 正确选择品牌、车型、系统(本任务需选择"电源管理系统")和功能(本任务需选择"读取数据流") (2) 电池包温度:−40～+120℃ (3) 电池包总电压:0～600V (4) 电池包总电流:−500～+500A
5	查阅维修手册,查找动力电池温度、电流及电压的标准数据,并对所读取车辆的相关数据做出判断	(1) 根据品牌及车型,选择翻阅对应的维修手册。本次操作选取吉利帝豪EV450电动汽车 (2) 翻阅维修手册目录,查找动力电池故障代码所在目录 1 车型概述 2 电动化系统 　2.1 动力电池 　　2.1.1 规格 　　2.1.2 描述和操作 　　2.1.3 系统工作原理 　　2.1.4 部件位置 　　2.1.5 电气原理示意图 　　2.1.6 诊断信息和步骤 　　　2.1.6.1 故障预防措施 　　　2.1.6.2 动力电池系统端子列表 　　　2.1.6.3 故障诊断代码(DTC)列表类型 　　　2.1.6.4 故障诊断数据流列表 　　　2.1.6.5 电源故障 　　　2.1.6.6 通讯故障 (3) 在"故障诊断数据流列表"中查找所读取数据流的正常范围,并做出判断 注:不同品牌的汽车的数据流的查询方法有所区别,一般在对应系统的子目录中	(1) 正确查询到动力电池相关数据流在手册中的位置 (2) 正确判断读取数据流的状态
6	复位整理	(1) 恢复车辆、工具、仪器 (2) 清洁车辆、地面、操作台	整洁、整齐、环保

问题情境一

维修技师在对一辆电动汽车的动力电池的数据流进行读取分析时,怀疑电池温度传感器的信号存在异常,但并没有在手册中查阅到相关标准值,请问应该如何进行判断?

解决途径:通过读取正常车辆的动力电池温度传感器的数据流进行对比判断。

问题情境二

某顾客所购买的电动汽车行驶里程突然下降,进厂维修,维修技师观察仪表指示灯显示正常,利用故障诊断仪读取故障代码,显示系统正常。如果你是诊断技师,接下来会如何处理?

解决途径:利用故障诊断仪读取动力电池工作温度、电池电压、工作电流等数据流,与手册提供的标准数据或从正常车辆上读取的数据进行对比判断,以确定动力电池的性能。如果异常,需要维修或更换动力电池。如果正常,需要对车辆的其他部件或系统进行检测。

学习结果评价

序号	评价内容	评价标准	评价结果(是/否)
1	知识与技能	能理解温度对电池的影响	□是　□否
		能简述电池健康状态的判断依据	□是　□否
		能理解电量平衡的重要性及控制方式	□是　□否
		能清楚 SOH 与 SOC 的含义	□是　□否
		能利用故障诊断仪读取动力电池温度、电压和电流数据	□是　□否
		能利用维修手册准确查阅动力电池数据流并判断	□是　□否
2	安全与5S	能对场地进行安全检查	□是　□否
		能合理放置车轮挡块	□是　□否
		能做好内饰防护后进入车内	□是　□否
		能在连接或断开故障诊断仪时关闭车辆电源	□是　□否
		能遵守场地日常安全条例	□是　□否
		能对工具、工位进行整理、复位、清扫	□是　□否
3	总评	是否能够进行下一步内容的学习	□是　□否

课后作业

1. 假设一辆电动汽车设计充满电后能行驶 450km,使用一段时间后,在相同道路上实际能够行驶 350km,则该电池的 SOH 为多少?

2. 某高压动力电池的原始容量为 75A·h，SOC＝60％，SOH＝90％，试计算该电池存储了多少电量。

3. 如下图所示为四个单体电池的 SOC，请在高压动力电池位置用不同颜色的笔画出其 SOC 及容量损耗。为了提高动力电池的充放电性能，需要进行电量平衡控制，请问需要对哪些单体电池做何种处理？

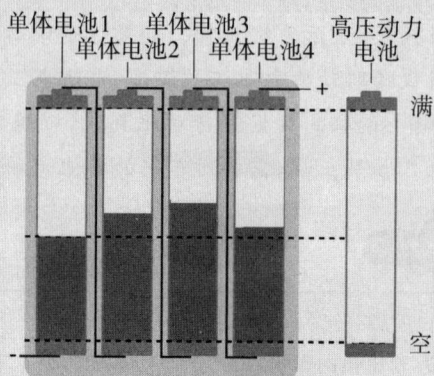

任务五

分析判断动力电池管理系统电源故障

学习目标

知识目标

1. 掌握动力电池管理系统的组成及工作过程；

2. 掌握 BMS 电源电路的组成及熔丝的类型；

3. 了解万用表的主要功能。

能力目标

1. 能利用手册查阅动力电池管理系统电源电路；

2. 能利用手册查阅熔丝及模块搭铁点的安装位置；

3. 能利用万用表判断熔丝故障和导线断路或短路故障。

素养目标

1. 通过工位准备、车辆防护和高压防护作业，培养服务意识、安全意识和规范意识；
2. 通过对熔丝、导线的检测练习，培养精益求精的工作态度。

基本知识

一、电池管理系统

电池管理系统(BMS)是一种能够对动力电池进行监控和管理的电子装置，通过对电压、电流、温度等参数进行采集、计算，实现对电池的控制，提升电池的综合性能。如图 1-5-1 所示，电池控制单元通过温度传感器监测的数据将电池温度控制在正常范围，通过电流传感器监测的数据判断电池电量，通过电压测量模块监测的数据控制电量平衡。

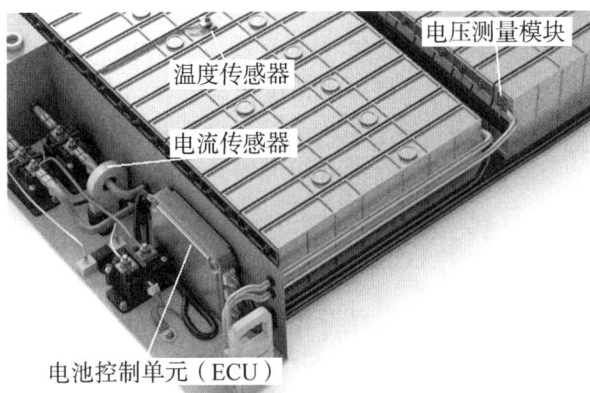

图 1-5-1　电池管理系统

电池控制单元除了对动力电池进行检测管理外，还对其高压控制系统进行控制。如图 1-5-2 所示，高压正极继电器 K1 与高压负极继电器 K3 控制动力电池与车辆的连接状态，当车辆下电或出现紧急情况时，K1 与 K3 继电器不工作，动力电池与外部处于断路状态；当车辆上电工作时，K1 与 K3 继电器工作，动力电池与外部处于连接状态，对外输出高压直流电。当电机控制器中的电容 C_1 通电击穿形成通路时，电路中会瞬间产生非常大的电流，如果不对该电流进行限制，会损坏高压正、负极继电器及电路，所以在高压正极继电器 K1 闭合前，BMS 先控制

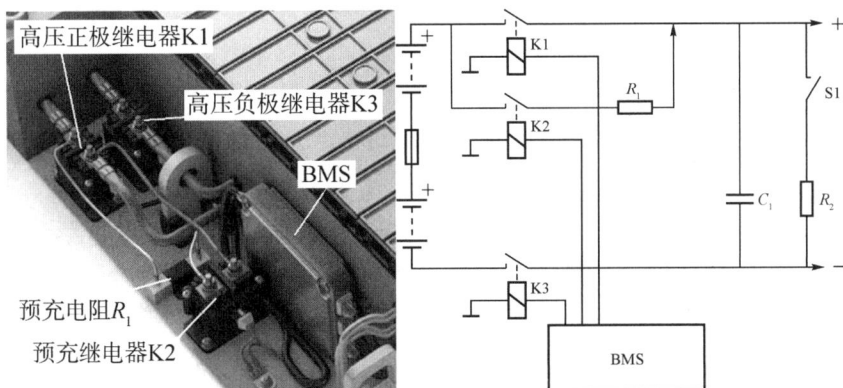

图 1-5-2　电池高压控制

预充继电器 K2 和高压负极继电器 K3 工作,将预充电阻 R_1 串联在动力电池正极电路,使输出电流减小,当 C_1 电容完成充电后,K2 继电器断开,K1 继电器闭合,K3 继电器维持闭合状态。

二、BMS 电源电路

BMS 作为一种电子装置,需要提供电源才能正常工作,如图 1-5-3 所示为吉利帝豪 EV450 电动汽车的 BMS 电源电路,包括搭铁电路 CA69/2 至 G03、低压蓄电池提供的常电源电路 B+ 至 CA69/1、点火开关控制的电源电路 IG2 至 CA69/7。

电路图中标有 EF01 和 IF18 的图形为熔丝符号,熔丝也称为熔断器,当电路中的电流异常并超过额定电流时发生熔断,以保护电路和电子设备。如图 1-5-4 所示为插片式熔丝的结构,汽车用熔丝根据颜色不同区分额定电流的大小:灰色(2A)、紫色(3A)、粉色(4A)、橘黄色(5A)、咖啡色(7.5A)、红色(10A)、蓝色(15A)、黄色(20A)、透明无色(25A)、绿色(30A)、深橘色(40A)。当额定电流过大时,一般会采用固定式熔丝,该类型的熔丝一般为黑色,额定电流以文字标示,不以颜色区分,如图 1-5-5 所示。

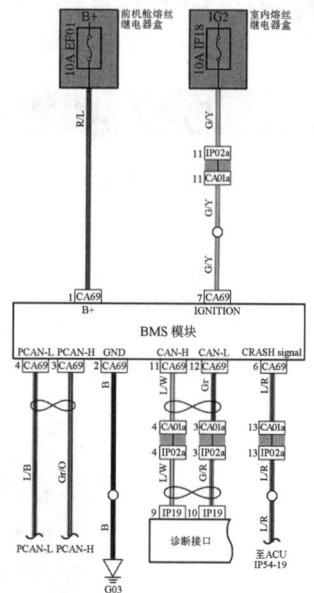

图 1-5-3 吉利帝豪 EV450 电动汽车的 BMS 电源电路

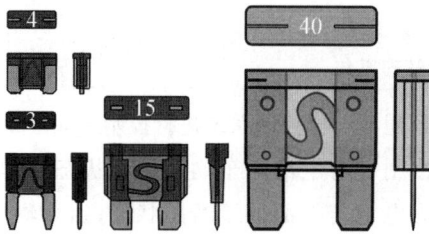

图 1-5-4 插片式熔丝的结构

图 1-5-5 固定式熔丝

三、万用表

万用表能够测量电阻、电压、电流、频率、温度等参数值,本次任务涉及电阻(欧姆)挡和电压挡的使用,也是万用表最常用的两个功能。

万用表欧姆挡用于测量电路和元件的电阻,一般选用万用表的欧姆挡进行测量,如图 1-5-6 所示,使用时需要根据被测对象的电阻值选择合适的量程。欧姆挡测量时会对被测对象施加电压,因此只有当被测量的电路或元件没有电压时才能测量其电阻值。

如图 1-5-7 所示,利用万用表电阻挡的常用功能可以测量导线通断、导线短路和元件电阻,维修人员可以将测量值与标准值对比后做出判断。

万用表电压挡用于判断电路电压是否正常,可分为直流电压挡和交流电压挡,如图 1-5-8 所示。在电动汽车的检测过程中,通常利用万用表的直流电压挡测量低压电源或低压蓄电池的电压,如图 1-5-9 所示。

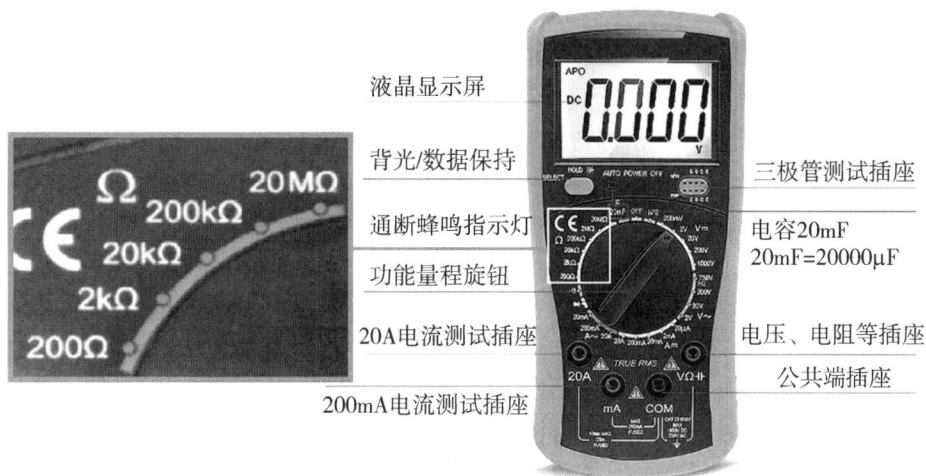

液晶显示屏

背光/数据保持

通断蜂鸣指示灯

功能量程旋钮

20A电流测试插座

200mA电流测试插座

三极管测试插座

电容20mF
20mF=20000μF

电压、电阻等插座

公共端插座

图1-5-6 万用表电阻挡

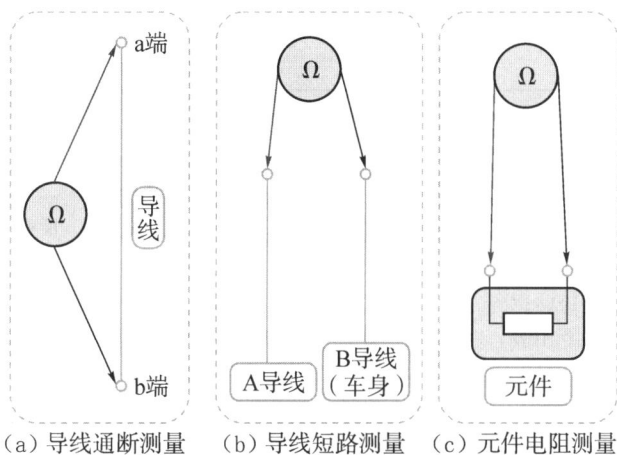

（a）导线通断测量 （b）导线短路测量 （c）元件电阻测量

图1-5-7 万用表电阻挡功能

直流电压挡

交流电压挡

图1-5-8 万用表电压挡

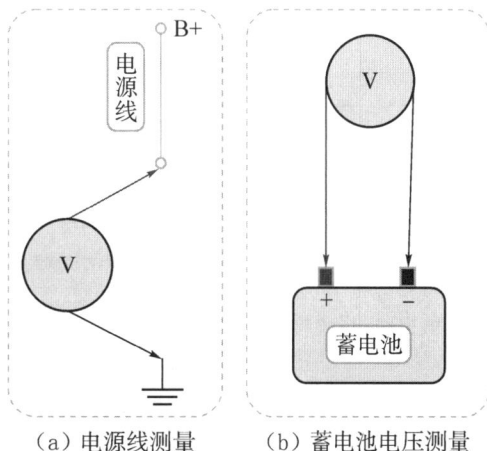

（a）电源线测量 （b）蓄电池电压测量

图1-5-9 万用表电压挡功能

能力训练

一、操作条件

① 设备：吉利帝豪 EV450 电动汽车。

② 工具和器材：吉利帝豪 EV450 电子维修手册、常用拆装工具、万用表、车辆防护用品、高压防护用品。

二、安全及注意事项

① 断开 BMS 模块线束连接器 CA69 时，必须先断开低压蓄电池负极，以免对 BMS 模块造成损坏；

② 操作过程中必须做好高压防护工作；

③ 用万用表电阻挡测量时，需将启动开关置于 OFF 状态；

④ 对所使用的计算机、车辆、常用工具、检测设备等及时规整复位，并对场地进行 5S 工作。

三、操作过程

序号	操作步骤	操作方法及说明	操作标准
1	准备工位	（1）准备方向盘套、座椅套和地板垫 （2）准备车轮挡块 （3）查看车辆信息，选取维修手册。本次任务选用吉利帝豪 EV450 电动汽车 （4）准备诊断仪 （5）准备万用表	能够根据车辆的型号、生产年份、配置等信息选取维修手册
2	车辆防护	（1）安装车轮挡块 （2）设置方向盘套、座椅套、地板垫	挡块、方向盘套、座椅套、地板垫安装到位
3	读取故障代码	连接故障诊断仪，读取故障代码	BMS 电源故障代码： U30006－16； U30006－17； U30006－29
4	查阅动力电池管理系统电源电路图	选取 EV450 维修手册，维修手册有纸质形式和电子形式，本实验车辆手册采用电子形式 ▲ 13.8 系统电路图 　▲ 13.8.1 电力控制系统 　　高压配电系统 　　**BMS1** 　　BMS2	在手册中准确找到动力电池管理系统电源电路图所属目录

续表

序号	操作步骤	操作方法及说明	操作标准
5	查找动力电池管理系统电源熔丝安装位置	(1) 查看电路图，并确认电路图中熔丝标号“10A EF01”“10A IF18”及安装位置信息 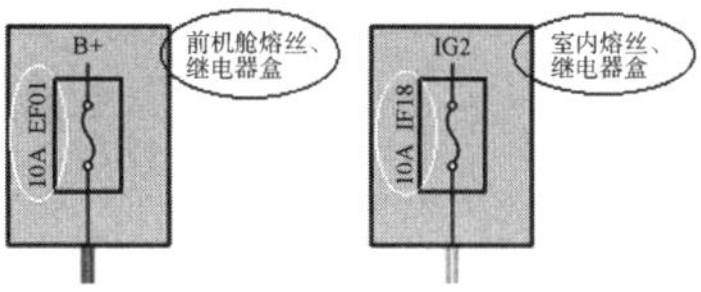 (2) 翻阅手册“前机舱熔丝、继电器布置图”目录 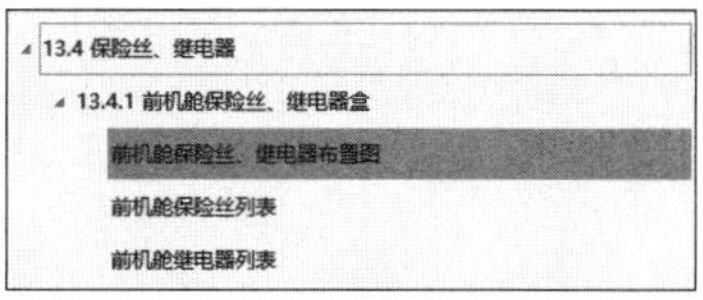 13.4 保险丝、继电器 13.4.1 前机舱保险丝、继电器盒 前机舱保险丝、继电器布置图 前机舱保险丝列表 前机舱继电器列表 (3) 在“前机舱熔丝、继电器布置图”中查找EF01熔丝安装位置 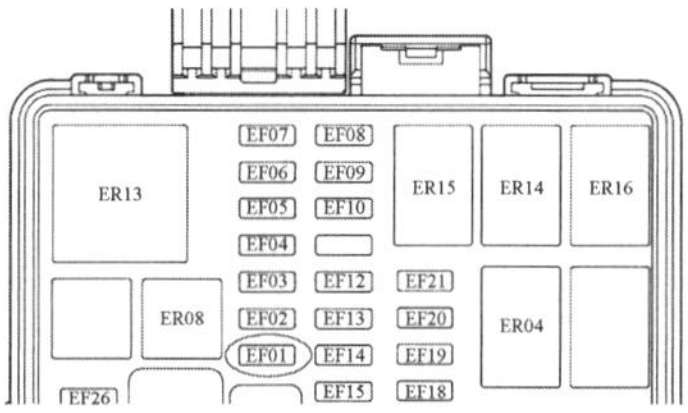 (4) 在“室内熔丝、继电器布置图”中查找EF18熔丝安装位置 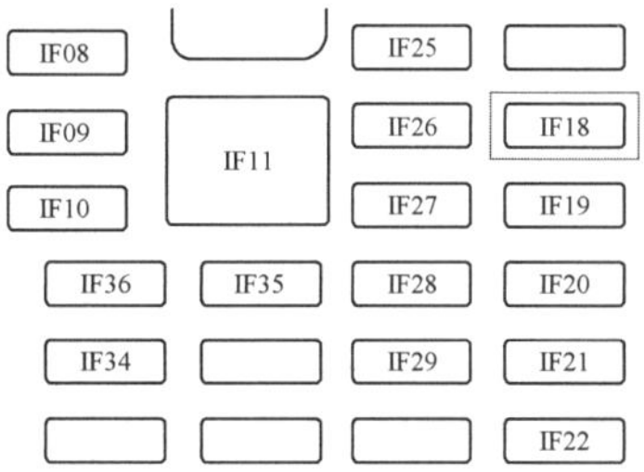 (5) 根据手册提示，在车辆上找到EF01熔丝的安装位置 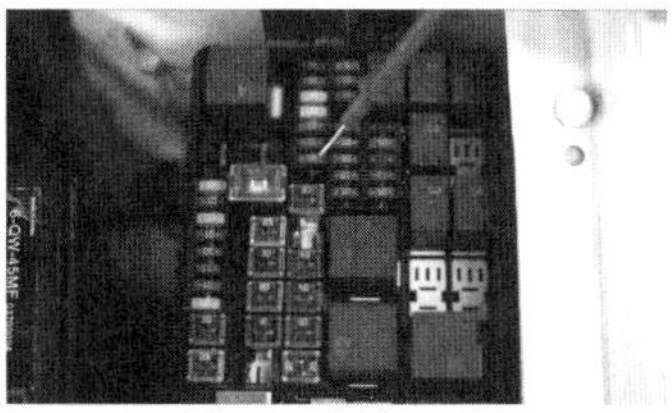 (6) 根据手册提示，确认IF18熔丝安装位置 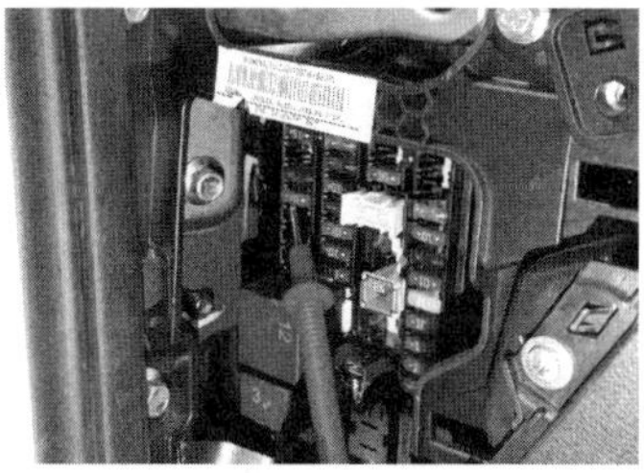	通过翻阅维修手册，准确找到：EF01熔丝在前机舱熔丝继电器盒的安装位置；IF18熔丝在室内熔丝继电器盒的安装位置

序号	操作步骤	操作方法及说明	操作标准
6	查找 BMS 线束连接器信息	（1）查看电路图，并确认电路图中 BMS 线束连接代号 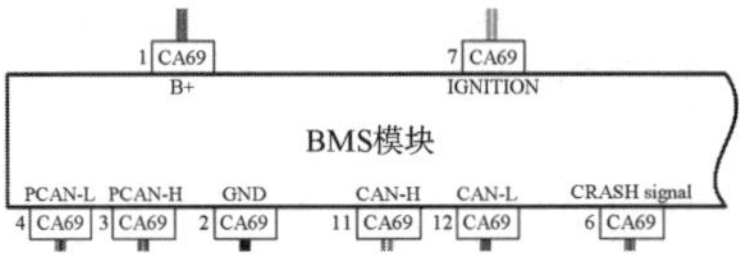 （2）翻阅手册"线束及其接线器布置"目录 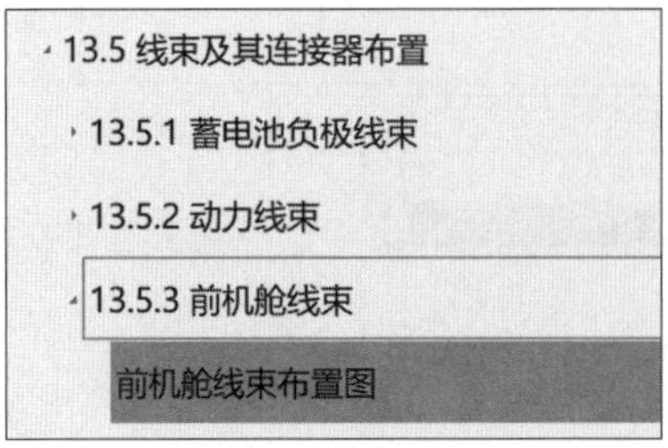 · 13.5 线束及其连接器布置 · 13.5.1 蓄电池负极线束 · 13.5.2 动力线束 · 13.5.3 前机舱线束 前机舱线束布置图 （3）在"前机舱线束布置图"中找到 CA69 连接器安装示意图 前机舱线束布置图 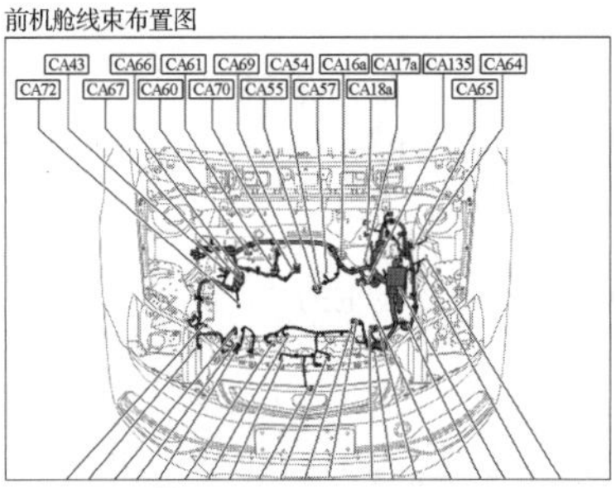 （4）在"前机舱线束连接器端子图"中找到 CA69 连接器线路布局示意图 CA69 BMS模块线束连接器A 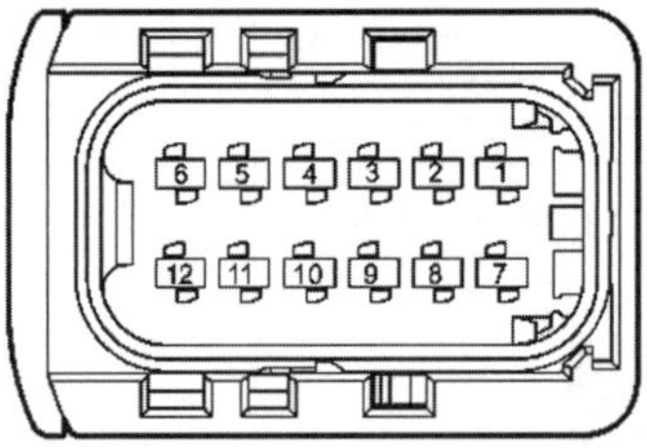	（1）BMS 连接器代号为 CA69 （2）通过翻阅维修手册，准确找到 CA69 连接器位置 （3）CA69 连接器导线布置顺序
7	查找 BMS 模块搭铁点位置	（1）查看电路图，并确认电路图中 BMS 模块搭铁点代号 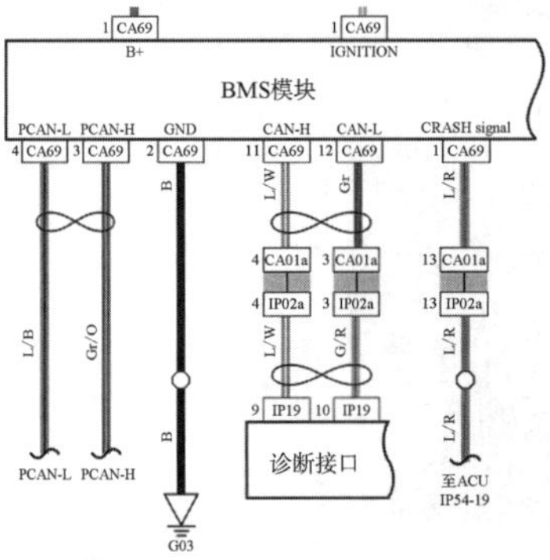	（1）BMS 模块搭铁点代号为 G03 （2）通过翻阅维修手册，准确找到 G03 搭铁点安装示意图

序号	操作步骤	操作方法及说明	操作标准

7	查找 BMS 模块搭铁点位置	(2) 翻阅手册"接地点布置"目录
		
		・13.6 接地点布置
		  ・13.6.1 接地点布置图
		    蓄电池负极线束接地点布置图
		    动力线束接地点布置图
		    动力线束（高压配电）接地布置图(续1)
		    前机舱线束接地点布置图
		    仪表线束接地点布置图
		
		(3) 在"前机舱线束接地点布置图"中找到 G03 搭铁点安装示意图
		
		前机舱线束接地点布置图
		G04 G11 G09 G07
		G13 G03 G12 G10 G08
		FE13-6002e
			(1) BMS 模块搭铁点代号为 G03
			(2) 通过翻阅维修手册,准确找到 G03 搭铁点安装示意图

8	检测准备	(1) 高压防护:绝缘垫绝缘测试;检查并佩戴安全帽、绝缘手套、护目镜 (2) 操作启动开关使电源模式置于 OFF 状态 (3) 断开低压蓄电池负极电缆	(1) 绝缘垫阻值大于 20MΩ (2) 安全帽、绝缘手套、护目镜无开裂 (3) 操作步骤顺序正确 (4) 低压蓄电池负极电缆用绝缘胶带包裹
9	检测低压蓄电池电压	用万用表直流电压挡测量低压蓄电池电压	标准电压为 11~14V
10	检查 BMS 模块熔丝 EF01 和 IF18	(1) 利用万用表电阻挡检查熔丝 EF01 和 IF18 是否熔断	(1) 熔丝标准电阻:小于 1Ω (2) 短路判断标准电阻:20kΩ 或更大

序号	操作步骤	操作方法及说明	操作标准
10	检查 BMS 模块熔丝 EF01 和 IF18	(2) 如果熔丝 EF01 或 IF18 熔断,检测 EF01 至 CA69/1 或 IF18 至 CA69/7 线路是否存在短路 CA69 BMS模块 	(1) 熔丝标准电阻:小于 1Ω (2) 短路判断标准电阻:20kΩ 或更大
11	检查 BMS 模块线束连接器(端子电压)	(1) 操作举升机,将车辆举升至合适高度 (2) 断开 BMS 模块线束连接器 CA69 CA69连接器 CA70连接器 (3) 连接蓄电池负极电缆 (4) 操作启动开关使电源模式至 ON 状态 (5) 测量 BMS 模块线束连接器 CA69 端子 1、7 对车身的接地电压 CA69 BMS模块 	标准电压:11～14V
12	检查 BMS 模块线束连接器(接地端子导通性)	(1) 操作启动开关使电源模式至 OFF 挡 (2) 测量 BMS 模块线束连接器 CA69 端子 2 与车身接地之间的电阻值	标准电阻:小于 1Ω

序号	操作步骤	操作方法及说明	操作标准
12	检查 BMS 模块线束连接器(接地端子导通性)	CA69 BMS模块 	标准电阻:小于 1Ω
13	复位整理	(1) 连接各断开的连接器,连接低压蓄电池负极端 (2) 恢复车辆、工具、仪器 (3) 清洁车辆、地面、操作台	(1) 连接器卡扣到位 (2) 低压蓄电池负极端转矩:9N·m (3) 整洁、整齐

🖱 问题情境一

维修技师在对故障车辆电池管理系统的电源电路进行检测时,发现额定容量为 10A 的熔丝熔断,在更换的过程中发现缺少相同容量的熔丝,该技师为了省时方便,直接选用了额定容量为 30A 的熔丝替换,请问这样处理是否合适?

解决途径:不合适。为保证车辆在长期使用过程中的安全、可靠,需要按照维修手册的要求更换部件。换用额定容量大的熔丝虽然能够解决当时的故障,但有可能当电路电流过大时,熔丝不能及时熔断,导致线路或元器件损坏,并存在安全隐患。

🖱 问题情境二

如图 1-5-3 所示,维修技师在对吉利帝豪 EV450 电动汽车的 BMS 电源电路检测时,发现 IF18 熔丝安装位置没有电源,判断电源电路熔丝前端存在故障,但电路图中并未标示出 IG2 线路的连接关系,应该如何解决处理?

解决途径:首先需要翻阅吉利帝豪 EV450 电动汽车维修手册,由于 IF18 熔丝安装在室内熔丝、继电器盒内,所以在维修手册"13.7 电源分布图"目录中查找"室内电源分布图"目录,并在该目录下查找 IF18 熔丝所属电路,如图 1-5-10 所示,维修技师可根据该电路图进一步检测。

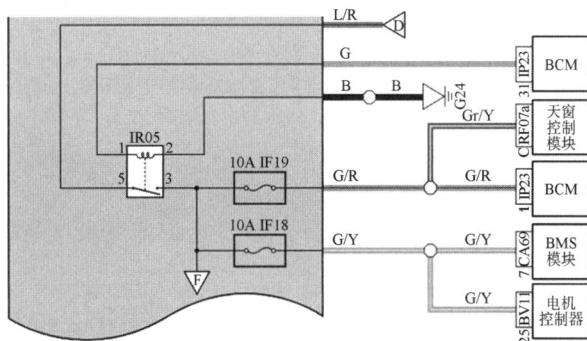

图 1-5-10　IF18 熔丝所属电路

学习结果评价

序号	评价内容	评价标准	评价结果（是/否）
1	知识与技能	能简述动力电池管理系统的功能	☐ 是　☐ 否
		能根据不同颜色区分熔丝的额定容量	☐ 是　☐ 否
		能熟悉万用表的主要功能	☐ 是　☐ 否
		能准确查阅动力电池管理系统的电源电路	☐ 是　☐ 否
		能利用手册查阅熔丝及模块搭铁点的安装位置	☐ 是　☐ 否
		能利用万用表判断熔丝故障和导线断路或短路故障	☐ 是　☐ 否
2	安全与5S	能对场地进行安全检查	☐ 是　☐ 否
		能对车辆进行安全下电	☐ 是　☐ 否
		能做好高压安全防护	☐ 是　☐ 否
		能遵守场地日常安全条例	☐ 是　☐ 否
		能对工具、工位进行整理、复位、清扫	☐ 是　☐ 否
3	总评	是否能够进行下一步内容的学习	☐ 是　☐ 否

课后作业

1. 如右图所示，请根据下列情况选择电阻挡：

   （1）测量一根导线的通断：（　　　）；

   （2）测量250Ω的电阻：（　　　）；

   （3）判断一根导线断路：（　　　）。

2. 如右图所示，请说明直流电压挡和交流电压挡的量程分别有哪些，要求写明单位。

   （1）直流电压挡：

   _____；

   （2）交流电压挡：

   _____。

   （3）测量低压蓄电池时选用：

   ☐ 直流挡；☐ 交流挡

   量程选用（　　　）

项目二
充电系统检测诊断

识记充电系统构成及指示灯含义

学习目标

知识目标
1. 掌握充电系统的组成及其功能分类；
2. 了解电动汽车的充电模式；
3. 了解车载充电器铭牌参数的含义。

能力目标
1. 能利用维修手册查阅充电口的位置及其指示灯的含义；
2. 能利用维修手册查阅充电连接指示灯的含义并判断连接情况。

素养目标
1. 通过利用维修手册查阅充电系统相关信息,养成主动探究的学习态度；
2. 通过对电动汽车规范的充电作业练习,培养安全意识和规范意识。

基本知识

一、充电系统分类

充电系统从功能上分为快充、慢充、低压充电和制动能量回收四项。

快充:一种应急充电方式,采用直流充电。该方式电压一般大于电池电压,充电电流是常规充电电流的十倍甚至几十倍。该功能的零部件主要由带高压线束的直流充电口和动力电池组成。

慢充：慢充是指插在家庭220V交流电插座中充电。该功能的零部件主要由带高压线束的交流充电口、交流充电插座、交流充电插头、动力电池和车载充电机组成。

低压充电：低压充电是指采用恒压、恒流的传统充电方式对动力电池进行充电。该充电方式对电网没有特殊要求，能够满足照明要求的供电系统都能够使用。该功能的零部件主要由12V铅酸蓄电池、电机控制器、分线盒和动力电池组成。

制动能量回收：制动能量回收是指车辆减速滑行或制动时，电机控制器把电机从电动机模式转换成发电机模式向动力电池充电，从而将制动力转化成电能重新给动力电池充电，实现能量回收，提高续航能力。该功能的零部件主要由制动开关、动力电池、驱动电机、整车控制器和高压线束组成。

二、充电模式

电动汽车有多种不同的充电模式。

模式1：车辆通过充电线直接与主电网相连，充电线不带通信和保护功能，唯一的保护措施是熔丝，在这种充电模式下，车辆需要与其他接入主电网的家用电器分享电流。

模式2：在模式1的基础上，充电线增加了保护和通信功能，能够设置车辆向供电端请求的最大供电电流。

模式3：充电桩通过专用的线路和主电网直接连接，不与其他家用电器分享电流，最大充电电流由主电网的供电能力决定。

模式4：快速充电（直流充电）模式，充电器位于充电桩内，将电网输入的交流电转换成直流电之后，直接对车载动力电池进行高速充电，需要专用的充电线。

注：模式1～3由车载充电器对动力电池进行充电，模式4由位于充电桩内的外置充电器对动力电池进行充电。

三、充电系统组成

新能源汽车以动力电池作为动力源，要想获得更多的续航里程，就要及时对动力电池进行充电。充电系统是车辆主要的能源补给系统，其组成如图2-1-1所示。

充电站：类似于加油站，给汽车充电一般分为三种方式：普通充电、快速充电和电池更换。普通充电多为交流充电，一般使用230V单相交流电或380V三相交流电；快速充电多为直流充电，使用300～500V直流电。

图2-1-1 充电系统组成

不同充电站的输出能力不同。例如：最大充电电压为230V、最大充电电流为8A的单相交流充电站，其最大输出功率为$P=230\times8=1.84(\text{kW})$；若是最大充电电流为32A的三相交流充电站，则最大输出功率为$P=\sqrt{3}\times380\times32=21.06(\text{kW})$。

充电桩：类似于加油站的加油机，即为电动汽车充电的设备，按照接口类型不同可分为交流（慢充系统）和直流（快冲系统）两种。充电桩的输入端与交流电网直接连接，输出端都装有充电插头，用于为电动汽车充电。

充电线：是连接电动汽车和充电桩的载体，其基本作用是传输电能，同时将车辆及动力电池的状态和信息传递至充电桩进行实时交互。电流通过导体时会产生热量，随着电流的增大，导体的横截面面积也应增大，以满足电流传输的需求。因此，对于电动汽车，了解充电线的横截面面积非常重要。

充电口：分为交流充电口和直流充电口。车辆根据选择的充电类型，连接交流充电插头或直流充电插头到相应的充电插座，实现对车辆动力电池充电。

充电指示灯：位于车辆充电口的上方，用于指示不同的充电状态。以吉利帝豪 EV450 电动汽车为例，指示灯含义见表 2-1-1。

表 2-1-1　充电指示灯

充电指示灯颜色	充电指示灯状态	充电指示灯含义
白色	常亮 2min	充电照明
黄色	常亮 2min	充电加热
绿色	闪烁 2min	充电过程
蓝色	常亮 2min	预约充电
绿色	常亮 2min	充电完成
红色	常亮 2min	充电故障
蓝色	闪烁 2min	放电过程

车载充电器：位于车辆内部，主要作用是将主电网（外部电网）输入的交流电压转换成能够对动力电池进行充电的直流电压。

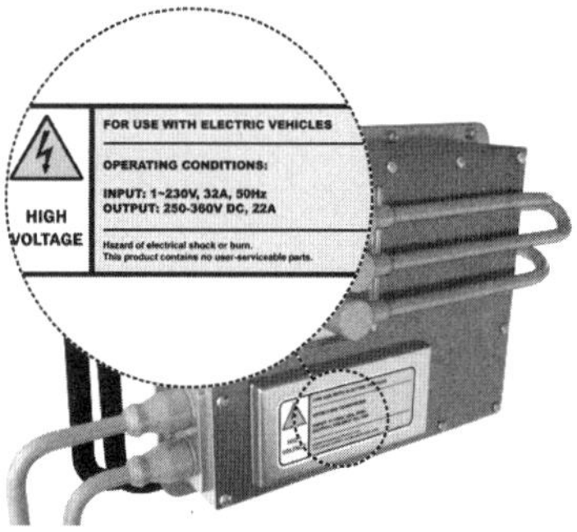

如图 2-1-2 所示，车载充电器输入电压为单相 230V，从主电网请求的最大电流（充电器最大输入电流）为 32A，若计算最大功率，则为 $230V \times 32A = 7.36kW$。

车载充电器最大充电电流的大小主要受充电器输入电流和输出电压相数影响。如图 2-1-2 所示，如果该充电器以单相 16A 的电流进行充电，则充电时间是单相 32A 的 2 倍，因为充电电流减半；如果该充电器能够输入三相 32A 电流，输出电压不变，则充电时间将为原来 $\dfrac{1}{\sqrt{3}}$ 倍，因为等效充电电流变为 $32A \times \sqrt{3}$。

图 2-1-2　车载充电器铭牌信息

能力训练

一、操作条件

① 设备：吉利帝豪 EV450 电动汽车、车载充电器。

② 工具和器材：吉利帝豪 EV450 电子维修手册、防护器材等。

二、安全及注意事项

① 插拔充电插头时应握住插头绝缘部分操作，禁止直接拖、拽充电线缆；

② 应小心、垂直地插拔供电设备插头，防止引起车辆或充电设备损坏；

③ 对所使用的车辆要及时规整复位，并对场地进行 5S 工作。

三、操作过程

序号	操作步骤	操作方法及说明	操作标准
1	准备工位	(1) 准备方向盘套、座椅套和地板垫 (2) 准备车轮挡块 (3) 查看车辆信息,选取维修手册。本次任务选用吉利帝豪 EV450 电动汽车 (4) 准备随车充电包,确认吉利帝豪 EV450 电动汽车充电模式为模式 2	(1) 设置到位 (2) 手册、仪器选择正确
2	车辆防护	(1) 设置车轮挡块 (2) 设置方向盘套、座椅套、地板垫	挡块、方向盘套、座椅套、地板垫设置到位
3	选取维修手册	(1) 查阅车辆信息。本次操作选取吉利帝豪 EV450 电动汽车 **2018** **帝豪EV350/450维修手册** 本维修手册提供了帝豪EV350/450车型的结构、诊断、维修服务信息。 (2) 根据车辆信息选取维修手册,维修手册有纸质形式和电子形式,本实验车辆手册采用电子稿形式	正确选取维修手册
4	查找充电口位置	(1) 翻阅维修手册目录,查找充电口位置所在目录 2.6.3 系统工作原理 2.6.3.1 系统工作原理 2.6.4 部件位置 2.6.4.1 部件位置 2.6.5 电气原理示意图 (2) 根据目录查找充电口位置 **2.6.4 部件位置** **2.6.4.1 部件位置** 1—车载充电机;2—驱动电机控制器;3—交流充电口; 4—直流充电口;5—交流充电口应急解锁	在手册中找到充电接口位置所在目录,并阅读所需内容

序号	操作步骤	操作方法及说明	操作标准
5	查阅充电指示灯信息	(1) 翻阅维修手册目录,查找"概述"所在目录 **目录** 2.6 充电系统 2.6.1 规格 2.6.1.1 紧固件规格 2.6.1.2 车载充电机规格 2.6.2 描述和操作 2.6.2.1 概述 (2) 翻阅手册至对应位置,查阅并读取指示灯信息 <table><tr><td>颜色</td><td>状态</td><td>说明</td></tr><tr><td>白色</td><td>常亮 2min</td><td>充电照明</td></tr><tr><td>黄色</td><td>常亮 2min</td><td>充电加热</td></tr><tr><td>绿色</td><td>闪烁 2min</td><td>充电过程</td></tr><tr><td>蓝色</td><td>常亮 2min</td><td>预约充电</td></tr><tr><td>绿色</td><td>常亮 2min</td><td>充电完成</td></tr><tr><td>红色</td><td>常亮 2min</td><td>充电故障</td></tr><tr><td>蓝色</td><td>闪烁 2min</td><td>放电过程</td></tr></table>	在手册中找到充电指示灯所在目录,并阅读所需内容
6	查阅仪表板充电线连接指示灯信息	(1) 翻阅维修手册目录,查找"指示灯说明"所在目录 11.6 仪表驾驶员信息系统 11.6.1 规格 11.6.1.1 紧固件规格 11.6.1.2 指示灯说明 (2) 翻阅手册至对应位置,查阅并读取指示灯信息 | FE11-8641h	充电线连接指示灯	红色		能够准确地在手册中找到仪表"充电线连接指示灯"所属目录,并阅读所需内容
7	连接车载充电器充电	(1) 在驾驶员车门前侧按压交流充电口盖板右侧,打开交流充电口盖板 	(1) 准确找到车辆"充电口"的位置 (2) 正确打开充电口盖板,读取充电指示灯信息

序号	操作步骤	操作方法及说明	操作标准
7	连接车载充电器充电	（2）按下橙色按钮,拔出护盖 （3）将车载充电器与220V电源连接 （4）按压车载充电器白色按钮,插入充电枪（插头）连接充电 （5）打开驾驶员侧车门,通过仪表板充电连接指示灯确认连接情况 	（1）准确找到车辆"充电口"的位置 （2）正确打开充电口盖板,读取充电指示灯信息
8	复位整理	（1）整理充电连接设备 （2）恢复车辆、工具、仪器 （3）清洁车辆、地面、操作台	（1）交流充电口盖复位 （2）整洁、整齐

问题情境一

在查找吉利帝豪 EV450 电动汽车充电线连接指示灯时,如果已经全部连接好,却发现该指示灯并未显示,应该如何解决?

解决途径: ① 确认充电线与电源及车辆连接是否正确;② 确认电源是否打开;③ 确认充电线是否完好无损。

问题情境二

在查找吉利帝豪 EV450 电动汽车充电指示灯信息结束,使用车钥匙解锁后,充电连接设备不能从充电口中拔出,遇到该状况你会如何应对?

解决途径: 再次按下车辆解锁按钮,如果仍然拔不出,可开启汽车前机舱盖,通过维修手册,查找充电系统的部件位置图,找到并拉拔交流充电口应急解锁拉环解锁。

学习结果评价

序号	评价内容	评价标准	评价结果（是/否）
1	知识与技能	能简述充电系统各部件的功用	□ 是　□ 否
		能简述充电功能的分类	□ 是　□ 否
		能区分充电模式的不同	□ 是　□ 否
		能简述车载充电器铭牌信息	□ 是　□ 否
		能根据信息计算车辆充满电的时间	□ 是　□ 否
		能利用维修手册准确找到充电口信息	□ 是　□ 否
		能利用维修手册准确找到充电连接指示灯并判断连接情况	□ 是　□ 否
2	安全与5S	能对场地进行安全检查	□ 是　□ 否
		能正确连接充电设备	□ 是　□ 否
		能遵守场地日常安全条例	□ 是　□ 否
		能对工具、工位进行整理、复位、清扫	□ 是　□ 否
3	总评	是否能够进行下一步内容的学习	□ 是　□ 否

课后作业

1. 请根据图示在横线上填写相应的充电模式。

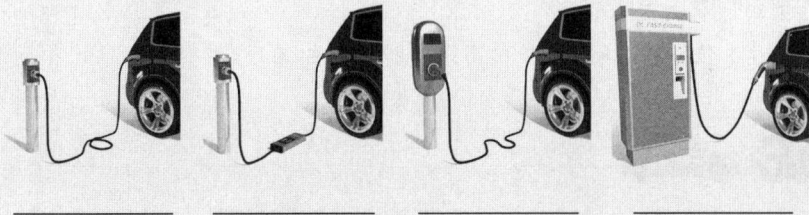

_____　_____　_____　_____

2. 某品牌的电动汽车行驶 100km 消耗的电量为 20.00kW·h，若以 1.84kW 的功率充电，请根据给出的信息完成表格。

电源类型	相数	电压/V	电流/A	功率/kW	充电时间	
					小时/h	分钟/min
AC	1	230	8			
	1	230	16			
	1	230	32			
	1	230	63			
	3	230	16			
	3	230	32			
	3	230	63			
DC	—	380	125			
	—	380	300			

任务二

诊断充电系统电源故障

学习目标

知识目标

1. 掌握充电系统的直流高压充电、交流高压充电和低压充电的工作原理;

2. 了解充电系统充电锁功能与智能充电的工作原理;

3. 了解影响充电系统总体输出能力的因素。

能力目标

1. 能根据作业要求做好工位准备、车辆防护和高压防护工作;

2. 能查阅维修手册完成充电系统低压电源故障的检测与判断。

素养目标

1. 通过利用维修手册查阅充电系统低压电源故障的步骤,培养主动探究、分析问题、解决问题的能力;

2. 通过工位整理、车辆防护和高压防护作业的练习,培养安全意识和规范意识。

基本知识

一、充电系统工作原理

电动汽车充电系统是维持电动汽车运行的能源补给设施,是从供电电源提取能量对动力电池充电所使用的有特定功能的电力转换装置。现以吉利帝豪 EV450 电动汽车为例,介绍直流高压充电(快充)、交流高压充电(慢充)、充电锁功能、低压充电、智能充电和制动能量回收的工作原理。

1. 直流高压充电(快充)

直流充电系统主要是通过充电站的充电桩将直流高压电直接通过位于汽车车身前部的直流充电口传输给动力电池。当直流充电设备接口连接到整车直流充电口时,直流充电设备发送充电唤醒信号给电池管理系统(BMS),BMS根据动力电池的可充电功率,向直流充电设备发送直流充电指令。同时,BMS 吸合系统高压正极继电器和高压负极继电器,动力电池开始充电,传递路线如图 2-2-1 所示。一般情况

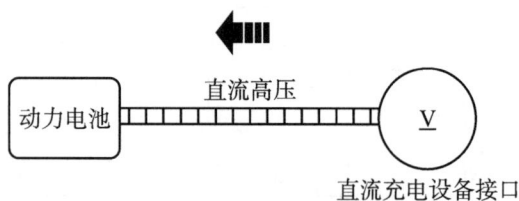

图 2-2-1 直流高压充电(快充)

下,快冲 48min 可充电 80%,但对动力电池损伤较大,故只能在应急情况下使用。

2. 交流高压充电(慢充)

交流充电系统主要是将交流充电桩的充电接头接入交流充电口,通过车载充电器将 220V 交流电转化为直流电对动力电池充电。当车辆处于交流充电模式下,车载充电机检测交流充电口充电枪的 CC 插入信号、CP 导入信号,并唤醒 BMS,BMS 唤醒车载充电并发送充电指令,同时闭合主继电器,动力电池开始充电,传递路线如图 2−2−2 所示。交流高压充电可将动力电池的电量充满,并且对动力电池损伤小。

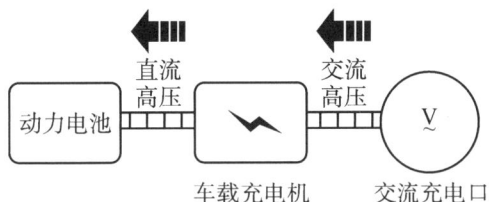

图 2−2−2　交流充电流量传递路线

3. 充电锁功能

为防止在充电过程中丢失充电枪,车辆具有充电枪锁功能。充电枪插入充电口后,只要驾驶员按下智能钥匙闭锁按钮,充电枪防盗功能即开启,BCM(车身控制模块)收到智能钥匙的闭锁信号后,通过 CAN(控制域局域网)总线将该信号传递到车载充电机,车载充电机控制充电枪锁止电机锁止充电枪,此时充电枪无法拔出。如果需要拔出充电枪,需先按下智能钥匙解锁按钮解锁充电枪,如图 2−2−3 所示。

在吉利帝豪 EV450 电动汽车上,如果电动解锁失效,可以通过前机舱左前大灯附近的机械解锁拉索解锁,如图 2−2−4 所示。

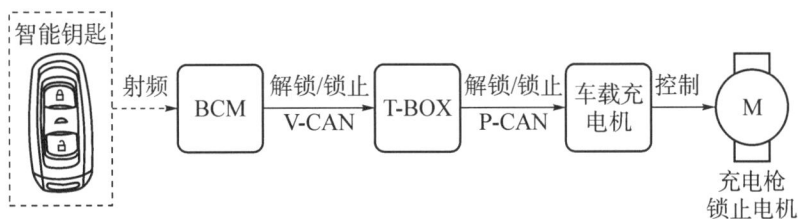

图 2−2−3　充电枪锁功能控制原理

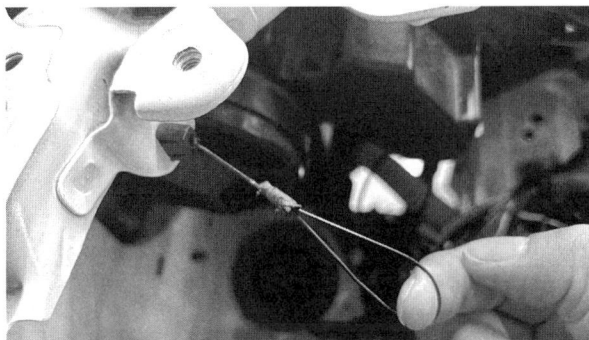

图 2−2−4　机械解锁拉索

4. 低压充电

高压上电前,低压电路系统依赖 12V 铅酸蓄电池供电。当高压上电后,电机控制器将动力电池的高压直流电转换成低压直流电为 12V 铅酸蓄电池充电,如图 2-2-5 所示。

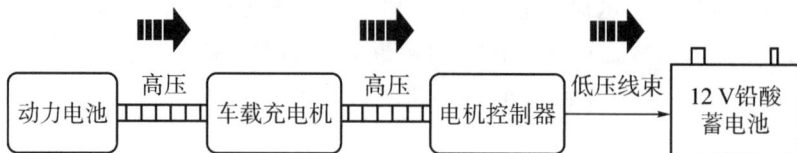

图 2-2-5　低压充电流量传递路线

5. 智能充电

长期停放的车辆容易造成低压蓄电池馈电。低压蓄电池严重馈电,将导致车辆无法启动上电。为避免这一问题,吉利帝豪 EV450 电动汽车具有智能充电功能。车辆停放过程中,整车控制器(VCU)将持续对低压蓄电池电压进行控制,当电压低于设定值时,VCU 将唤醒 BMS,同时 VCU 将控制电机控制器通过 DC/DC 对低压蓄电池进行充电,防止低压蓄电池馈电,如图 2-2-6 所示。

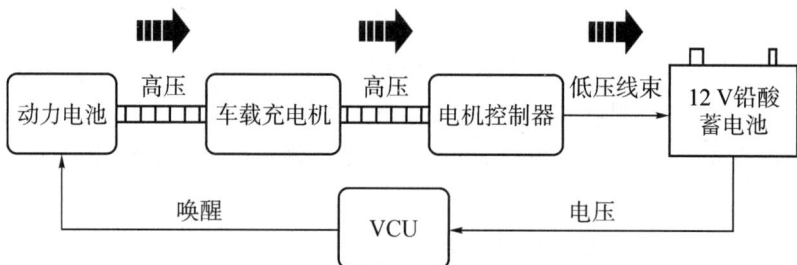

图 2-2-6　智能充电控制路线

6. 制动能量回收

制动能量回收系统在车辆滑行或制动过程中,驱动电机从驱动状态转变成发电状态,将车辆的动能转换为电能储存在动力电池中。

车辆在滑行或制动时,VCU 根据当前动力电池状态和制动踏板位置信号计算制动能量回收转矩并发送指令给电机控制器启动制动能量回收。制动能量回收过程中,电机消耗车轮旋转的动能,产生的交流电再输出给电机控制器,电机控制器将交流电转换成直流电为动力电池充电。回收、传递路线如图 2-2-7 所示。

注意:动力电池电量过高、车速较高或较低、车辆故障时,VCU 可能会停止制动能量回收,此时减速感觉可能变弱。

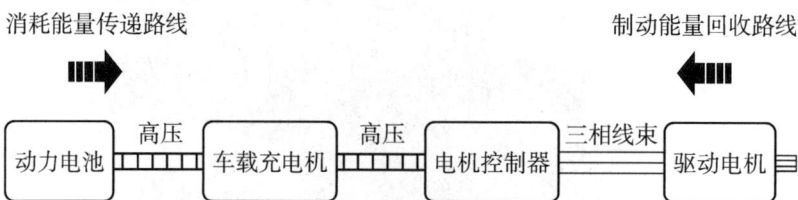

图 2-2-7　制动能量回收与能量消耗传递路线

二、影响充电系统总体输出能力的因素

① 充电站接入主电网的方式；

② 车载充电机的输入电流和相数；

③ 充电线缆的横截面面积。

充电线缆是充电系统的重要组成部分,其横截面面积对电动汽车充电系统总体输出能力很关键,如图 2-2-8 所示,电源线的横截面面积是 $6mm^2$,信号线的横截面面积是 $0.5mm^2$。车辆通过测量充电插头内的电阻器的电阻值明确充电线的横截面面积。电阻器电阻值与最大允许充电电流之间的关系见表 2-2-1。充电线横截面面积与允许通过的电流之间的关系依据相关法规确定,见表 2-2-2。

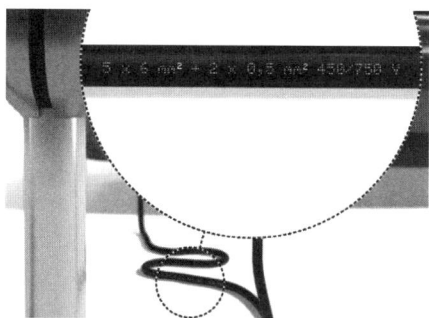

图 2-2-8　充电线缆表面标识

表 2-2-1　电阻器电阻值与最大充电电流

电阻值/Ω	680	220	100
电流值/A	20	32	63

表 2-2-2　充电线横截面面积与电流值

充电线横截面面积/mm²	2.5	6	16
允许通过电流/A	16	32	63

注:电阻器根据其色环读取阻值。

能力训练

一、操作条件

① 设备:吉利帝豪 EV450 电动汽车、故障诊断仪。

② 工具和器材:吉利帝豪 EV450 电子维修手册、常用拆装工具、万用表、车辆防护用品、高压防护用品。

二、安全及注意事项

① 禁止改装或拆卸充电线缆、充电插座和充电插头；

② 涉及高压检测过程,必须做好高压防护工作；

③ 对所使用计算机、车辆、常用工具、检测设备等要及时规整复位,并对场地进行 5S 工作。

三、操作过程

序号	操作步骤	操作方法及说明	操作标准
1	准备工位	(1) 准备方向盘套、座椅套和地板垫 (2) 准备车轮挡块 (3) 查看车辆信息,选取维修手册。本次任务选用吉利帝豪 EV450 电动汽车 (4) 准备故障诊断仪,本次任务选用奇瑞新能源故障诊断仪 (5) 准备万用表	能够根据车辆的型号、生产年份、配置等信息选取维修手册
2	车辆防护	(1) 设置车轮挡块 (2) 设置方向盘套、座椅套、地板垫	挡块、方向盘套、座椅套、地板垫设置到位
3	读取故障码	连接故障诊断仪,读取故障码	车载充电机低压电源故障码:U300616、P1A8403、P1A841C 等
4	查阅维修手册	(1) 翻阅维修手册目录,查找"故障码"或"车载充电机低压电源故障或车载充电机内部故障" (2) 阅读并分析故障码含义、电路图及诊断步骤 	在手册中找到"车载充电机低压电源故障或车载充电机内部故障"所属目录,并阅读所需内容

序号	操作步骤	操作方法及说明	操作标准
5	检测准备	（1）高压防护：绝缘垫绝缘测试 （2）检查并佩戴安全帽、绝缘手套、护目镜	（1）绝缘垫阻值大于 20MΩ；安全帽、绝缘手套、护目镜无开裂 （2）操作步骤顺序正确
6	检查蓄电池	用万用表电压挡测量低压蓄电池电压 	标准电压：11～14V
7	检查车载充电机熔丝 EF27	（1）利用手册查阅 EF27 熔丝的位置 （2）用万用表电阻挡检测 EF27 熔丝 	标准电阻：<1Ω
8	检测车载充电机线束连接器端子电压	（1）操作启动开关使电源模式置于 OFF 状态 （2）断开车载充电机线束连接器 BV10 （3）操作启动开关使电源模式至 ON 状态	标准电压：11～14V

序号	操作步骤	操作方法及说明	操作标准
8	检测车载充电机线束连接器端子电压	(4) 用万用表电压挡测量车载充电机线束连接器 BV10 端子 4 与车身接地之间的电压值 BV10 车载充电机 	标准电压：11～14V
9	检测车载充电机线束连接器与接地端子导通性	(1) 操作启动开关使电源模式置于 OFF 状态 (2) 用万用表电压挡测量车载充电机线束连接器 BV10 端子 6 与车身接地之间的电阻值 BV10 车载充电机 	标准电阻：<1Ω
10	复位整理	(1) 连接各断开的连接器 (2) 恢复车辆、工具、仪器 (3) 清洁车辆、地面、操作台	(1) 连接器卡扣到位 (2) 低压蓄电池负极端转矩：9N·m (3) 整洁、整齐

问题情境一

维修技师在诊断吉利帝豪 EV450 电动汽车的过程中，检测到车载充电机熔丝 EF27 熔断，该如何解决该故障？

解决途径：查阅维修手册可知，用万用表电阻挡测量 EF27 熔丝至车载充电机 BV10 连接器 4 端子与车身搭铁之间的电阻，测量值为∞，说明线路没有短路，需要更换额定电流为 10A 的熔丝。

问题情境二

维修技师检测吉利帝豪 EV450 电动汽车的车载充电机线束连接器 BV10 的 4 号端子的电压值为 0V，针对该检测值应该如何判断处理？

解决途径：查阅维修手册可知，万用表测量车载充电器连接器端子 4 与车身接地之间的标准电压值应该为 11～14V，现测得 0V，由于 EF27 熔丝正常，初步排除车载充电机电源线对搭铁短路故障。用万用表电阻挡检测电源线是否断路，如果断路，需要维修或更换线束。

学习结果评价

序号	评价内容	评价标准	评价结果（是/否）
1	知识与技能	能表述直流高压充电、交流高压充电和低压充电的工作原理	□是　□否
		能表述充电锁功能与智能充电的工作原理	□是　□否
		能表述影响充电系统总体输出能力的因素	□是　□否
		能根据维修手册对充电系统低压电源故障进行检测判断	□是　□否
2	安全与5S	能对场地进行安全检查	□是　□否
		能对车辆进行安全下电	□是　□否
		能做好高压安全防护	□是　□否
		能遵守场地日常安全条例	□是　□否
		能对工具、工位进行整理、复位、清扫	□是　□否
3	总评	是否能够进行下一步内容的学习	□是　□否

课后作业

1. 请在下列框格内填写正确名称。

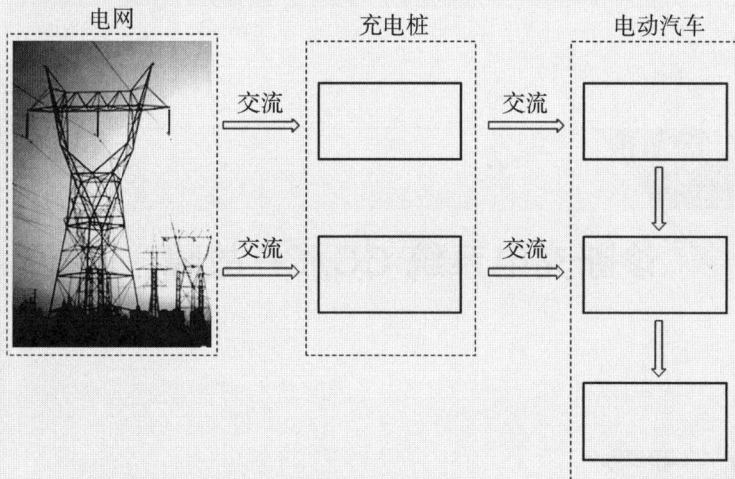

电网　　　　　充电桩　　　　　电动汽车

交流　　　　交流

交流　　　　交流

2. 某电动汽车充电线横截面面积指示电阻器如下图所示,根据色环表得到电阻值为
（　　　）,该充电线允许通过的最大电流是（　　　）。

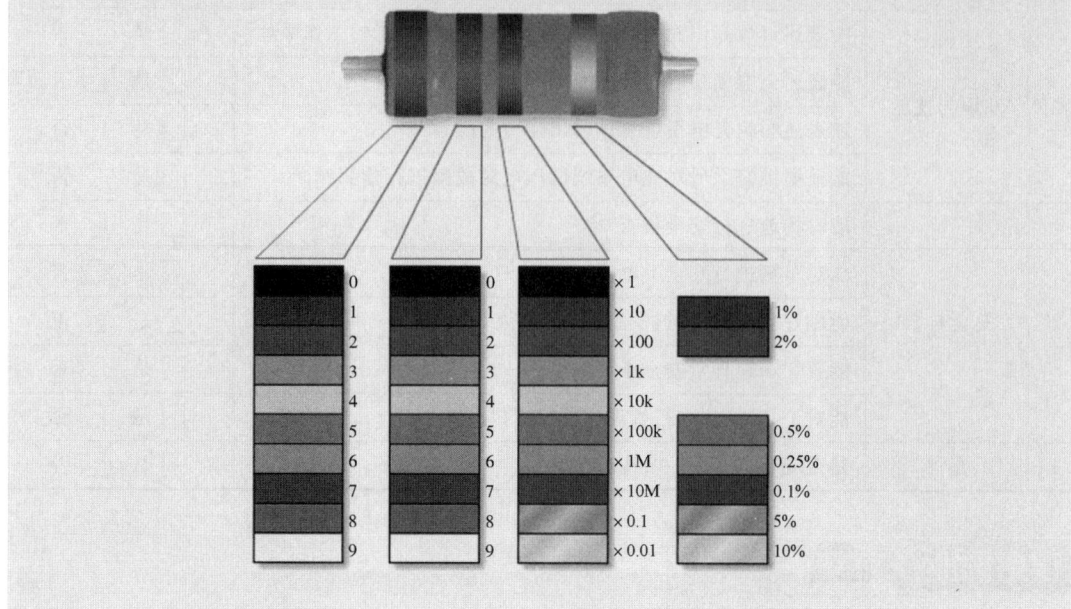

0	0	×1
1	1	×10
2	2	×100
3	3	×1k
4	4	×10k
5	5	×100k
6	6	×1M
7	7	×10M
8	8	×0.1
9	9	×0.01

1%
2%
0.5%
0.25%
0.1%
5%
10%

任务三

诊断充电系统 CC/CP 故障

学习目标

知识目标
1. 了解充电协议的含义;
2. 掌握 CC、CP 的含义及作用;
3. 了解充电插头及接口的分类标准。

能力目标
1. 能根据作业要求做好工位准备、车辆防护和高压防护工作;
2. 能查阅、分析充电系统电路图,并完成 CC/CP 故障的检测与判断。

素养目标
1. 通过分析充电系统电路图,完成 CC/CP 故障的诊断,培养主动探究、分析问题、解决问题的能力;
2. 通过工位整理、车辆防护和高压防护作业的练习,培养安全意识和规范意识。

基本知识

一、充电协议

充电协议是对充电接口、通信协议、安全性和兼容性等多方面制定的有效规范,具体体现在充电桩标准上。目前,国际上主要有五个充电桩标准,分别是中国国标 GB/T、CCS1 美标(combo/Type 1)、CCS2 欧标(combo/Type 2)和日本标准 CHAdeMO,以及特斯拉拥有的、独立的一套充电接口标准。不同标准的充电接口见表 2-3-1。

表 2-3-1　不同标准的充电接口

充电方式	美国	日本	欧洲	中国	特斯拉
交流充电	J1772（Type 1）	J1772（Type 1）	Mennekes（Type 2）	GB/T	Tesla
直流充电	CCS1	CHAdeMO	CCS2	GB/T	

2015 年 12 月 28 日,国家市场监督管理总局、国家标准委联合国家能源局、工信部、科技部等部门,发布了修订的电动汽车充电接口及通信协议 5 项国家标准,包括 GB/T 18487.1—2015《电动汽车传导充电系统一般要求》、GB/T 20234.1—2015《电动汽车传导充电用连接装置　第 1 部分:通用要求》、GB/T 20234.2—2015《电动汽车传导充电用连接装置　第 2 部分:交流充电接口》、GB/T 20234.3—2015《电动汽车传导充电用连接装置　第 3 部分:直流充电接口》、GB/T 27930—2015《电动汽车非车载传导式充电机与电池管理系统之间的通信协议》。

CCS2 欧标在直流快充模式下,即电压 500V,输出电流 200A,只需 30min 即可充满一台续航里程为 350km 的电动汽车。目前,欧洲的宝马、奔驰、奥迪等品牌均支持 CCS Type 2 标准的充电桩。

CCS1 美标和欧标都属于 CCS(Combined Charging System,联合充电系统)标准。2012 年,福特、通用、大众、奥迪、宝马、戴姆勒、保时捷和克莱斯勒等美德 8 大品牌就建立统一的电动汽车快速充电标准发表声明,随后联合推广 CCS 标准,很快得到美国、德国汽车行业协会的认可。CCS 标准对应的充电接口,其优势在于把普通充电和快速充电整合到一个插头和插座上,使用单相、三相交流电和直流电。其陆续成为美国、欧盟、韩国、新加坡、印度、俄罗斯等国家和组织的通用充电桩标准。

CHAdeMO 标准是日本电动汽车协会和日本电动车充电协会推出的标准。2010 年 3 月,日本主要汽车制造商与本国最大的电动车公司、政府等联手实施打造电动车快速充电标准的计划,并发布了 CHAdeMO 标准。CHAdeMO 汉语译为"充电时间短如茶歇"。日本的汽车厂商如丰田、日产、三菱和东京电力公司等都支持该标准。早期成功推向全球的电动汽车如日产聆风、三菱 i-MiEV 和韩国起亚 SOUL EV 均采用该标准。2012 年,CHAdeMO 标准已推广至 24 个国家。

特斯拉汽车有一套自己的充电标准。

截至 2025 年,全球电动汽车充电接口标准全面升级,核心变化体现在高压化、大功率化与智能化:中国的 GB/T 标准将直流电压提升至 1500V,电流达到 800A(液冷散热),新增 Chaoji 接口,支持 9 针设计和双向兼容;北美的 CCS1 标准电压翻倍至 1000V,特斯拉 NACS 开放为通用标准,兼容第三方车型;欧洲 CCS2 功率提升至 350kW,适配液冷技术并支持 ISO 15118 无感充电协议;日本 CHAdeMO 3.0 支持 1500V/600A 及车网双向充放电(V2G)。

二、交流充电系统充电接口

交流充电系统充电接口按 GB/T 20234.2—2015《电动汽车传导充电用连接装置 第 2 部分:交流充电接口》要求使用 7 针接口,端子分别是 CP、CC、N、L、NC1、NC2 和 PE,其形状如图 2-3-1 所示。

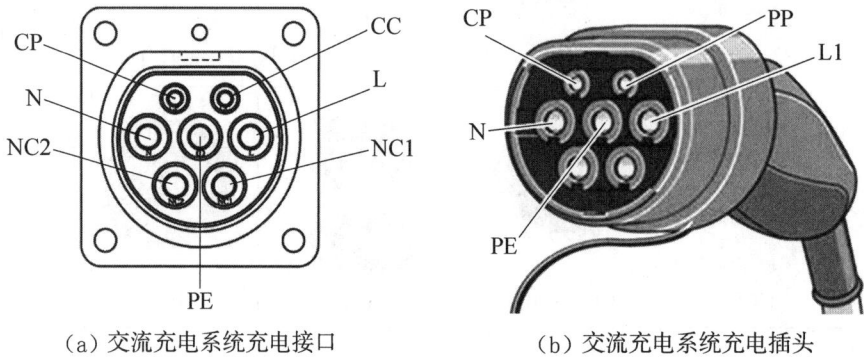

（a）交流充电系统充电接口　　　（b）交流充电系统充电插头

图 2-3-1　交流充电系统充电接口与插头

CP—控制确认端子;CC,PP—充电连接确认端子;N,L—交流电源端子;NC1,NC2—备用端子;PE—车身搭铁端子

CP 端子:控制通信确认。充电站通过 CP 端子与车辆通信,检测车辆是否准备好充电,并通过对 PWM(脉冲宽度调制)信号的监测判断供电设备的供电能力,然后确认充电装置是否完全连接,见表 2-3-2。

CC(PP)端子:充电连接确认。充电插头与车身交流充电接口完全连接后,充电桩中的供电控制装置检测到 CC 连接确认信号后切换至 PWM 信号挡。同时,位于充电插头内与 PP 端子相连的电阻器的阻值反映充电线的横截面面积,以此指示充电线能传输的最大电流。

表 2-3-2　CP-PWM 信号与充电系统状态及电流的关系

CP-PWM 信号电压	12V	9V	6V	3V
充电系统状态	车辆准备好充电	充电线已与车辆连接	车辆正在充电	正在进行通风充电过程
CP-PWM 信号占空比	16%	25%	50%	50%
充电电流	10A	16A	32A	32A

三、直流充电系统充电接口

直流充电系统的接口按 GB/T 20234.3—2023《电动汽车传导充电用连接装置 第 3 部分:

直流充电接口》规定使用 9 针接口,端子分别是 DC－、DC＋、A－、A＋、CC1、CC2、S＋、S－、PE,其形状及端子含义如图 2－3－2 所示。

　　直流充电系统与交流充电系统相比较,不仅增加了 2 个端子,而且有很大差别。以比亚迪 E5 充电系统为例,DC＋、DC－是经过充电桩逆变整流后的直流电源端子,S＋、S－是充电桩与车辆电池管理控制器 BMC 的通信端子,CC1 是充电桩与车辆连接确认信号,CC2 是车辆控制器与充电桩连接确认信号,A＋、A－是充电桩给电池管理控制器 BMC 提供工作电源的端子,PE 为电动汽车的车身搭铁。

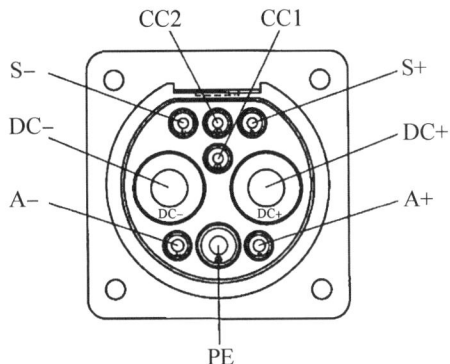

（a）直流充电系统充电接口　　　　（b）直流充电系统充电插头

图 2－3－2　直流充电系统充电接口

DC－—直流电源负极;DC＋—直流电源正极;A－—低压辅助电源负极;A＋—低压辅助电源正极;CC1,CC2—充电连接确认端子;S＋—充电通信 CAN－H;S－—充电通信 CAN－L;PE—车身搭铁

能力训练

一、操作条件

　　① 设备:吉利帝豪 EV450 电动汽车。

　　② 工具和器材:吉利帝豪 EV450 电子维修手册、常用拆装工具、万用表、车辆防护用品、高压防护用品等。

二、安全及注意事项

　　① 禁止改装或拆卸充电线缆、充电插座和充电插头;

　　② 涉及高压操作必须做好高压防护工作;

　　③ 对所使用的计算机、车辆、常用工具、检测设备等要及时规整复位,并对场地进行 5S 工作。

三、操作过程

序号	操作步骤	操作方法及说明	操作标准
1	准备工位	（1）准备方向盘套、座椅套和地板垫 （2）准备车轮挡块 （3）查看车辆信息,选取维修手册。本次任务选用吉利帝豪 EV450 电动汽车 （4）准备故障诊断仪。本次任务选用奇瑞新能源故障诊断仪 （5）准备万用表 （6）高压防护:绝缘垫、绝缘手套、护目镜、安全帽	能够根据车辆的型号、生产年份、配置等信息选取维修手册

序号	操作步骤	操作方法及说明	操作标准
2	车辆防护	(1) 设置车轮挡块 (2) 设置方向盘套、座椅套、地板垫	挡块、方向盘套、座椅套、地板垫设置到位

3	查阅电路图	(1) 翻阅电路图目录,查找交流充电系统电路图 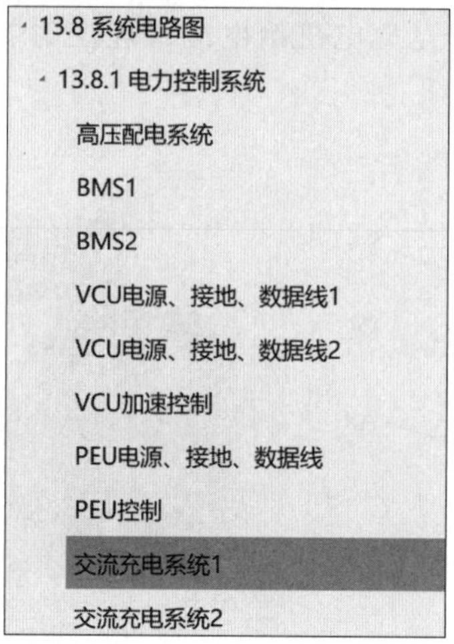
		
		· 13.8 系统电路图
		 · 13.8.1 电力控制系统
		  高压配电系统
		  BMS1
		  BMS2
		  VCU电源、接地、数据线1
		  VCU电源、接地、数据线2
		  VCU加速控制
		  PEU电源、接地、数据线
		  PEU控制
		  交流充电系统1
		  交流充电系统2
		
		(2) 阅读分析电路图 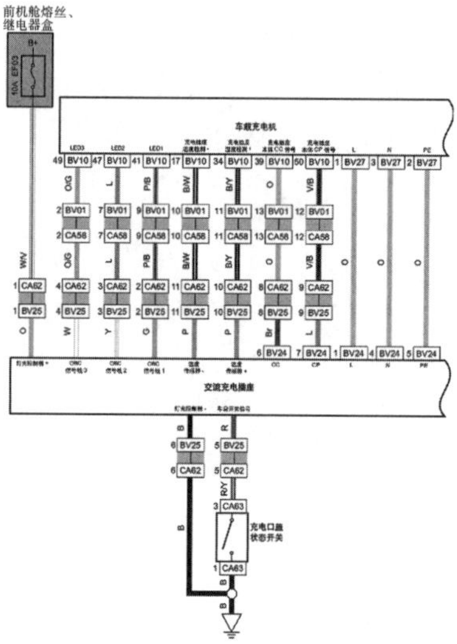
		
			在电路图中找到交流充电系统电路图,并阅读分析所需内容

4	检测准备	(1) 高压防护:绝缘垫绝缘测试 (2) 检查并佩戴安全帽、绝缘手套、护目镜 (3) 测量低压蓄电池静态电压值	(1) 绝缘垫阻值大于20MΩ (2) 安全帽、绝缘手套、护目镜无开裂 (3) 蓄电池电压值为12V
5	故障诊断仪访问车载充电机读取数据流	(1) 检查故障诊断仪是否输出 DTC (2) 读取 CC/CP 信号数据流 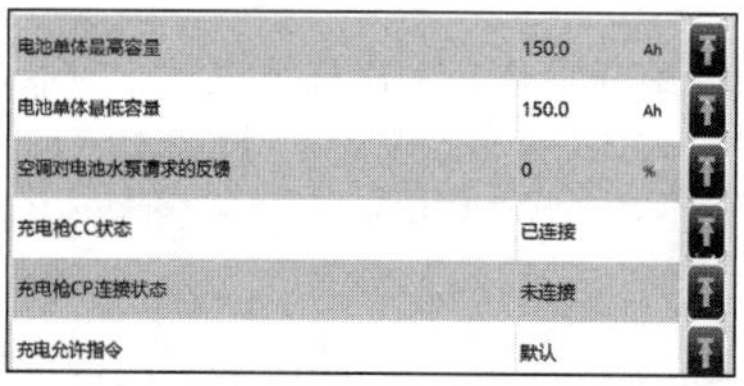 	(1) 记录故障码 (2) 记录 CC/CP 数据流 (3) 根据充电枪连接状况显示"已连接"或"未连接"

序号	操作步骤	操作方法及说明	操作标准
6	检查低压蓄电池	用万用表电压挡测量低压蓄电池电压 	标准电压：11～14V
7	检测 CC 端子与 PE 端子电压	（1）操作启动开关使电源模式置于 ON 状态 （2）用万用表电压挡测量 CC 端子与 PE 端子电压 	标准电压：10～13V
8	检测 CC 端子与车载充电机线束连接器端子电阻	若 CC 端子与 PE 端子电压为 0V，则进行下列操作： （1）操作启动开关使电源模式置于 OFF 状态 （2）断开低压蓄电池负极 （3）断开车载充电机低压线束连接器 BV10 （4）用万用表电阻挡测量 CC 端子与车载充电机低压线束连接器 BV10/39 端子之间的电阻值 BV10 车载充电机低压线束连接器 	标准电阻：<1Ω

序号	操作步骤	操作方法及说明	操作标准
9	检测 CP 端子与 PE 端子的二极管压降	(1) 操作启动开关使电源模式置于 ON 状态 (2) 用万用表电压挡测量 CP 端子与 PE 端子的二极管压降 	标准压降:1~2V
10	检测 CP 端子与车载充电机线束连接器端子之间的电阻	若 CP 端子与 PE 端子间电压为 0V,则进行下列操作: (1) 操作启动开关使电源模式置于 OFF 状态 (2) 断开低压蓄电池负极 (3) 断开车载充电机低压线束连接器 BV10 (4) 用万用表电阻挡测量 CP 端子与车载充电机低压线束连接器 BV10/50 端子之间的电阻值 BV10 车载充电机低压线束连接器 	标准电阻:<1Ω
11	复位整理	(1) 连接各断开的连接器 (2) 恢复车辆、工具、仪器 (3) 清洁车辆、地面、操作台	(1) 连接器卡扣卡到位 (2) 蓄电池负极端转矩为 9N·m (3) 整洁、整齐

🖱 **问题情境一**

维修技师在诊断吉利帝豪 EV450 电动汽车故障的过程中,插入交流充电枪,发现无法充电,仪表 CC 指示灯点亮、CP 指示灯未点亮。针对此现象应该如何解决故障?

解决途径:查阅电路图,用万用表电压挡测量 CP 端子与 PE 端子之间的电压,测得 0V,用万用表电阻挡测量 CP 端子与车载充电机低压线束连接器 BV10/50 端子之间的电阻值,测得 ∞Ω,说明 CP 端子与车载充电机低压线束连接器 BV10/50 之间线路断路,需更换线束。

问题情境二

某车主在给自己的电动汽车充电时,出现充电桩跳闸、充电器无法充电的现象,请问作为维修技师的你,遇到此问题时应该如何解决呢?

解决途径:此车的故障现象是充电桩跳闸,说明唤醒信号和互锁电路正常,基本可以断定为充电器内部短路故障。具体处理过程如下:检查充电桩交流220V电压、充电桩CP端与充电器连接正常,再检查充电线束、高压线束、充电器、动力电池的绝缘均正常,更换充电器,故障排除。

学习结果评价

序号	评价内容	评价标准	评价结果(是/否)
1	知识与技能	能表述充电协议的含义及应用	□ 是　□ 否
		能表述充电插头及接口的分类标准	□ 是　□ 否
		能正确判断充电插头的使用范围	□ 是　□ 否
		能利用维修手册准确找到充电系统的充电接口	□ 是　□ 否
		能根据电路图完成充电系统CC/CP故障的检测与判断	□ 是　□ 否
2	安全与5S	能对场地进行安全检查	□ 是　□ 否
		能安全操作举升机	□ 是　□ 否
		能做好安全防护进入车辆底部	□ 是　□ 否
		能遵守场地日常安全条例	□ 是　□ 否
		能对工具、工位进行整理、复位、清扫	□ 是　□ 否
3	总评	是否能够进行下一步内容的学习	□ 是　□ 否

课后作业

1. 请以连线的方式将充电插头或接口与使用地区进行连接。

全球　　　　　欧洲　　　　法国和意大利　　　　北美

2. 根据下图完成相关题目。

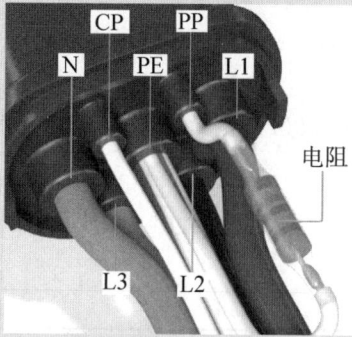

图 a

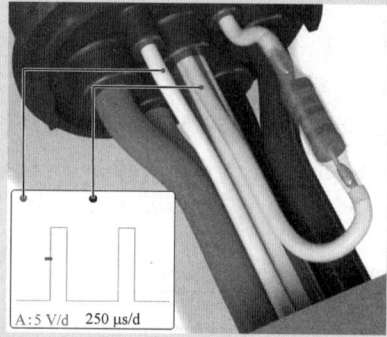

A:5 V/d   250 μs/d

图 b

（1）如图 a 所示，充电桩与车辆通信的端子是＿＿＿＿＿＿＿。

（2）图 b 所示为 CP 端子上的 PWM 信号波形，该信号的最大电压是＿＿＿＿＿＿V。

项目三
高压配电系统检测诊断

任务一

分析高压配电系统的构成

学习目标 🚗

知识目标
1. 掌握高压配电系统的作用及构成;
2. 了解高压电缆的识别方法。

能力目标
1. 能利用维修手册查找高压配电系统部件及高压线缆连接器的安装位置;
2. 能正确拆装高压电缆连接器。

素养目标
1. 通过利用维修手册查找部件安装位置,培养合作精神,养成主动探究的学习习惯;
2. 通过工位整理、车辆防护和高压防护作业的练习,培养安全意识和规范意识。

基本知识 🚗

一、高压配电系统的作用

电动汽车有两套高压充电系统,即一套直流快充系统和一套交流慢充系统,为动力电池充电。

电动汽车还有一套高压供电系统,使动力电池为电机控制器、驱动电机、电动压缩机、PTC(正温度系数)加热器等高压部件提供能量。

这些所有的高压部件都由高压配电系统连接并输送电能。

二、高压配电系统的构成

如图 3-1-1 所示为吉利帝豪 EV450 电动汽车的高压配电系统电路原理图,主要包括车载充电机分线盒(集成在车载充电机内部)、直流充电接口、交流充电接口、直流母线、电机三相线等。其中,车载充电机分线盒又称为高压配电盒,在有些品牌的电动汽车上与车载充电机分开,如北汽 EV200 电动汽车,如图 3-1-2 所示。

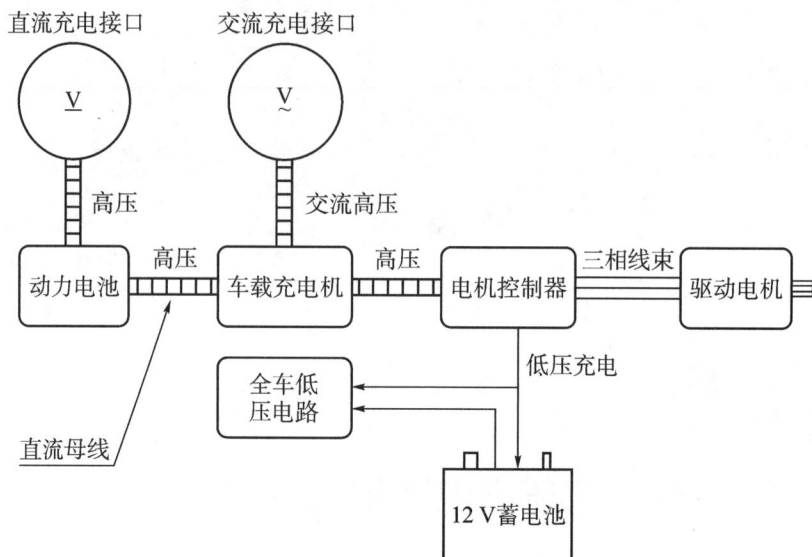

图 3-1-1　高压配电系统电路原理图

电机控制器　车载充电机分线盒　车载充电机

图 3-1-2　北汽 EV200 电动汽车高压部件示意

1. 车载充电机分线盒(高压配电盒)

车载充电机分线盒的作用类似于低压供电系统中的熔丝盒,内部装有高压继电器,进行高压电能控制,外围连接至各高压部件,可实现高压电能分配、高压回路的过载及短路保护。

① 高压电能分配:将动力电池输送的电能分配给电机控制器、空调压缩机、PTC 加热器等高压部件。图 3-1-3 所示为电能从充电接口至高压部件的传递路线。

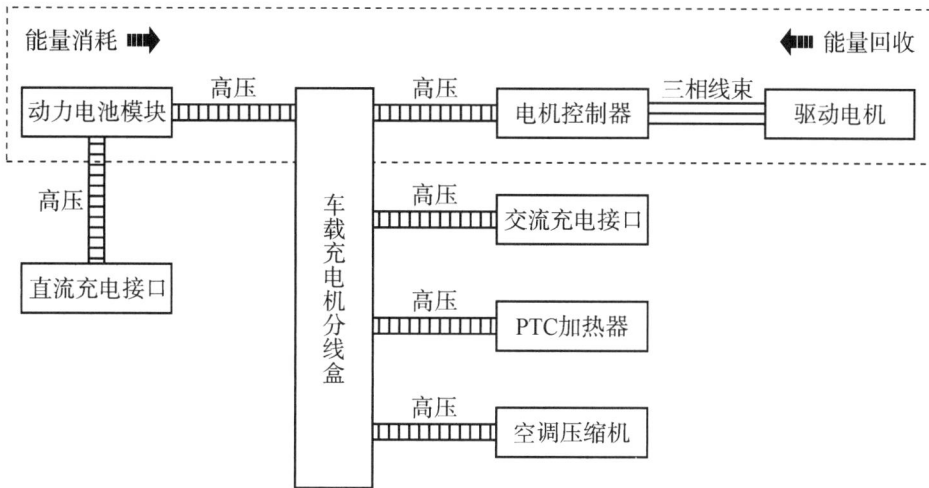

图 3-1-3　电能从充电接口至高压部件的传递路线

② 高压回路的过载及短路保护:车载充电机分线盒内对空调压缩机回路、PTC 加热器回路、交流慢充回路各设有一个 40A 的熔断器。车载充电机分线盒内部结构如图 3-1-4 所示。

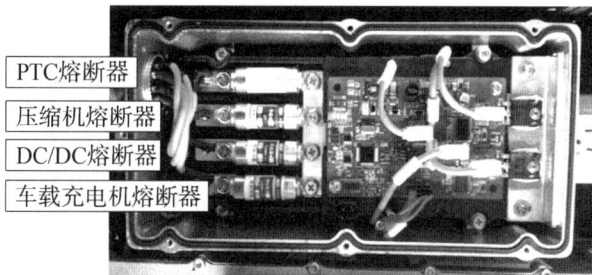

图 3-1-4　车载充电机分线盒内部结构

当上述回路电流超过 90A 时,熔断器会在 15s 内熔断,当回路电流超过 150A 时,熔断器会在 1s 内熔断,起到保护回路的作用。其原理如图 3-1-5 所示。

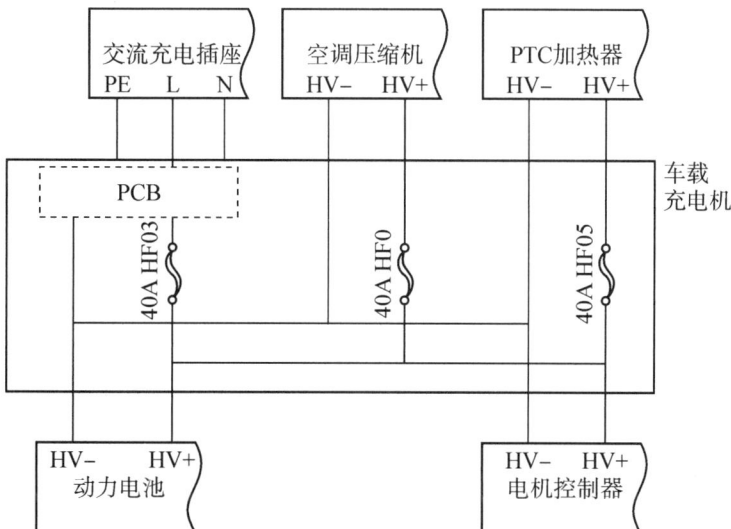

图 3-1-5　高压回路的过载及短路保护原理

2. 直流充电接口

直流充电接口能接收直流充电桩的电能,并通过高压线束将电能直接输送给动力电池总成为其充电。

3. 交流充电接口及直流母线

交流充电接口能接收交流充电桩的电能,并通过高压线束将电能输送给车载充电机,车载充电机将交流电转化为直流电后,再传递给分线盒,分线盒经过直流母线,将直流电传递到动力电池为其充电。图 3-1-6 所示为交流慢充电能传递路线。

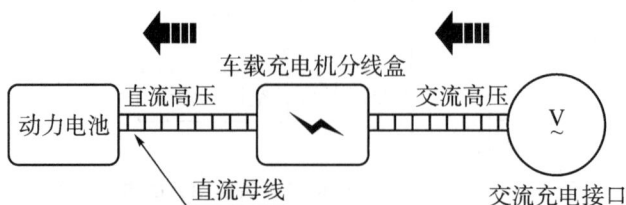

图 3-1-6 交流慢充电能传递路线

4. 电机三相线

驱动电机及三相线如图 3-1-7 所示。车辆行驶时,电流从动力电池依次经过直流母线、车载充电机分线盒、电机控制器高压线、电机控制器—电机三相线到达驱动电机产生驱动力。图 3-1-8 为电能从动力电池至驱动电机的传递路线(能量回收时,传递路线相反)。

图 3-1-7 驱动电机及三相线

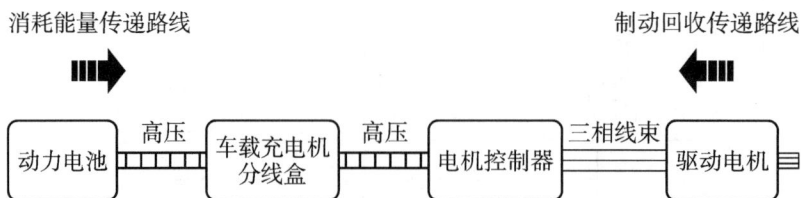

图 3-1-8 电能从动力电池至驱动电机的传递路线

三、高压电缆的识别

1. 颜色识别

高压电缆有橙色的编织护套,以便于辨认,如图 3-1-9 所示。

图 3-1-9　高压电缆示意

2. 符号识别

在维修手册、电路图中，HV(high voltage)为高压电的缩写。

3. 交直流识别

① 连接动力电池总成的高压电缆输送直流电。

② 连接电机控制器和驱动电机的高压电缆输送交流电。

③ 空调压缩机有交流电驱动和直流电驱动两种。若为两条电缆，则是直流电驱动；若为三条电缆，则是交流电驱动。

能力训练

一、操作条件

① 设备：吉利帝豪 EV450 电动汽车。

② 工具和器材：吉利帝豪 EV450 电子维修手册、EV450 电子电路图等。

二、安全及注意事项

① 当打开车辆前机舱盖查找高压配电系统部件的安装位置时，需做好必要的安全防护；

② 依据维修手册操作，不要盲目碰触高压电缆及设备，避免触电危险；

③ 对所使用的计算机、车辆等要及时规整复位，并对场地进行 5S 工作。

三、操作过程

序号	操作步骤	操作方法及说明	操作标准
1	准备工位	(1) 准备方向盘套、座椅套和地板垫 (2) 准备车轮挡块 (3) 查看车辆信息，选取维修手册、电路图。本次任务选用吉利帝豪 EV450 电动汽车	手册、仪器选择正确
2	车辆防护	(1) 设置车轮挡块 (2) 设置方向盘套、座椅套、地板垫	挡块、方向盘套、座椅套、地板垫设置到位

序号	操作步骤	操作方法及说明	操作标准
3	查找高压配电系统部件安装位置	(1) 翻阅维修手册目录,查找高压配电系统部件安装位置所在目录 书签 > 1 车型概述 ∨ 2 电动化系统 　> 2.1 动力电池 　∨ 2.2 高压配电系统 　　> 2.2.1 规格 　　> 2.2.2 描述和操作 　　∨ 2.2.3 系统工作原理 　　　2.2.3.1 系统工作原理 　　∨ 2.2.4 部件位置 　　　2.2.4.1 部件位置 (2) 根据目录翻阅查找高压配电系统部件安装位置 2.2.4 部件位置 2.2.4.1 部件位置 FE02-1735h 1—车载充电机;2—直流母线;3—交流充电接口; 4—直流充电接口	准确在手册中找到高压配电系统部件安装位置所在目录,并阅读所需内容
4	查阅高压配电系统连接器	(1) 翻阅电路图目录,查找高压配电系统电路图所在目录 书签 ∨ 13.1 电路图识读说明 　> 13.1.1 电路图识读说明 > 13.2 图标符号 > 13.3 诊断和维修方法说明 > 13.4 保险丝、继电器 > 13.5 线束及其连接器布置 > 13.6 接地点布置 > 13.7 电源分布图 ∨ 13.8 系统电路图 　∨ 13.8.1 电力控制系统 　　高压配电系统	准确在手册中找到高压配电系统电路图所在目录,并阅读所需内容

序号	操作步骤	操作方法及说明	操作标准
4	查阅高压配电系统连接器	（2）根据目录翻阅查找高压配电系统电路图,确定各高压部件间相应的连接器 BV16 接动力电池线束连接器 1 BV17 接 OBC 分线盒线束连接器 1 BV24 接交流充电插座线束连接器 BV27 接车载充电机线束连接器 BV28 接电机控制器线束连接器 2 BV29 接 OBC 分线盒线束连接器 2 BV30 接空调压缩机线束连接器 BV32 接 PTC 加热控制器线束连接器 1 BV33 接 OBC 分线盒线束连接器 3	准确在手册中找到高压配电系统电路图所在目录,并阅读所需内容
5	查阅高压配电系统连接器位置	（1）翻阅电路图目录,查找线束及其连接器布置图所在目录 	准确在手册中找到线束及其连接器布置图所在目录,并阅读所需内容

序号	操作步骤	操作方法及说明	操作标准
5	查阅高压配电系统连接器位置	（2）根据目录翻阅查找高压配电系统连接器位置 动力线束（高压配电）布置图 	准确在手册中找到线束及其连接器布置图所在目录，并阅读所需内容
6	查阅高压线束连接器的拆卸方式	（1）翻阅维修手册目录，查找"高压线束连接器的拆卸"所在目录 （2）翻阅维修手册至对应位置，查阅车辆上相应连接器的拆卸方式 第一类高压接插件（HVP800序列）： 	准确在手册中找到"高压线束连接器的拆卸"所在目录，阅读所需内容，并对应汽车型号确定连接器的种类

序号	操作步骤	操作方法及说明	操作标准
6	查阅高压线束连接器的拆卸方式	第二类高压接插件（HVA280 序列）： 1——一级锁扣；2——二级锁扣 （3）根据维修手册提示，在车辆上确认高压线束连接器的种类	准确在手册中找到"高压线束连接器的拆卸"所在目录，阅读所需内容，并对应汽车型号确定连接器的种类
7	准备工作	（1）高压防护：绝缘垫绝缘测试；检查并佩戴安全帽、绝缘手套、护目镜 （2）操作启动开关使电源模式置于 OFF 状态 （3）断开低压蓄电池负极电缆	（1）绝缘垫阻值大于 20MΩ；安全帽、绝缘手套、护目镜无开裂 （2）操作步骤顺序正确 （3）低压蓄电池负极电缆用绝缘胶带包裹
8	在车辆上进行高压线束连接器的拆卸	（1）打开前机舱盖，确认高压配电系统高压线束连接器位置及高压部件间连接电缆 （2）按照维修手册进行高压线束连接器的拆卸 （3）注意事项：所有高压线缆均为橙色，车辆上电时，切记不可触碰高压线缆和相关部件，当高压线缆连接器拔出后，立即用绝缘胶带包裹 	（1）遵守高压安全防护规范 （2）准确找到高压配电系统高压线束连接器的安装位置，并正确拆卸

问题情境一

维修技师 A 接到紧急任务，需要对一辆故障车更换车载充电机—电机控制器之间的高压线束，但这是其第一次接触该车型，他应该怎样做才能顺利完成任务呢？

解决途径：根据车辆的信息（如车型、出厂时间等）确定维修手册→查阅高压配电系统连接器位置→进行安全防护并对车辆下电→在实车上确认连接器位置→查阅高压配电系统连接器的拆卸方式→按维修手册提示步骤拆卸连接器并更换高压线束。

问题情境二

维修技师 B 在检测电动汽车高压导线时，由于不熟悉连接器的连接结构，经多次尝试拆卸失败后，利用旋具强行拆下，导致连接器接插件损坏。维修技师 B 对高压导线进行检测并正常后，未更换连接器损坏的线路，基于成本考虑，重新装复使用。请指出维修技师 B 错误的维修行为，说明理由，并提供正确的处理方式。

解决途径:"利用旋具强行拆下"不正确，容易对高压连接器造成损坏;"未更换连接器损坏的线路，基于成本考虑，重新装复使用"的行为是错误的，由于高压连接器已经损坏，可能会导致连接不牢固，存在安全隐患。正确方式是更换已损坏的高压连接器及其相关线束，通过查阅维修手册，按照规范步骤进行操作，最后验证车辆故障是否排除。

学习结果评价

序号	评价内容	评价标准	评价结果（是/否）
1	知识与技能	能简述高压配电系统的作用及构成	□是 □否
		能利用维修手册查找高压配电系统部件的安装位置	□是 □否
		能利用维修手册查找高压电缆连接器的安装位置	□是 □否
		能正确认识车辆高压配电系统部件间的高压电缆	□是 □否
		能利用维修手册准确找到不同种类的高压线束连接器的拆卸方式	□是 □否
		能正确拆装高压线束连接器	□是 □否
2	安全与5S	能对场地进行安全检查	□是 □否
		能按要求做好高压安全防护	□是 □否
		能遵守场地日常安全条例	□是 □否
		能对工具、工位进行整理、复位、清扫	□是 □否
3	总评	是否能够进行下一步内容的学习	□是 □否

课后作业

1. 查阅维修手册，将下图中的高压部件的名称填入方框中，连接器编号填入椭圆框中。

2. 选取一电动汽车的维修手册,查找高压配电系统高压线束连接器的编号,并填写
   下表。

(1) 你所使用手册对应的车型:＿＿＿＿＿＿＿＿＿＿＿＿＿＿＿＿＿＿＿＿＿。

(2) 任选一种该车型高压配电系统高压线束连接器,名称为＿＿＿＿＿＿＿＿＿＿＿,
    编号为＿＿＿＿＿＿＿＿。

(3) 查询上述连接器在实车上的位置,手册翻阅至【　　　　】页。

(4) 补全下图中高压配电系统结构图。

说明:请在【　　】中填写能表示内容位置的页码或编号

任务二

诊断高压绝缘系统故障

学习目标

知识目标
1. 掌握高压母线的结构组成；
2. 了解高压母线的特点；
3. 了解兆欧表的作用、组成及使用方法。

能力目标
1. 能利用兆欧表检测判断高压母线的绝缘性能；
2. 能利用万用表检测判断高压母线的导通性能。

素养目标
1. 通过对高压母线绝缘性和导通性的检测判断，培养细致、缜密的思维能力，以及踏踏实实的工作态度；
2. 通过工位整理、车辆防护和高压防护作业的练习，培养安全意识和规范意识。

基本知识

一、高压绝缘系统

高压绝缘系统的主要作用是保护人身安全及车载高压用电设备的运行安全。高压绝缘系统有专门的绝缘检测单元，能实时检测车辆高压绝缘系统的动态，并迅速做出判断，确保高压电路安全、可靠。

各控制单元通过内部绝缘检测电路及单元对高压部件的绝缘状态实施监测，如果状态发生异常，各控制单元会根据检测到的状态产生一个相对应的故障代码，同时会将这个信息通过原车CAN总线发送至组合仪表控制单元，组合仪表控制单元通过文字提醒、警告驾驶人系统异常，注意行车安全。分析故障码就可以基本确定故障部位。

二、高压绝缘系统的监测

以北汽电动汽车为例，其动力电池的输出电压大部分为DC336V左右甚至更高。根据国家安全电压标准的要求，人体的安全电压一般是指不致使人直接致死或致残的电压，一般环境中允许持续接触的"安全特低电压"是DC36V。电动汽车动力电池输出的直流电压区间已远远超过了该安全电压，因此，国家电动汽车安全标准对人员的触电防护提出了明确的要求，其中包括对绝缘电阻的最低要求。根据国家标准的规定，动力系统的检测阶段最小瞬间绝缘电阻为$0.5k\Omega/V$。各汽车厂开发的电动汽车，则应根据各自设定的电压等级来确定动力系统的绝缘电阻警告阈值。

绝缘电阻警告阈值分为两类：一类警告绝缘电阻值设定为 $50\sim350\text{k}\Omega$，定义为 3 级一般绝缘故障，即整车进入跛行/降功率工况，系统故障灯亮且提示绝缘故障；另一类警告绝缘电阻值设定为小于 $50\text{k}\Omega$，定义为 1 级致命绝缘故障，即动力电池总正、负继电器断开，动力电池不上电，电机零转矩，系统故障灯亮且提示绝缘故障。

高压绝缘状态由 BMS(电池管理系统)来检测。当检测到的绝缘电阻值低于某值时，BMS 将对应的绝缘故障码上报给上位机，整车上则由组合仪表来进行故障代码显示和故障灯警告。当组合仪表上显示故障代码或警告灯时，表示此时车辆出现了绝缘故障，必须马上进行故障排查，以免出现人身安全事故。

三、高压母线的结构

高压母线：从外到内由保护层、屏蔽层、绝缘层、线芯组成，如图 3-2-1 所示。

保护层：作用是保护电缆免受外界杂质和水分的侵入，以及防止外力直接损坏电缆。

屏蔽层：在保护层内、绝缘层外，作用是限制电场和磁场的干扰。

绝缘层：包覆在线芯外，其作用是隔绝导体，承受相应的电压，防止电流泄漏。绝缘层将线芯与大地及不同相的线芯在电气上彼此隔离，保证电能的输送。

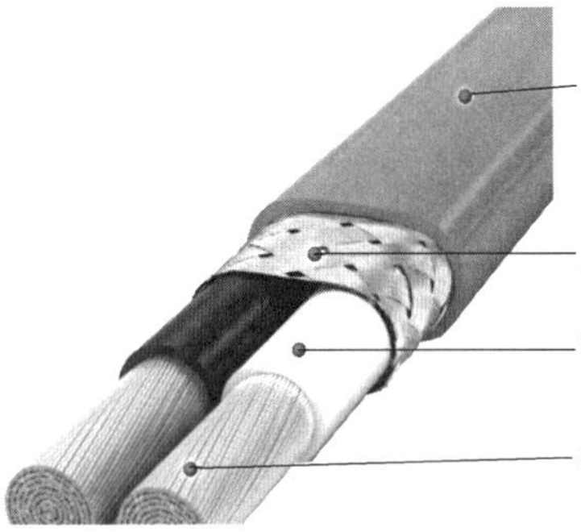

图 3-2-1 高压母线结构

线芯：是电缆的导体部分，用来输送电能，也是电缆的主要部分。

四、高压母线的特点

电动汽车高压母线的特点如下。

① **高电压**：常规汽车上的电缆按额定电压 600V 设计，而如果在商用车和公共汽车上使用，额定电压可高达 1000V。

② **大电流**：由于电动汽车高压电缆是电池、逆变器和电动机的连接脉络，需要传输大电流，电流可达到 $250\sim450\text{A}$。

③ **耐高温**：高压、大电流导致的结果是组件的发热情况更严重，因此普通电缆的额定温度 70℃、90℃ 或 105℃ 已经不再适用。目前，电动汽车高压线能耐的高温主要为 125℃ 和 150℃。部分电动汽车厂家有特殊要求时，会提出更高的耐高温要求，如排气管、电机、电池背面等附近。

④ **使用寿命**：汽车行业通常在指定温度等级的基础上，将电缆的使用寿命设计为 3000h。

⑤ **屏蔽效果**：高压电缆本身并不需要屏蔽，因为不像同轴电缆那样传输数据，但是需要防止或减少系统中的开关电源产生的高频辐射，并通过电缆诱导到周边部件。

⑥ **柔韧性**：由于汽车空间的局限性，需要具有高柔韧性的电缆来满足布线的需要。

⑦ **耐弯曲**：由于靠近电动汽车运动部位(如电机)，这些地方的高压电缆会连续振动，因此高压电缆被设计成能承受高的循环弯曲，以确保良好的弯曲耐力。

⑧ **颜色标识**：由于电动汽车高压电缆具有高压性质，因此在标准中明确规定统一使用橙色，以表示和普通汽车电缆的区别。

五、高压绝缘检测设备

兆欧表，又叫摇表，是用来测量绝缘电阻的专业测量工具，因此又叫作绝缘电阻表。兆欧表有手摇式、电动式、数字式、智能式、专业型等类型,本书主要对数字式兆欧表进行介绍。

兆欧表的功用:兆欧表具有检测回路、显示、作为直流高压发生器产生直流高压等功能。

兆欧表的组成:兆欧表主要由主机、检测线组成。如图 3-2-2 所示为兆欧表的主机。

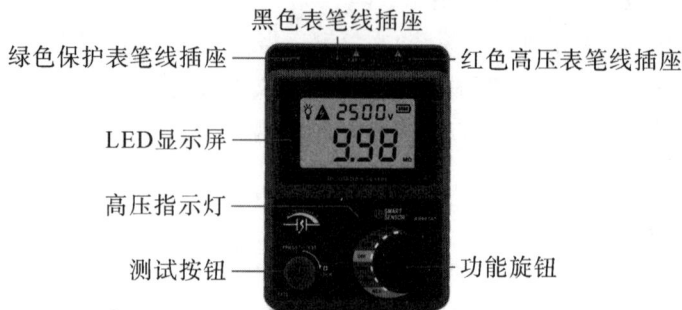

图 3-2-2　兆欧表主机

兆欧表的原理:机内电池作为电源,经 DC/DC 变换产生直流高压,由 E 极输出,经过被测试对象后到达 L 极,从而产生一个从 E 极到 L 极的电流,经过变换运算,直接将被测的绝缘电阻值在屏幕上显示出来。

兆欧表的选择:选择电压等级和测量范围。

电压等级:额定电压在 100V 以下的电气设备或回路,选用 250V 兆欧表;额定电压在 100V 以上至 500V 以下的电气设备或回路,选用 500V 兆欧表;额定电压在 500V 以上至 3kV 以下的电气设备或回路,选用 1000V 兆欧表;额定电压在 3kV 以上至 10kV 以下的电气设备或回路,选用 2500V 兆欧表;额定电压在 10kV 及以上的电气设备或回路,选用 2500V 或 5000V 兆欧表。

测量范围:量程范围的选择一般不要过多地超出所测量的电阻值。

兆欧表的使用注意事项:使用前必须切断低压电源,即关闭点火开关、切断低压蓄电池的负极,并对正、负极进行绝缘防护,不允许在设备带电的情况下进行检测;测量完成后要立即放电,按下"TEST",继续将表笔留在检测点上,等待兆欧表对被测电路放电,显示正常后,拿开表笔;测量中若表针指向零,应立即停表,否则会损坏兆欧表。

能力训练

一、操作条件

① 设备:吉利帝豪 EV450 电动汽车。

② 工具和器材:吉利帝豪 EV450 电子维修手册、扭力扳手、故障诊断仪、万用表、低阻表、兆欧表。

二、安全及注意事项

① 在作业过程中佩戴好个人防护用品;

② 兆欧表使用时应遵守单手操作原则;

③ 断开高压连接器后,保护好高压互锁接头,防止意外损坏;

④ 当打开车辆前机舱盖或进入车辆底部时,不要盲目碰触高压导线及设备,避免触电危险;

⑤ 对所使用的计算机、车辆等要及时规整复位,并对场地进行 5S 工作。

三、操作过程

序号	操作步骤	操作方法及说明	操作标准
1	准备工位	(1) 准备方向盘套、座椅套、地板垫和车轮挡块 (2) 查看车辆信息,选取维修手册。本次任务选用吉利帝豪 EV450 电动汽车 (3) 准备故障诊断仪,本次任务选用道通 MS908S 通用故障诊断仪、万用表、兆欧表 (4) 本次任务以电机控制器回路故障为例进行介绍	能够根据车辆的型号、生产年份、配置等信息选取维修手册
2	车辆防护	(1) 设置车轮挡块 (2) 设置方向盘套、座椅套、地板垫	挡块、方向盘套、座椅套、地板垫设置到位
3	确认车辆故障现象	根据客户反映,确认车辆存在的故障现象	组合仪表显示车辆无法上高压电
4	查阅维修手册	(1) 翻阅维修手册目录,查找"电机控制器回路故障"所在目录 (2) 根据目录翻阅查找电机控制器回路电路图 	

序号	操作步骤	操作方法及说明	操作标准
5	检测准备	(1) 高压防护:绝缘垫绝缘测试;检查并佩戴安全帽、绝缘手套、护目镜 (2) 操作启动开关使电源模式置于 OFF 状态 (3) 断开低压蓄电池负极电缆 	(1) 绝缘垫阻值＞20MΩ;安全帽、绝缘手套、护目镜无开裂 (2) 操作步骤顺序正确 (3) 低压蓄电池负极电缆用绝缘胶带包裹
6	断开高压回路	(1) 断开直流母线 (2) 断开动力电池高压线束连接器 BV16 (3) 等待 5min (4) 确定高压回路是否断开:用万用表"电压挡"检测 BV16 端子 1 与端子 2 之间的电压 	标准电压:≤5V
7	断开高压插头	(1) 断开电机控制器线束连接器 BV28 (2) 用手或起子轻撬助力手柄锁扣 (3) 将助力手柄脱出锁头,然后缓慢向上抬高助力手柄,接插件会慢慢退出 (4) 当助力手柄由水平位置变到垂直位置时,接插件已全部处于拔出状态	完全分开高压插头和高压插座
8	高压母线接插件的包裹	检修高压导线时,对拆下的任何裸露出的高压部位应立刻用绝缘胶带包扎绝缘	高压母线插头包裹完好、无裸露
9	高压母线外观检查	(1) 检查高压母线连接器接口处是否有异物、烧蚀等情况 (2) 高压母线外观是否有破损	接口处无异物、烧蚀,外观无破损

序号	操作步骤	操作方法及说明	操作标准
10	兆欧表校表	(1) 红色表笔插入兆欧表"＋"极插孔内,黑色表笔插入"－"极插孔内 (2) 兆欧表开路试验:将 E、L 两端开路,按下"TEST"按钮 (3) 兆欧表短路试验:将 E、L 两端短接,按下"TEST"按钮 (4) 兆欧表经检查完好才能使用	(1) 开路试验:电阻无穷大 (2) 短路试验:电阻＜1Ω
11	绝缘性检测	(1) 兆欧表挡位调至"1000V" (2) 用兆欧表测量电机控制器线束连接器 BV28 端子 1 和分线盒壳体之间的电阻	标准电阻:≥20MΩ

序号	操作步骤	操作方法及说明	操作标准
11	绝缘性检测	（3）用兆欧表测量电机控制器线束连接器 BV28 端子 2 和分线盒壳体之间的电阻 （4）结束测量后，进行放电	标准电阻：≥20MΩ
12	万用表校表	数字万用表的电阻量程选为 200Ω，而且将黑红色表笔短接并读数	标准电阻：<1Ω
13	检查回路断路故障	（1）用万用表电阻挡测量直流母线线束连接器 BV16 端子 1 和电机控制器线束连接器 BV28 端子 1 之间的电阻 （2）用万用表"电阻挡"测量直流母线线束连接器 BV16 端子 2 和电机控制器线束连接器 BV28 端子 2 之间的电阻 	标准电阻：<1Ω

序号	操作步骤	操作方法及说明	操作标准
14	检查回路短路故障	(1) 断开分线盒其他所有高压线束连接器 (2) 用万用表电阻挡测量电机控制器线束连接器BV28端子2与端子1之间的电阻 	标准电阻：≥20MΩ
15	导通性检测	用万用表电阻挡测量高压母线两端的电阻值。 (1) 直流母线线束连接器BV16端子1和接OBC分线盒线束连接器的BV17端子1之间的电阻 (2) 直流母线线束连接器BV16端子2和接OBC分线盒线束连接器的BV17端子2之间的电阻 BV17接OBC分线盒线束连接器　　BV16动力电池 	标准电阻：<1Ω
16	测量高压母线屏蔽层接地情况	用万用表电阻挡测量高压母线屏蔽层与车身之间的电阻 	标准电阻：<1Ω
17	复位整理	(1) 将高压母线包裹的绝缘胶布去除 (2) 按照与拆卸相反的顺序将所有元器件及连接线复位	确认车辆能够上电

问题情境一

　　一辆电动汽车送入修理厂维修，更换车载充电机后，车辆能够正常上电，但无法行驶。

解决途径：通过故障诊断仪读取故障代码，无故障代码，初步检查未发现异常。考虑到刚更换过车载充电机,重新断开所有的高压母线检查,发现在高压母线插孔内有绝缘胶布,故障因维修人员在安装高压母线插头时,未仔细清除高压母线上包裹的胶布导致。

问题情境二

客户反映车辆在行驶时加速性能下降,无法进行高速行驶,送入 4S 店维修。

解决途径:使用故障诊断仪读取故障代码,报车辆有漏电故障。断开所有高压母线,使用兆欧表检测,未发现绝缘性异常,检查所有高压元件,发现电机三相线盖板密封圈缺失,导致涉水时有部分水进入电机三相线接头处,出现漏电现象。

学习结果评价

序号	评价内容	评价标准	评价结果(是/否)
1	知识与技能	能正确进行高压断电	□是 □否
		能正确判断绝缘电阻的性能	□是 □否
		能正确判断兆欧表的性能	□是 □否
		能正确判断万用表的性能	□是 □否
		能正确测量高压母线的绝缘性	□是 □否
		能正确测量高压母线的导通性	□是 □否
2	安全与5S	能正确佩戴个人防护用品	□是 □否
		能正确断开高压母线	□是 □否
		能正确进行车辆断电	□是 □否
3	总评	是否能够进行下一步内容的学习	□是 □否

课后作业

1. 根据兆欧表的数值判断高压母线的绝缘性,在下列括号内打钩(正常)或打叉(异常)。

( )　　　　　　( )　　　　　　( )

2. 维修技师使用故障诊断仪时，读取的故障码如下图所示，请仔细读图并回答问题。

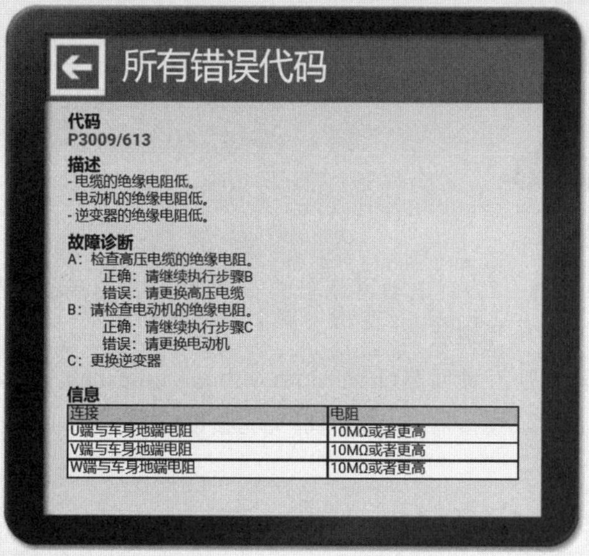

所有错误代码

代码
P3009/613

描述
- 电缆的绝缘电阻低。
- 电动机的绝缘电阻低。
- 逆变器的绝缘电阻低。

故障诊断
A: 检查高压电缆的绝缘电阻。
　　正确：请继续执行步骤B
　　错误：请更换高压电缆
B: 请检查电动机的绝缘电阻。
　　正确：请继续执行步骤C
　　错误：请更换电动机
C: 更换逆变器

信息

连接	电阻
U端与车身地端电阻	10MΩ或者更高
V端与车身地端电阻	10MΩ或者更高
W端与车身地端电阻	10MΩ或者更高

（1）请问这辆车出了什么问题？

（2）问题可能出在哪里？

任务三

诊断高压互锁故障

学习目标

知识目标
1. 掌握高压互锁的作用；
2. 掌握高压互锁的工作原理。

能力目标
1. 能对高压互锁电路图进行分析判断；
2. 能检测判断高压互锁的典型故障。

1. 通过对高压互锁电路的分析,完成相关典型故障的检测判断,从而培养理实结合的学习能力;

2. 通过工位整理、车辆防护和高压防护作业的练习,培养安全意识和规范意识。

基本知识

一、高压互锁的定义

国际标准 ISO 6469.3—2011《电动道路车辆安全规范 第 3 部分:人身防电击保护》规定车上的高压部件应具有高压互锁装置。

高压互锁也指危险电压互锁回路(hazardous voltage interlock loop,HVIL),其通过电气信号来检查高压设备、导线、连接器及护盖的电气完整性(连续性),识别到回路异常断开时,及时断开高压电。

二、高压互锁的作用

整车在高压上电前需确保整个高压系统的完整性,使高压系统处在一个封闭环境中工作,从而提高安全性;当车辆在运行中,高压系统回路断开或完整性受到破坏时,可启动安全防护,如使动力电池禁止向外供电;防止带电插拔高压连接器,以免对高压端子造成拉弧损坏。

三、高压互锁电路的组成

以北汽 EV200 新能源汽车为例,其高压互锁回路由 VCU(车辆控制单元)、空调压缩机、车载充电机、高压控制盒、动力电池、快充接口、DC/DC 变换器、PTC 加热控制器、电机控制器等组成,通过高压互锁电缆将这些高压部件的高压互锁连接器串联,最后通过 PTC 加热控制器端搭铁,如图 3-3-1 所示。

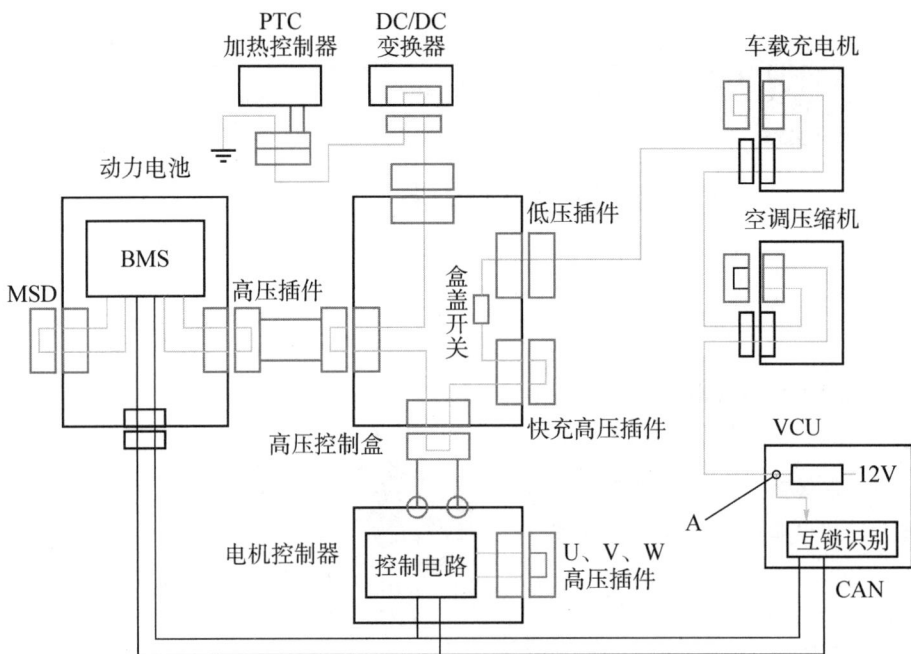

图 3-3-1　高压互锁回路组成

高压互锁连接器由低压端子(又称互锁端子)和高压端子(又称主回路端子)共同组成,如图3-3-2所示。

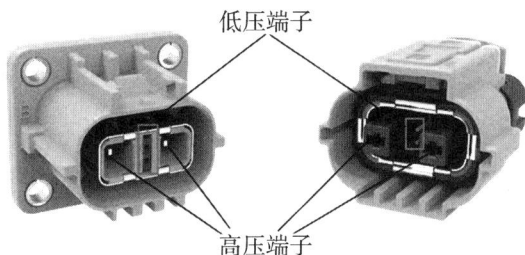

图3-3-2　高压互锁连接器组成

低压端子含2个引脚,当高压互锁连接器插合后,2个引脚呈短路状态;当高压互锁连接器断开后,2个引脚呈开路状态。即通过低压端子和高压端子的长度和位置差异,可实现连接时,先连接高压端子,再连接低压端子;断开时,先断开低压端子,再断开高压端子。高压互锁连接器内部结构如图3-3-3所示。

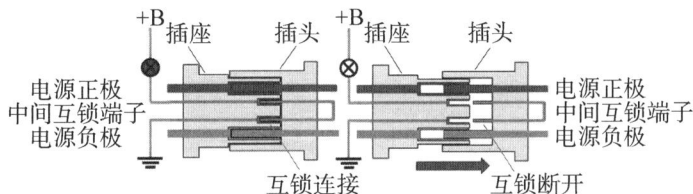

图3-3-3　高压互锁连接器内部结构

四、高压互锁的原理

所有与动力电池相连的高压部件内部都有一个高压互锁连接器,高压互锁连接器集成在电缆中或部件外壳中,各部件的高压互锁回路串联连接,一旦其中任意一个部件的高压互锁连接器断开,整个高压互锁回路将断开,继而切断高压回路。

以北汽EV200电动汽车为例,其高压互锁回路如图3-3-1所示,VCU通过限流电阻输出一个+12V的电压,通过高压部件的高压互锁连接器构成的高压互锁回路传输至PTC加热连接器端搭铁。

若VCU(车辆控制单元)检测点A的电压值为0V,则判断高压互锁连接器及元器件连接正常,无断开现象,回路的完整性没有被破坏;若VCU检测点A的电压值为12V,则判断回路没有完整连接或被破坏,即高压互锁连接器断开或电路有开路,此时动力电池总正、负继电器立即断开,动力电池停止上电。

因此,高压互锁回路可用于检测高压线束的连接情况。检修时,使用万用表逐段检测线束导通情况,对高压互锁连接器导通情况进行排查。视情况更换或维修线束、高压互锁连接器或元件。

五、高压安全策略

高压互锁系统在识别到危险时,控制器应根据故障时的行车状态及故障危险程度运用合理的安全策略,这些策略包括以下几个。

① 故障报警:无论电动汽车处于何种状态,只要高压互锁系统监测到危险,车辆应该对危险发出警告。例如,使仪表警告灯点亮或发出警告声提醒驾驶人员及时处理。

② 切断高压源:当电动汽车在停止状态、高压互锁系统识别到危险时,除了发出警告外,

还应告知控制器断开高压继电器,切断高压源,避免发生高压危险。

③ **降功率运行**:电动汽车在高速行驶时,高压互锁系统在监测到危险情况时,不能马上切断高压源,首先应先发出警告,然后使控制器降低电机运行的功率,让高压系统在小负荷下运行,降低发生高压危险的可能性。

能力训练

一、操作条件

① 设备:吉利帝豪 EV450 电动汽车。

② 工具和器材:吉利帝豪 EV450 电子维修手册、万用表。

二、安全及注意事项

① 断开高压互锁连接器前根据手册规范切断高压电;

② 做好个人高压安全防护;

③ 断开高压互锁连接器后,保护好高压互锁接头,防止意外损坏;

④ 当打开车辆前机舱盖或进入车辆底部时,不要盲目碰触高压导线及设备,避免触电危险;

⑤ 对所使用的计算机、车辆和举升机等要及时规整复位,并对场地进行 5S 工作。

三、操作过程

序号	操作步骤	操作方法及说明	操作标准
1	准备工位	(1) 准备方向盘套、座椅套、地板垫和车轮挡块 (2) 查看车辆信息,选取电路图。本次任务选用吉利帝豪 EV450 电动汽车 (3) 准备故障诊断仪,本次任务选用道通 MS908S 通用故障诊断仪、万用表	能够根据车辆的型号、生产年份、配置等信息选取维修手册
2	车辆防护	(1) 设置车轮挡块 (2) 设置方向盘套、座椅套、地板垫	挡块、方向盘套、座椅套、地板垫设置到位
3	确认车辆故障现象	根据客户反映,启动车辆,确认车辆存在的故障现象 	组合仪表显示车辆无法上高压电
4	读取故障信息	连接故障诊断仪,读取故障代码 	故障代码为 P1C4096:高压互锁故障

序号	操作步骤	操作方法及说明	操作标准
5	查阅维修手册	（1）翻阅维修手册目录，查找"高压互锁"所在目录 书签 ⊞ 13.1 电路图识读说明 ⊞ 13.2 图标符号 ⊞ 13.3 诊断和维修方法说明 ⊞ 13.4 保险丝、继电器 ⊞ 13.5 线束及其连接器布置 ⊞ 13.6 接地点布置 ⊞ 13.7 电源分布图 ⊟ 13.8 系统电路图 　⊟ 13.8.1 电力控制系统 　　高压配电系统 　　BMS1 　　BMS2 　　VCU电源、接地、数据线1 　　VCU电源、接地、数据线2 　　VCU加速控制 　　PEU电源、接地、数据线 　　PEU控制 　　交流充电系统1 　　交流充电系统2 　　冷却系统1 　　冷却系统2 　　高压互锁 （2）查阅"高压互锁"电路图	在维修手册中找到"高压互锁"电路图所在位置，并进行识读分析

序号	操作步骤	操作方法及说明	操作标准
6	检测准备	(1) 高压防护:绝缘垫绝缘测试;检查并佩戴安全帽、绝缘手套、护目镜 (2) 操作启动开关使电源模式置于"OFF"状态 (3) 断开低压蓄电池负极电缆,并用绝缘胶带包裹	(1) 绝缘垫阻值:>20MΩ;安全帽、绝缘手套、护目镜无开裂 (2) 操作步骤顺序正确
7	检测高压互锁线路	(1) 根据高压互锁电路图,找到需断开的相关的高压互锁连接器:CA66、CA67、BV11、BV10、BV08、CA61连接器 (2) 用万用表电阻挡判断 VCU 与电机控制器之间的高压互锁线路 （见表与图） (3) 用万用表电阻挡判断电机控制器与车载充电机之间的高压互锁线路	(1) 线路断路状况判断标准电阻:<1Ω (2) 线路短路状况判断标准电阻:10kΩ 或更大

VCU 与电机控制器之间：

线路断路状况判断	测量点 A	测量点 B
	CA67－76	BV11－1

线路短路状况判断	测量点 A	测量点 B
	CA67－76 或 BV11－1	车身(接地)

电机控制器与车载充电机之间：

线路断路状况判断	测量点 A	测量点 B
	BV11－4	BV10－26

序号	操作步骤	操作方法及说明	操作标准
7	检测高压互锁线路	 | 线路短路状况判断	测量点 A	测量点 B
---	---	---
	BV11-4 或 BV10-26	车身（接地） | （4）用万用表电阻挡判断车载充电机与空调压缩机之间的高压互锁线路 | 线路断路状况判断	测量点 A	测量点 B
---	---	---
	BV10-27	BV08-6 | 	（1）线路断路状况判断标准电阻：＜1Ω （2）线路短路状况判断标准电阻：10kΩ 或更大

序号	操作步骤	操作方法及说明	操作标准
7	检测高压互锁线路		(1) 线路断路状况判断标准电阻：<1Ω (2) 线路短路状况判断标准电阻：10kΩ 或更大

线路短路状况判断	测量点 A	测量点 B
	BV10 - 27 或 BV08 - 6	车身（接地）

（5）用万用表电阻挡判断空调压缩机与 PTC 加热控制器之间的高压互锁线路

线路断路状况判断	测量点 A	测量点 B
	BV08 - 7	CA61 - 5

线路短路状况判断	测量点 A	测量点 B
	BV08 - 7 或 CA61 - 5	车身（接地）

序号	操作步骤	操作方法及说明	操作标准
7	检测高压互锁线路	（6）用万用表电阻挡判断 PTC 加热控制器与 VCU 之间的高压互锁线路 表： 线路断路状况判断　测量点 A：CA61-7　测量点 B：CA66-58 线路短路状况判断　测量点 A：CA61-7 或 CA66-58　测量点 B：车身（接地） 	（1）线路断路状况判断标准电阻：＜1Ω （2）线路短路状况判断标准电阻：10kΩ 或更大
8	检测高压互锁连接器	用万用表电阻挡判断下列各部件的高压互锁连接器测量点的导通状况 电机控制器　测量点 A：BV11-1　测量点 B：BV11-4 车载充电机　测量点 A：BV10-26　测量点 B：BV10-27	标准电阻：＜1Ω

序号	操作步骤	操作方法及说明	操作标准
8	检测高压互锁连接器	 | 空调压缩机	测量点 A	测量点 B
---	---	---
	BV08－6	BV08－7 | | PTC 加热控制器	测量点 A	测量点 B
---	---	---
	CA61－5	CA61－7 | 	标准电阻：<1Ω
9	检查高压互锁电压	用万用表电压挡测量 VCU 线束连接器 CA66 端子 12、50 对车身(接地)的电压 | VCU 线束连接器	测量点 A	测量点 B
---	---	---
	CA66－12	车身(接地)
	CA66－50	| 	标准电压：11～14V

续表

序号	操作步骤	操作方法及说明	操作标准
10	检查高压互锁接地电阻	用万用表电阻挡测量 VCU 线束连接器 CA66 端子 1、2、26、54 与车身(接地)之间的电阻值 　　　　　　　　测量点 A　　　测量点 B VCU 线束连接器：CA66-1 / CA66-2 / CA66-26 / CA66-54 —— 车身(接地) 	标准电阻:小于 1Ω
11	复位整理	(1) 连接断开的连接器和低压蓄电池负极 (2) 恢复车辆、工具、仪器 (3) 清洁车辆、地面、操作台	低压蓄电池负极转矩:9N·m

问题情境一

客户反映汽车在行驶过程中突然无法加速,行驶速度减慢,高压系统故障灯点亮。

解决途径:使用故障诊断仪读取故障代码,报高压互锁故障。经检查发现,高压插头有虚接现象,进一步检查发现,高压插头锁扣有损坏,在行驶过程中松脱,造成虚接。

问题情境二

一辆电动汽车送维修厂维修漏电故障,故障排除后发现车辆还是无法上电。

解决途径:使用故障诊断仪读取故障代码,报高压互锁故障,经检查发现,因空调压缩机高压插头在车辆的下半部分,比较隐蔽,维修人员在维修结束后未及时复位高压插头,导致高压互锁报警,车辆无法上电。

学习结果评价

序号	评价内容	评价标准	评价结果(是/否)
1	知识与技能	能简述高压互锁的作用	□ 是　□ 否
		能简述高压互锁的原理	□ 是　□ 否
		能识读高压互锁电路图	□ 是　□ 否

序号	评价内容	评价标准	评价结果（是/否）
1	知识与技能	能正确使用万用表	☐ 是　☐ 否
		能正确断开高压插头	☐ 是　☐ 否
		能正确测量高压互锁线路	☐ 是　☐ 否
		能正确测量并判断互锁电路的情况	☐ 是　☐ 否
		能利用维修手册找到高压互锁相关信息	☐ 是　☐ 否
2	安全与5S	能对场地进行安全检查	☐ 是　☐ 否
		能根据手册规范断开高压电	☐ 是　☐ 否
		能安全操作举升机	☐ 是　☐ 否
		能做好个人安全防护	☐ 是　☐ 否
		能遵守场地日常安全条例	☐ 是　☐ 否
		能对工具、工位进行整理、复位、清扫	☐ 是　☐ 否
3	总评	是否能够进行下一步内容的学习	☐ 是　☐ 否

课后作业

1. 请判断高压互锁的状态（断开或闭合）。

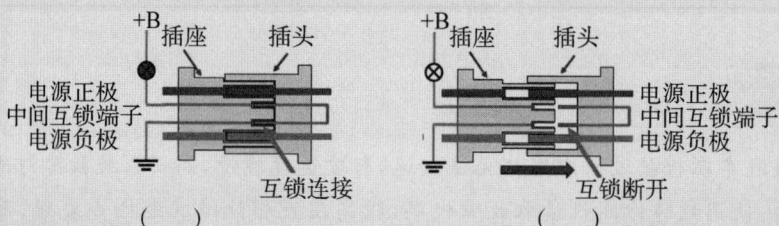

　　+B　插座　　插头　　　　　　　　　+B　插座　　插头
电源正极　　　　　　　　　　　　　　　　　　　　　　　电源正极
中间互锁端子　　　　　　　　　　　　　　　　　　　　中间互锁端子
电源负极　　　　　　　　　　　　　　　　　　　　　　电源负极
　　　　　　　　　　互锁连接　　　　　　　　　互锁断开
　　　　　　（　　）　　　　　　　　　　（　　）

2. 下图为某新能源汽车的高压互锁回路示意图，其中元件 1、2、3、4、5 为高压部件，请根据所学内容，完成以下问题。

(1) 填写横线处高压部件的名称。

元件 1~5：电机控制器、_____、_____、_____、_____。

(2) 简述高压互锁回路的原理：

_____

_____

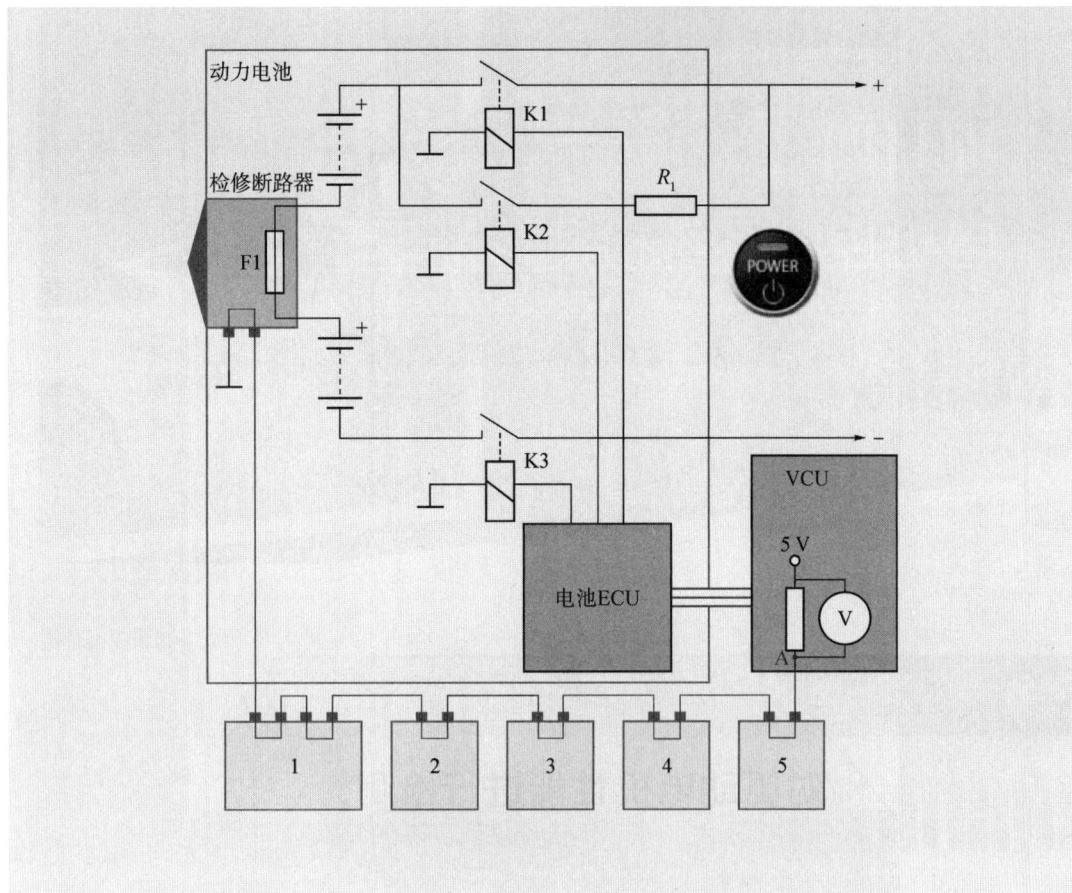

电机控制系统检测诊断

对驱动电机性能进行检测

学习目标

知识目标
1. 掌握电机控制系统的组成；
2. 掌握驱动电机的构造及作用；
3. 了解驱动电机的防护等级和绝缘等级。

能力目标
1. 能检测判断电机冷却回路的密封性；
2. 能检测判断驱动电机的绝缘性；
3. 能检测判断驱动电机定子绕组的性能。

素养目标
1. 通过对驱动电机性能的检测判断，培养细致、缜密的思维能力，以及踏实的工作态度；
2. 通过工位整理、车辆防护和高压防护作业的练习，培养安全意识和规范意识。

基本知识

一、电机控制系统的组成

电机控制系统主要由电机控制器、电机、传感器组成。

电机控制器用于控制动力电池与电机之间的能量传输，如图 4-1-1 所示，既能将动力电池中的直流电转换成交流电驱动电机,又能将车轮的旋转动能产生的交流电转换成直流电为动力电池充电。

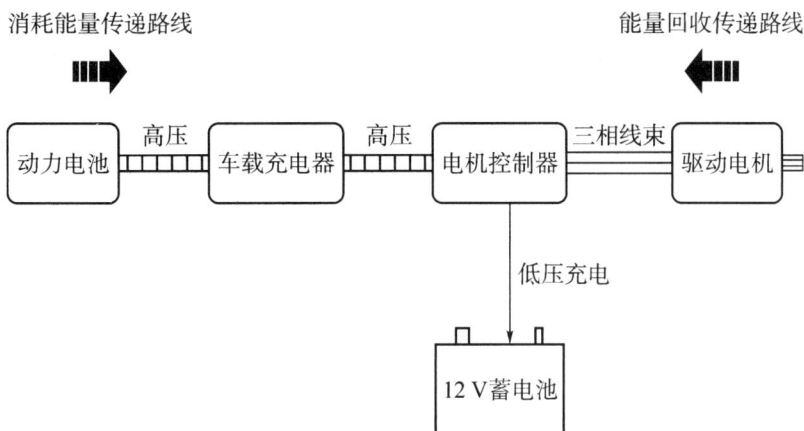

图 4-1-1 电机控制器能量控制

电机是电动汽车的"发动机",将电机控制器提供的电能转变成机械能,驱动汽车行驶前进。另外,在车辆制动过程中,电机可起到"发电机"的作用,将制动产生的能量转换成电能为动力电池充电。

传感器主要包括油门踏板传感器、制动踏板传感器、挡位信号传感器、电流传感器、电压传感器、温度传感器、旋变传感器等,它们用于检测驾驶人员的意图或电机工作状态,最终实现对车辆的安全、有效控制。

二、驱动电机的结构

驱动电机一般由定子、转子、电机外壳、变速箱/差速器组成,如图 4-1-2 所示。

纯电动汽车的驱动电机大多数采用永磁同步电机和笼型感应电机,它们之间定子结构原理相同,区别在于转子产生磁场的途径不同,永磁同步电机利用永久磁铁产生转子磁场,笼型感应电机利用转子线圈通电感应产生磁场。

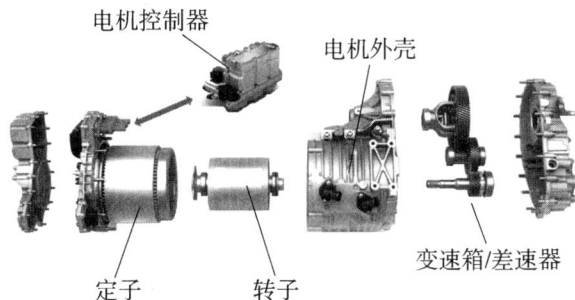

图 4-1-2 驱动电机的结构

电机定子是电机静止不动的部分,主要作用是将电能转化成旋转的磁场,由定子绕组(线圈)和定子铁芯(带槽的叠压金属板,槽内装有绝缘保护套)组成,如图 4-1-3 所示。多组定子绕组通有不同方向的电流后,形成多组不同磁性的磁场,定子绕组电流方向变化,则磁场变化,形成旋转的磁场。定子铁芯能够增强磁场的导磁性。

电机转子是电机的旋转部件,主要作用是其产生的磁场与定子磁场相互作用,实现将电能转化为机械能,驱动汽车行驶。

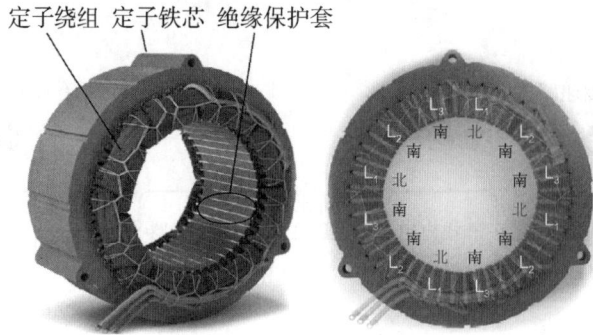

图 4-1-3　定子结构示意

永磁同步电机的转子结构如图 4-1-4 所示,永久磁铁上分布有与定子上相同对数的磁极。

图 4-1-4　永磁同步电机的转子结构示意

笼型感应电机的转子结构如图 4-1-5 所示,主要由导电条、短路环和导磁叠片组成。转子中每两根导电条通过短路环形成一个线圈,假如图中转子有 24 根导电条,则会形成 12 组线圈,线圈在定子旋转磁场作用下产生感应电流,从而产生磁场。导磁叠片能够增强磁场的导磁性。

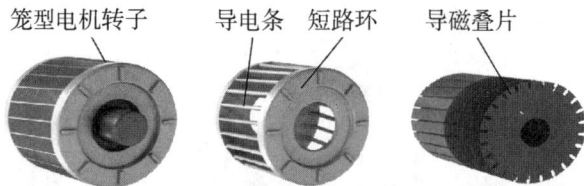

图 4-1-5　笼型感应电机转子结构

三、电机参数

防护等级:IP 防护等级标准分为防尘和防水两个方面,一般用 IP×× 来表示某产品的防护性能,第一位数字表示防尘等级,第二位数字表示防水等级,如户外灯具的常见防护等级 IP65/IP66。当某产品无防尘测试,只做防水等级测试时,将第一位数字用 X 表示,如 IPX4/IPX6。防尘防水等级标准如图 4-1-6 所示。

组成	数字或字母	对设备防护的含义	对人员防护的含义
代码字母	IP	—	—
第一位特征数字	0	防止固体异物进入 无防护	防止接近危险部件 无防护
	1	≥直径 50mm	手背
	2	≥直径 12.5mm	手指
	3	≥直径 2.5mm	工具
	4	≥直径 1.0mm	金属线
	5	防尘	金属线
	6	尘密	金属线
第二位特征数字	0	防止进水造成有害影响 无防护	—
	1	垂直滴水	
	2	15° 滴水	
	3	淋水	
	4	溅水	
	5	喷水	
	6	猛烈喷水	
	7	短时间浸水	
	8	连续浸水	
	9	高温/高压喷水	

图 4-1-6　防尘防水等级标准

绝缘等级:是指所使用的绝缘材料的耐热等级,分 A、E、B、F、H 级。绝缘等级与使用的绝缘材料密切相关,绝缘材料越好,绝缘等级越高。每一个绝缘等级的绝缘材料都有相应的极限允许工作温度(电机绕组最热点的温度)。电机运行时,绕组最热点的温度不得超过规定值,否则会引起绝缘材料加速老化,缩短电机使用寿命;如果温度超过允许值很多,绝缘会损坏,导致电机烧毁。允许温升是指电机的温度与周围环境温度相比升高的限度。绝缘等级与温度对应关系见表 4-1-1。

表 4-1-1　绝缘等级表

绝缘等级	A	E	B	F	H
最高允许温度/℃	105	120	130	155	180
绕组温升限值/℃	60	75	80	100	125
性能参考温度/℃	80	95	100	120	145

额定功率:在额定条件下的输出功率。

峰值功率:在规定的持续时间内电机允许输出的最大功率。

额定转速:额定功率下电机的最低转速。

最高工作转速:对应车辆最高设计车速的电机转速。

额定转矩:电机在额定功率和额定转速下的输出转矩。

峰值转矩:电机在规定的持续时间内电机允许输出的最大转矩。

堵转转矩:转子在所在角位堵住时所产生的转矩的最小测得值。

能力训练

一、操作条件

① 设备：比亚迪 E5 驱动电机（已从整车上拆下）。

② 工具和器材：接地电阻测试仪、兆欧表、万用表、气压表等。

二、安全及注意事项

① 拆卸驱动电机总成减速器时，人员之间必须相互配合、提醒，并穿好工作鞋，戴好手套，避免零部件掉落或挤压受伤；

② 兆欧表在使用过程中，需要做好触电防护，防止被兆欧表释放的高压电所伤；

③ 对所使用的纸质维修手册、计算机、检测仪器、常用拆装工具要及时规整复位，并对场地进行 5S 工作。

三、操作过程

序号	操作步骤	操作方法及说明	操作标准
1	利用维修手册查找电机铭牌，获取信息	(1) 查阅动力电池信息，本次操作选取比亚迪 E5 维修手册 (2) 翻阅手册，确认驱动电机在车辆上的安装位置，同时确认电机铭牌在电机上的安装位置后，读取并记录电机信息 说明：由铭牌可知，该电机为永磁同步电机，因此以下步骤的检查均按照永磁同步电机的检查要求展开	正确查询、读取驱动电机最大功率、最高转速、最大转矩、工作电压、绝缘等级、防护等级等信息
2	电机冷却回路密封性检查	(1) 选择气压表，并连接气源 (2) 将软管与驱动电机进出水口连接 	保压压力不低于200kPa

续表

序号	操作步骤	操作方法及说明	操作标准
2	电机冷却回路密封性检查	（3）检查密封性，施加不低于 200kPa 的气压，保压时间不少于 15min 	保压压力不低于 200kPa
3	冷态绝缘电阻检查	（1）选用 8 号套筒及棘轮扳手，拆卸电机盖板 （2）选用兆欧表检测驱动电机 U、V、W 三相线束连接点对壳体的绝缘电阻 	绝缘电阻大于 20MΩ
4	电机定子绕组短路检查	（1）选用接地电阻测试仪（毫欧表），选择 20Ω 挡，连接两测量夹，按"测试"键进行校零测试 （2）将测量夹分别夹在 U-V、U-W、V-W 之间，检测定子绕组短路值 	（1）校零值为 0.00Ω （2）定子绕组间电阻： 　V：(1.9±0.8)Ω 　W：(1.9±0.8)Ω 　U：(1.9±0.8)Ω

序号	操作步骤	操作方法及说明	操作标准
5	电机定子绕组断路检查	(1) 选择万用表,选择200Ω挡进行校零 (2) 拆卸驱动电机总成减速器 (3) 万用表选择交流挡,检测表笔分别连接驱动电机U、V、W三相线束连接点,转动电机转子,读取万用表电压值 	交流电压标准:有交流电压值变化

🖱 **问题情境一**

本任务是将驱动电机从车辆上分离后完成的性能检测,但在实际工作中,当驱动电机出现异常情况或性能下降时,你认为是否需要拆卸检测?

解决途径:首先需要向用户了解电机运行情况,必要时也可做一次就车实验,将电机空转,测出空载电流和空载损耗,同时检查电机各部分的温度、声响、振动等情况,并读取电压、电流、转速等数据,作出综合分析判断后,再确定是否拆卸驱动电机总成进行检测维修。

🖱 **问题情境二**

维修技师A在对永磁同步电机进行检测时,记录的检测值如下:三相线对壳体的绝缘电阻值为∞;三相定子绕组间电阻均为∞;转动电机转子,用万用表交流挡测量三相定子绕组间电压均为0V。请判断驱动电机的故障部位,并给出维修方案。

解决途径:通过对检测数值分析可知,三相定子绕组间电阻值异常,用万用表交流挡测量三相定子绕组间的电压值异常,判定定子绕组存在断路,需要对驱动电机进行维修或更换。

学习结果评价

序号	评价内容	评价标准	评价结果（是/否）
1	知识与技能	能列举电机控制系统的组成	□ 是　□ 否
		能简述驱动电机的结构及作用	□ 是　□ 否
		能区分永磁同步电机和笼型感应电机的主要区别	□ 是　□ 否
		能查阅、理解电机主要参数	□ 是　□ 否
		能检查电机冷却回路的密封性	□ 是　□ 否
		能检查冷态绝缘电阻并判断	□ 是　□ 否
		能检查电机定子绕组短路并判断	□ 是　□ 否
		能检查电机定子绕组断路并判断	□ 是　□ 否
2	安全与5S	能对场地进行安全检查	□ 是　□ 否
		能安全操作举升机	□ 是　□ 否
		能做好安全防护进入车辆底部	□ 是　□ 否
		能遵守场地日常安全条例	□ 是　□ 否
		能对工具、工位进行整理、复位、清扫	□ 是　□ 否
3	总评	是否能够进行下一步内容的学习	□ 是　□ 否

课后作业

1. 利用网络、图书等查询采用永磁同步电机和笼型感应电机的不同汽车品牌及车型。

2. 选取一电动汽车维修手册，查找驱动电机的安装位置及铭牌信息，并完成信息填写。

(1) 你选用的手册对应的车型：_____
(2) 该车型驱动电机的工作电压：_____
(3) 该车型驱动电机的防护等级：_____
(4) 该车型驱动电机的绝缘等级：_____
(5) 从手册中查找驱动电机的安装位置，需要翻阅至【　　　　　】
(6) 从手册中查找驱动电机的信息，需要翻阅至【　　　　　】
说明：请在【　　】中填写能表示内容位置的页码或编号

任务二

诊断驱动电机三相线束故障

学习目标

知识目标
1. 掌握定子磁场和转子磁场的工作过程;
2. 了解永磁同步电机与笼型感应电机的工作原理。

能力目标
1. 能正确拆装驱动电机三相线束;
2. 能查阅维修手册完成驱动电机三相线束的检测判断。

素养目标
1. 通过查阅维修手册完成对驱动电机三相线束的检测判断,培养主动探究、细致严谨的工作态度;
2. 通过对工位整理、车辆防护和高压防护作业的练习,培养安全意识和规范意识。

基本知识

一、定子磁场

如图 4-2-1 所示,磁铁 A_1 和磁铁 A_2 形成一对相互作用的磁场,如果磁铁 A_1 与 A_2 的相对位置不变,而且能够在圆环内以顺时针方向旋转,那么将形成一个同速、同方向的旋转磁场。假设磁铁 B 能够绕中心点转动,根据磁铁南极(S)和北极(N)相吸,相同磁极相互排斥的特性,磁铁 B 会随旋转磁场一起转动。驱动电机的定子的作用是产生一个旋转磁场。

如图 4-2-2 所示,根据右手螺旋定则,可以确定线圈通电后形成的磁场的方向,如果电流方向改变,线圈感应的磁场的方向也呈相反的状态。

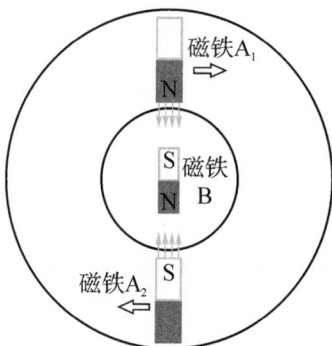

图 4-2-1　旋转磁场

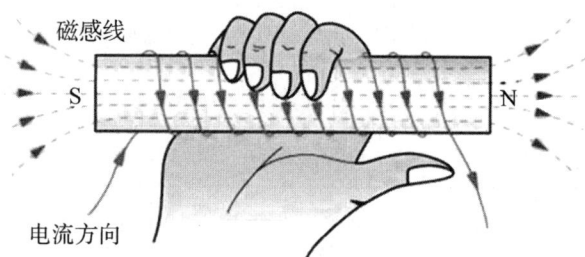

图 4-2-2　右手螺旋定则

如图 4 - 2 - 3 所示为一个线圈通以周期性交流电。当交流电处于"状态 1"位置(0°～90°范围内)时,电流为正,线圈感应的磁场方向为上 N(北极)下 S(南极);当交流电处于"状态 2"位置(90°～270°范围内)时,电流为负,线圈感应的磁场方向为上 S(南极)下 N(北极);当交流电处于"状态 3"位置(270°～360°范围内)时,电流为正,线圈感应的磁场方向同"状态 1",为上 N(北极)下 S(南极)。磁场的强弱随电流大小变化,0°(360°)和 180°位置电流最大,磁场最强,90°和 270°位置电流为 0,磁场为零。

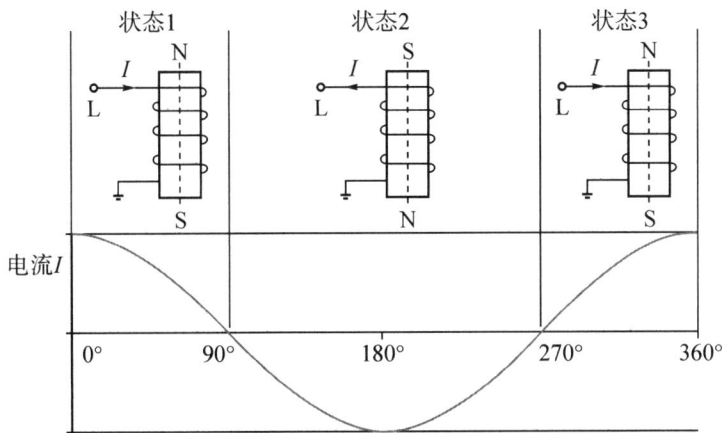

图 4 - 2 - 3　交流电与磁场方向

如图 4 - 2 - 4 所示,三相交流电分别连接、控制一个线圈,电流方向及大小交替改变,使 L_1、L_2、L_3 三个线圈的磁场方向循环交替改变,形成旋转磁场。图 4 - 2 - 4 中三个线圈的磁场方向对应三相交流电处于 180°位置,面向转子的线圈磁极,L_1 单独为 N 极,L_2 和 L_3 共同为 S 极。

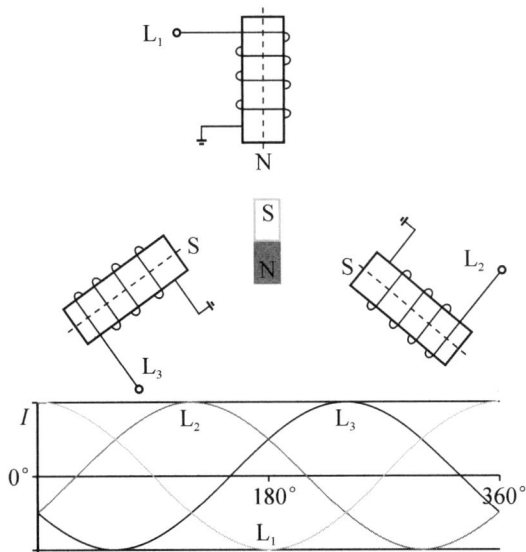

图 4 - 2 - 4　三相交流电与磁场方向

二、转子磁场

永磁同步电机转子的磁场是由永久磁铁提供的,它由多个磁铁组成,共同形成多个在圆周方向上交替布置的南极和北极,如图 4 - 2 - 5 所示,定子线圈在三相交流电作用下产生旋转磁场,与转子磁场相互作用,带动转子旋转,实现将电能转化为机械能,驱动汽车行驶。

图 4 - 2 - 5　永磁同步电机定子磁场布置方式

笼型感应电机的转子线圈在定子旋转磁场的作用下产生感应电流,从而产生磁场。如图 4 - 2 - 6(a)所示,当电机驱动汽车行驶时,旋转磁场的"转速"大于转子转速,笼型感应电机为电动机,对外输出驱动力,并且定、转子两者之间的转速差越大,转子线圈的感应电流越大,产生的电动机转矩越大;当旋转磁场的"转速"等于转子转速时,转子线圈感应电流为零,电

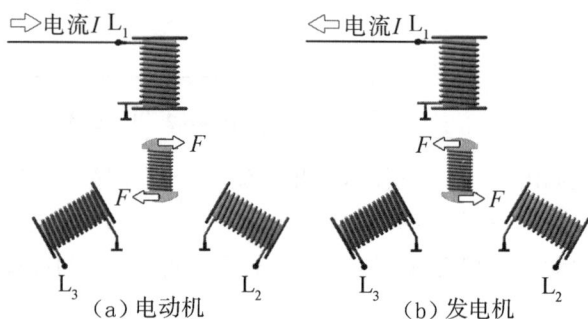

图 4 - 2 - 6　笼型感应电机的工作原理

动机不会产生转矩。如图 4 - 2 - 6(b)所示,当汽车减速时,汽车行驶惯性带动转子旋转,并且高于定子的"磁场转速",笼型感应电机为发电机,定子线圈产生反向电流为动力电池充电,同时转子产生一个反向作用力,实现对汽车的制动。

三、三相线束

电机控制器(逆变器)产生的三相交流电通过三相线束分别传递给定子 L_1、L_2、L_3 线圈。三相线束为橙色高压导线,如图 4 - 2 - 7 所示。

图 4 - 2 - 7　三相线束

能力训练

一、操作条件

① 设备:吉利帝豪 EV450 纯电动汽车。

② 工具和器材:吉利帝豪 EV450 电子维修手册、奇瑞新能源故障诊断仪、常用拆装工具、万用表、车辆防护用品、高压防护用品等。

二、安全及注意事项

① 断开三相线束连接器时必须对车辆进行下电操作;

② 操作过程中必须做好高压防护工作;

③ 对所使用的计算机、车辆、常用工具、检测设备等要及时规整复位,并对场地进行 5S 工作。

三、操作过程

序号	操作步骤	操作方法及说明	操作标准
1	准备工位	(1) 准备方向盘套、座椅套和地板垫 (2) 准备车轮挡块 (3) 查看车辆信息,选取维修手册。本次任务选用吉利帝豪 EV450 电动汽车 (4) 准备故障诊断仪,本次任务选用奇瑞新能源故障诊断仪 (5) 准备万用表	能够根据车辆的型号、生产年份、配置等信息选取维修手册
2	车辆防护	(1) 设置车轮挡块 (2) 设置方向盘套、座椅套、地板垫	挡块、方向盘套、座椅套、地板垫设置到位
3	读取故障码	连接故障诊断仪,读取故障码	驱动电机故障码:P0A9000
4	查阅维修手册	(1) 翻阅维修手册目录,查找"故障码表"或"驱动电机三相线束故障" 2.3.7.10 驱动电机三相线束故障 2.3.7.11 电机控制器 DCDC 故障 2.3.7.12 电机转子偏移角检查 ‣ 2.3.8 拆卸与安装 ‣ 2.4 驱动电机 (2) 阅读分析故障码含义、电路图及诊断步骤	在手册中找到"驱动电机三相线束故障"所在目录,并阅读所需内容
5	检测准备	(1) 高压防护:绝缘垫绝缘测试;检查并佩戴安全帽、绝缘手套、护目镜 (2) 操作启动开关使电源模式置于 OFF 状态 (3) 断开低压蓄电池负极电缆 	(1) 绝缘垫阻值大于 20MΩ;安全帽、绝缘手套、护目镜无开裂; (2) 操作步骤顺序正确; (3) 低压蓄电池负极电缆用绝缘胶带包裹
6	检测驱动电机三相线束短路状况	(1) 拆卸电机控制器盖板 	标准电阻:20kΩ 或更大

序号	操作步骤	操作方法及说明	操作标准
6	检测驱动电机三相线束短路状况	（2）断开驱动电机三相线束连接器 BV19 （3）断开 PEU 三相线束连接器 BV18 （4）选择万用表 20kΩ 挡,测量驱动电机三相线束之间的短路状况 <table><tr><th>测量点 A</th><th>测量点 B</th></tr><tr><td>BV19 - 1</td><td>BV19 - 2</td></tr><tr><td>BV19 - 1</td><td>BV19 - 3</td></tr><tr><td>BV19 - 2</td><td>BV19 - 3</td></tr></table> 	标准电阻:20kΩ 或更大
7	检测驱动电机三相线束断路状况	选择万用表 200Ω 挡,测量驱动电机三相线束的断路状况 <table><tr><th>测量点 A</th><th>测量点 B</th></tr><tr><td>BV19 - 1</td><td>BV18 - 1</td></tr><tr><td>BV19 - 2</td><td>BV18 - 2</td></tr><tr><td>BV19 - 3</td><td>BV18 - 3</td></tr></table> 	标准电阻:小于 1Ω

序号	操作步骤	操作方法及说明	操作标准
8	检测驱动电机三相线束对地短路状况	选择万用表 20kΩ 挡,测量驱动电机三相线束对地的短路状况 | 测量点 A	测量点 B
---	---
BV19-1	
BV19-2	车上搭铁
BV19-3		 	标准电阻:20kΩ 或更大
9	复位整理	(1) 连接驱动电机三相线束连接器 BV19 与 BV18,连接低压蓄电池负极端 (2) 恢复车辆、工具、仪器 (3) 清洁车辆、地面、操作台	(1) 连接器卡扣到位 (2) 电机控制器上盖固定螺钉转矩:4N·m (3) 电机控制器到驱动电机的高压线束固定螺栓转矩:20~26N·m (4) 低压蓄电池负极端转矩:9N·m (5) 整洁、整齐

🖰 **问题情境一**

　　在检测吉利帝豪 EV450 电动汽车驱动电机三相线束时,需要断开驱动电机端的 BV19 连接器,但该连接器位置特殊,很难进行拆卸或安装,你遇到该问题是如何解决的?

　　解决途径:BV19 连接器位于车载充电机与驱动电机之间,从上部或车辆底部都无法进行拆卸、安装,需要按手册要求拆卸车载充电机,然后完成对 BV19 连接器的拆卸与安装操作。

🖰 **问题情境二**

　　在检测吉利帝豪 EV450 电动汽车驱动电机三相线束对地短路状况时(电机侧三相线束连接已断开),测量连接器 BV19-1 与车身电阻值为 20Ω,连接器 BV19-2 和 BV19-3 与车身电阻值为 20MΩ,你是如何判断和处理的?

　　解决途径:将检测值与标准值对照,可判断 BV19-1 至 BV18-1 段线与车身存在短路故障,需要对其进行更换,并重新检测,使测量值满足 20kΩ 或更大的要求。测量值 20MΩ 大于标准值,说明另外两根线没有对车身短路的故障。

学习结果评价

序号	评价内容	评价标准	评价结果（是/否）
1	知识与技能	能表述定子线圈的作用	☐是 ☐否
		能区分永磁同步电机转子与笼型感应电机转子的不同	☐是 ☐否
		能利用维修手册准确找到驱动电机三相线束的诊断信息	☐是 ☐否
		能根据维修手册提示完成驱动电机三相线束短路状况的检测	☐是 ☐否
		能根据维修手册提示完成驱动电机三相线束断路状况的检测	☐是 ☐否
		能根据维修手册提示完成驱动电机三相线束对地短路状况的检测	☐是 ☐否
2	安全与5S	能对场地进行安全检查	☐是 ☐否
		能对车辆进行安全下电	☐是 ☐否
		能做好高压安全防护	☐是 ☐否
		能遵守场地日常安全条例	☐是 ☐否
		能对工具、工位进行整理、复位、清扫	☐是 ☐否
3	总评	是否能够进行下一步内容的学习	☐是 ☐否

课后作业

1. 试画出三相交流电处于图示箭头位置时转子的磁极方向。

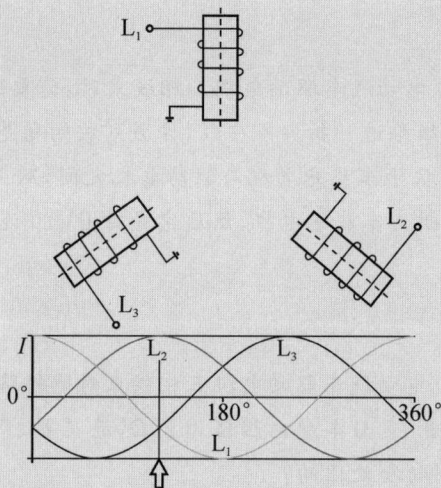

2. 已知电源频率为50Hz,请根据下图提供信息及公式计算转子转速。

计算公式: $$n_r = f/p$$

n_r:转子转速(r/s 或 Hz);

f:电源频率(Hz);

p:磁极对数。

任务三

对减速机构进行拆装、检测

学习目标

知识目标
1. 掌握减速机构的组成;
2. 了解驻车锁止机构的作用及工作过程;
3. 掌握差速器的作用及结构。

能力目标
1. 能正确拆装减速机构附件;
2. 能查阅维修手册完成减速机构的拆卸和安装。

1. 通过查阅维修手册完成对减速机构的拆卸和安装,培养主动探究、细致严谨的工作态度和环保意识;

2. 通过作业过程中的相互配合,培养责任心和合作精神。

基本知识

一、减速机构

如图4-3-1所示为驱动电机转速转矩特性,当电机转速小于额定转速(n_P)时,输出恒定转矩。这种特性有利于汽车的驱动,从而不再需要可多挡位变化的变速器,使驱动结构大幅简化。

如图4-3-2所示为吉利帝豪EV450电动汽车的减速机构,由输入轴齿轮、中间轴输入齿轮、中间轴输出齿轮、输出轴齿轮及差速器等组成。驱动电机的动力输出轴通过花键直接与减速机构输入轴齿轮连

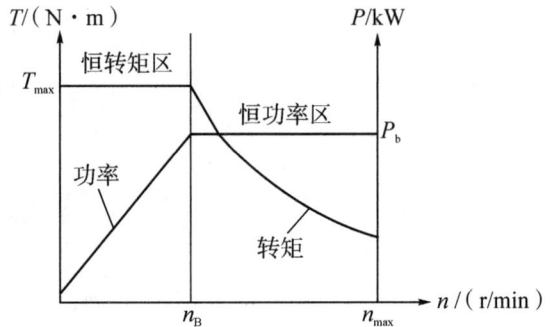

图4-3-1 驱动电机转速转矩特性

接,通过中间轴输入/输出齿轮两级减速后传递给输出轴齿轮及差速器壳体,转动方向与驱动电机旋转方向相同,实现降低转速、增大转矩的作用。差速器壳体的动力经差速器传递给驱动半轴,满足汽车转弯及在不平整路面上行驶时,左右驱动轮以不同的转速旋转,保证车辆的平稳,同时避免轮胎异常、快速磨损。

图4-3-2 吉利帝豪EV450电动汽车的减速机构

二、驻车锁止机构

汽车换挡杆置于P挡时,驻车锁止机构将减速器齿轮与变速器壳体固定,防止汽车在停车状态溜车。

驻车锁止工作过程:驾驶人员操作换挡杆置入P挡,电子换挡器将驻车请求信号发送给

控制单元,控制单元结合当前驱动电机的转速及车轮的转速判断是否符合驻车条件。当条件满足时,控制单元向驻车棘爪驱动电机发送指令使其工作,如图4-3-3所示,带动棘爪推片转动,使棘爪推片按压驻车棘爪,驻车棘爪嵌入锁止轮的齿槽,实现锁止固定。当驾驶人员操作换挡杆退出P挡时,电机工作恢复,驻车棘爪和棘爪推片在回位弹簧作用下复位,驻车棘爪退出锁止轮的齿槽。

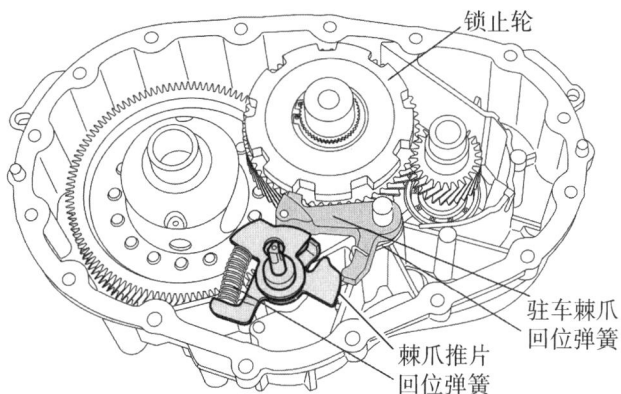

图4-3-3 驻车锁止机构

三、差速器

如图4-3-4所示,汽车绕圈(环形)行驶时,外侧轮胎的行驶距离大于内侧轮胎的行驶距离,如果内外侧驱动轮不能独立转动,那么外侧轮胎会出现边滚边滑的情况,导致快速磨损。差速器的作用是汽车转弯行驶或在不平路面上行驶时,使左右车轮以不同转速滚动,从而保证两侧驱动车轮做纯滚动运动。

差速器由行星齿轮、行星架和太阳轮组成(图4-3-5),行星架与差速器输入齿轮(即减速机构输出轴齿轮)固定连接,行星齿轮通过行星轴与行星架连接。行星齿轮可以在行星轴上转动,两个太阳轮与驱动半轴连接,当差速器输入齿轮带动行星架转动时,动力会通过行星轴、行星齿轮传递给太阳轮,然后由两个太阳轮带动左右半轴旋转。

当汽车直线行驶时,左右驱动轮轮速相同,行星齿轮只公转不自转,两个太阳轮之间不做相对转动;当汽车转弯时,左右驱动轮出现转速差,外侧轮速高于内侧轮速,行星齿轮开始绕着速度较慢的一个太阳轮旋转,使与外侧驱动轮相连的太阳轮转动更快,此时行星齿轮既做公转运动,也做自转运动,从而实现内外侧驱动轮有转速差。

图4-3-4 汽车环形行驶

图4-3-5 差速器结构

121

能力训练

一、操作条件

① 设备:吉利帝豪 EV450 电动汽车减速机构。

② 工具和器材:吉利帝豪 EV450 电子维修手册、常用拆装工具、扭力扳手、垫块。

③ 辅件:密封圈、油封、润滑脂。

二、安全及注意事项

① 拆装螺栓时注意旋转方向及顺序,避免损坏工件;

② 拆卸及安装减速机构齿轮轴时,注意对手的保护,防止夹手或轧手;

③ 对所使用的计算机、工具及时规整复位,并对场地进行 5S 工作。

三、操作过程

序号	操作步骤	操作方法及说明	操作标准
1	选取维修手册	(1) 查阅车辆信息。本次操作选取吉利帝豪 EV450 电动汽车 (2) 根据车辆信息选取维修手册,维修手册有纸质形式和电子形式,本实验车辆维修手册采用电子形式	正确选取维修手册
2	翻阅手册,查找减速机构的拆卸与安装步骤	(1) 翻阅维修手册,在"变速器/驱动桥"目录中找到"拆卸与安装"子目录 (2) 单击查阅减速机构的拆卸与安装步骤 	在维修手册中找到减速机构"拆卸与安装"所在目录,并阅读所需内容
3	拆卸减速机构附件	(1) 拆卸 TCU(变速器控制模块)两个固定螺栓 1,取下 TCU (2) 拆卸电机三个固定螺栓 2 与一个支架固定螺栓 3,取下驻车电机 1,2,3—固定螺栓	选用 10 号套筒

序号	操作步骤	操作方法及说明	操作标准
4	拆卸驱动半轴油封	使用合适的工具拆卸半轴油封 1—油封	旧油封拆卸后置于不可回收垃圾桶内
5	拆卸减速机构上盖	(1) 拆卸减速器上盖固定螺栓 (2) 使用一字螺钉旋具撬下减速机构上盖 	(1) 选用 12 号套筒;螺栓多次均匀对角拆卸 (2) 一字螺钉旋具用胶带等方式缠绕后使用
6	拆卸驻车锁止机构	(1) 拆卸棘爪推片 1—棘爪推片 (2) 拆卸驻车棘爪 1—驻车棘爪	按拆卸顺序整齐摆放

续表

序号	操作步骤	操作方法及说明	操作标准
7	拆卸减速机构齿轮轴	(1) 拆卸输入轴及齿轮 1—齿轮 (2) 拆卸中间轴及齿轮、输出轴及齿轮 1—中间轴及齿轮;2—输出轴及齿轮	(1) 采用橡胶锤敲击振动齿轮轴 (2) 齿轮轴及齿轮拆卸后放置在专用的垫块上 (3) 按拆卸顺序整齐摆放
8	拆卸锁止轮	拆卸锁止轮固定卡扣后取下锁止轮 1—锁止轮固定卡扣	按拆卸顺序整齐摆放
9	拆卸密封圈及油封	(1) 拆卸输入轴密封圈 1—输入轴密封圈 (2) 拆卸输入轴油封及半轴油封 1—输入轴油封;2—半轴油封	旧油封拆卸后置于不可回收垃圾桶内

序号	操作步骤	操作方法及说明	操作标准
10	外观检查	(1) 检查传动齿轮 (2) 检查轴承	(1) 无异常磨损或裂纹 (2) 转动灵活
11	安装新密封圈及新油封	(1) 更换输入轴新油封并安装 (2) 更换半轴新油封并安装 1—输入轴新油封;2—半轴新油封 (3) 更换输入轴新密封圈并安装 1—输入轴新密封圈	(1) 油封及密封圈安装时需要涂抹润滑脂 (2) 油封及密封圈安装到固定槽内
12	安装锁止轮	(1) 安装锁止轮 (2) 利用合适的工具安装锁止轮固定卡扣 1—锁止轮固定卡扣	锁止轮固定卡扣安装到固定槽内
13	安装减速机构齿轮轴	(1) 安装输出轴及齿轮 (2) 安装中间轴及齿轮 1—输出轴及齿轮;2—中间轴及齿轮	(1) 安装顺序:输出轴—中间轴—输入轴 (2) 安装后齿轮啮合到位,转动灵活

序号	操作步骤	操作方法及说明	操作标准
13	安装减速机构齿轮轴	（3）安装输入轴及齿轮 1—输入轴及齿轮	（1）安装顺序：输出轴—中间轴—输入轴 （2）安装后齿轮啮合到位，转动灵活
14	安装驻车锁止机构	（1）安装驻车棘爪 1—驻车棘爪 （2）安装棘爪推片 1—棘爪推片	安装后实现驻车锁止功能：驻车状态，棘爪卡入锁止轮凹齿内；解除驻车状态，棘爪和推片在弹簧作用下复位
15	安装减速机构上盖	（1）在减速机构壳体上涂抹密封胶，安装减速机构上盖 （2）紧固减速机构上盖固定螺栓 	（1）均匀涂抹密封胶，不能断胶 （2）对角法紧固螺栓；螺栓转矩：39N·m

序号	操作步骤	操作方法及说明	操作标准
16	安装半轴油封	(1) 润滑半轴新油封 (2) 使用专用工具安装半轴新油封 1—半轴新油封	油封安装到位
17	安装减速机构附件	(1) 安装TCU,紧固TCU的两个固定螺栓 (2) 安装电机,紧固电机的三个固定螺栓与一个支架固定螺栓 1,2,3—固定螺栓	(1) TCU螺栓转矩:9N·m (2) 电机及支架固定螺栓转矩:9N·m

🖑 **问题情境一**

吉利帝豪EV450电动汽车的减速机构在工作过程中存在异响,维修技师需要拆解减速机构进行检测,请问应该如何按照维修手册的技术规范完成操作?

解决途径:拆解减速机构,首先需要将驱动电机总成从车辆上卸下。查阅维修手册,在手册"驱动电机"目录中找到"拆卸与安装"子目录,然后找到"驱动电机更换",根据手册给出的步骤完成对驱动电机总成的拆卸。拆卸驱动电机总成后,再按本次课程学习的内容,对减速机构进行拆解检查。

🖑 **问题情境二**

比亚迪E5电动汽车的减速机构出现异响,维修技师对其拆解、检查后发现存在金属异物,并导致传动齿轮破损。询问车主该车的维修记录,车主表示曾经更换过驱动电机,但未对减速机构进行分解。尝试分析导致该故障的原因。

解决途径:因为没有对减速机构进行分解,所以金属异物可能是总成件从车上拆下后掉落进去的。拆卸驱动电机总成前,需要打开放油螺塞,将减速机构内的润滑油排放干净,再拧紧放油螺塞。组件位于箱体上,要防止在拆卸过程中有异物掉入变速箱腔体内。

学习结果评价

序号	评价内容	评价标准	评价结果（是/否）	
1	知识与技能	能简述减速机构的组成	☐ 是	☐ 否
		能简述驻车锁止机构的作用及工作过程	☐ 是	☐ 否
		能简述差速器的作用及结构	☐ 是	☐ 否
		能正确使用拆装工具	☐ 是	☐ 否
		能对减速机构进行拆卸、组装	☐ 是	☐ 否
		能对减速机构的零部件外观进行检查判断	☐ 是	☐ 否
2	安全与5S	能对场地进行安全检查	☐ 是	☐ 否
		能遵守场地日常安全条例	☐ 是	☐ 否
		能对工具、工位进行整理、复位、清扫	☐ 是	☐ 否
3	总评	是否能够进行下一步内容的学习	☐ 是	☐ 否

课后作业

1. 标出下图差速器的行星架、行星轴、太阳轮和行星齿轮。

2. 标出下图减速机构的输入轴、中间轴、输出轴和驻车锁止机构。

任务四

诊断电机控制器电源故障

学习目标

知识目标
1. 掌握电机控制器的结构及作用；
2. 了解电机控制器高压导线的连接关系；
3. 掌握逆变器的工作过程。

能力目标
1. 能查阅维修手册确定电机控制器电源熔丝的安装位置；
2. 能查阅维修手册完成电机控制器电源故障的检测判断。

素养目标
1. 通过查阅维修手册完成电机控制器电源故障的检测判断，培养主动探究、细致严谨的工作态度；
2. 通过工位整理、车辆防护和高压防护作业的练习，培养安全意识和规范意识。

基本知识

一、电机控制器的作用

电机控制器是控制电机按照设定的方向、速度、相应时间进行工作的集成电路。在电动汽车中，电机控制器根据挡位、加速踏板、制动踏板等指令，将动力电池输出的直流电转化为驱动电机所需的三相交流电，并控制车辆的启动、行驶速度、爬坡力等。

当车辆滑行或制动时，驱动电机起到发电机的作用，将车轮旋转的动能转换为电能，并由电机控制器将交流电转换成直流电后为动力电池充电。

如图 4 - 4 - 1 所示，电机控制器通过两根高压导线与动力电池连接，通过三根高压导线与驱动电机连接。

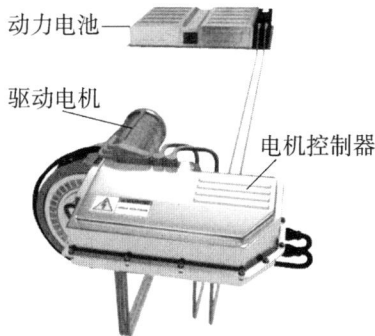

图 4 - 4 - 1 电机控制器连接关系

二、电机控制器的组成

生产厂家不同,电机控制器的结构组成也有所区别,但都包括 DC/AC(直流转交流)逆变器。如图 4-4-2 所示为吉利帝豪 EV450 电动汽车的电机控制器结构,它由 DC/AC 逆变器和 DC/DC 转换器两部分组成。DC/DC 转换器另做介绍。

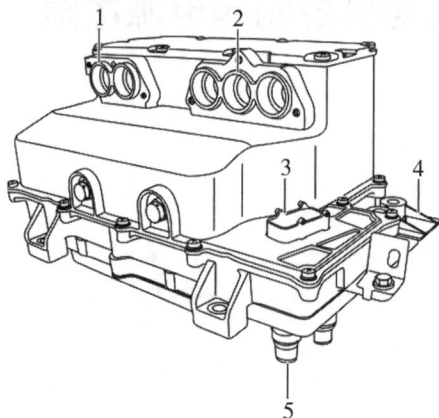

图 4-4-2　吉利帝豪 EV450 电动汽车电机控制器结构

1—高压线束接口;2—驱动电机三相线束接口;3—低压信号接口;4—低压充电(DC/DC)接口;
5—冷却管口

如图 4-4-3 所示,逆变器由 IGBT(绝缘栅双极型晶体管)、升压控制电容、升压控制线圈和控制电路板等组成。IGBT 是一种特殊的晶体管,可以快速切换大电流。如图 4-4-4 所示,IGBT 由集电极(C)、发射极(E)和栅极(G)三个端子组成,控制电路板通过控制栅极使 IGBT 导通或断开。当车辆制动或滑行,驱动电机起发电作用时,图 4-4-4 中的二极管才导通。

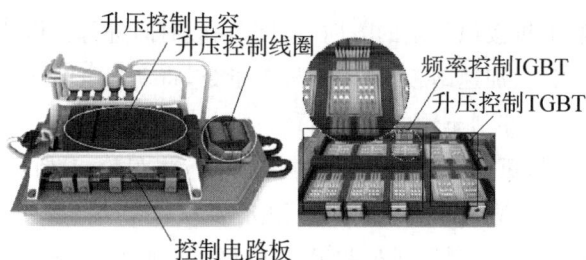

图 4-4-3　逆变器结构

图 4-4-4　IGBT 结构

三、逆变器的工作过程

通过脉冲宽度调制(PWM)信号可以控制驱动电机的转矩和频率。如图 4-4-5 所示,

PWM 信号可以产生一个像正弦波的信号,该信号输出后可以控制驱动电机的转动。信号的幅值变化可以通过改变 PWM 信号的脉宽实现,信号的频率随 PWM 信号变化,从而改变电机的旋转速度。

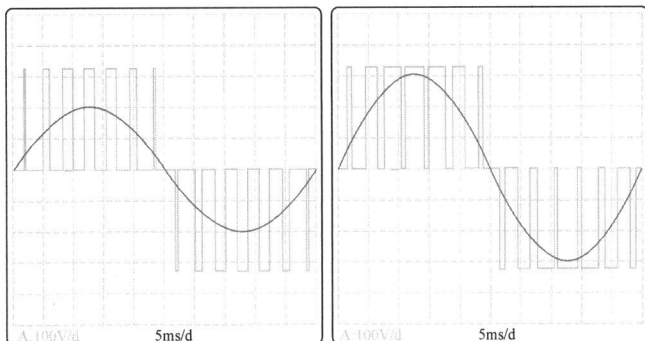

图 4-4-5　脉冲宽度调制信号

逆变器的工作过程如图 4-4-6 所示。逆变器具有升压功能,动力电池输出的高压直流电经升压变压器升压后,由频率控制 IGBT 实现脉冲宽度的调制,将直流电转换成近似正弦波的输出信号,用以控制驱动电机的运转。

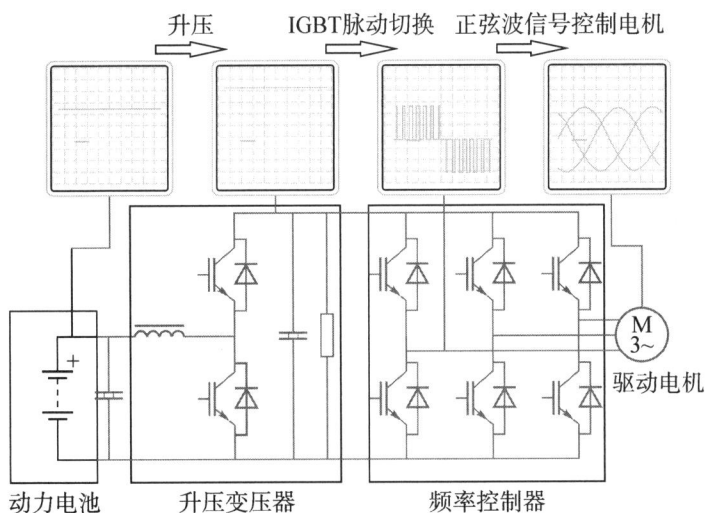

图 4-4-6　逆变器工作过程

能力训练

一、操作条件

① 设备:吉利帝豪 EV450 电动汽车。

② 工具和器材:吉利帝豪 EV450 电子维修手册、道通 MS908S 通用故障诊断仪、常用拆装工具、万用表、车辆防护用品、高压防护用品。

二、安全及注意事项

① 断开电机控制器相关线束连接器时必须对车辆进行下电操作;

② 涉及高压操作时必须做好高压防护工作;

③ 对所使用的计算机、车辆、常用工具、检测设备等要及时规整复位,并对场地进行 5S 工作。

三、操作过程

序号	操作步骤	操作方法及说明	操作标准
1	准备工位	(1) 准备方向盘套、座椅套和地板垫 (2) 准备车轮挡块 (3) 查看车辆信息,选取维修手册。本次任务选用吉利帝豪 EV450 电动汽车 (4) 准备故障诊断仪,本次任务选用道通 MS908S 通用故障诊断仪 (5) 准备万用表	能够根据车辆的型号、生产年份、配置等信息选取维修手册
2	车辆防护	(1) 设置车轮挡块 (2) 设置方向盘套、座椅套、地板垫	挡块、方向盘套、座椅套、地板垫设置到位
3	读取故障码	连接故障诊断仪,读取故障码	驱动电机故障码:P056300、P056200、P113600
4	查阅维修手册	(1) 翻阅维修手册目录,查找故障码或"电机控制器低压供电回路故障" (2) 阅读分析故障码、电路图及诊断步骤 	在手册中找到"电机控制器低压供电回路故障"所在目录,并阅读所需内容

序号	操作步骤	操作方法及说明	操作标准
5	检测准备	(1) 高压防护：绝缘垫绝缘测试；检查并佩戴安全帽、绝缘手套、护目镜 (2) 操作启动开关使电源模式置于 OFF 状态 (3) 断开低压蓄电池负极电缆	(1) 绝缘垫阻值大于 20MΩ；安全帽、绝缘手套、护目镜无开裂 (2) 操作步骤顺序正确 (3) 低压蓄电池负极电缆用绝缘胶带包裹
6	检测低压蓄电池电压	用万用表直流电压挡测量低压蓄电池电压 	标准电压：11～14V
7	检测电机控制器熔丝 IF18、EF32 和低压蓄电池正极柱头熔丝是否熔断	(1) 关闭点火开关，拔下熔丝 EF32，用万用表电阻挡检测熔丝是否熔断 (2) 拔下熔丝 IF18，用万用表电阻挡检测熔丝是否熔断 (3) 拆下低压蓄电池正极柱头熔丝，用万用表电阻挡检测熔丝是否熔断 	熔丝电阻：＜1Ω

序号	操作步骤	操作方法及说明	操作标准
8	检测电机控制器电源电压	(1) 关闭点火开关,断开电机控制器线束连接器 BV11 (2) 操作点火开关使电源模式置于 ON 状态 (3) 用万用表电压挡测量电机控制器线束连接器 BV11-25 和车身(接地)之间的电压 (4) 用万用表电压挡测量电机控制器线束连接器 BV11-26 和车身(接地)之间的电压 	标准电压:11～14V
9	检测电机控制器接地电阻	(1) 用万用表电阻挡测量电机控制器线束连接器 BV11-1 和车身(接地)之间的电阻 (2) 用万用表电阻挡测量电机控制器线束连接器 BV11-11 和车身(接地)之间的电阻 	标准电阻:<1Ω

序号	操作步骤	操作方法及说明	操作标准
10	检测电机控制器与低压蓄电池之间的线路	（1）关闭点火开关，断开低压蓄电池负极电缆 （2）断开电机控制器线束连接器 BV12 （3）断开低压蓄电池正极电缆 （4）用万用表电阻挡测量电机控制器线束连接器 BV12 - 1 和蓄电池正极电缆之间的电阻 	标准电阻：<1Ω
11	复位整理	（1）连接各断开的连接器，连接低压蓄电池负极 （2）恢复车辆、工具、仪器 （3）清洁车辆、地面、操作台	（1）连接器卡扣到位 （2）低压蓄电池正极电缆固定螺母转矩：5～7N·m （3）低压蓄电池负极转矩：9N·m （4）整洁、整齐

🖱 问题情境一

　　维修技师在诊断吉利帝豪 EV450 电动汽车的过程中，读取到故障代码 P056300"蓄电池电压过压故障"，经检测确定低压蓄电池、相关熔丝和线路均正常，应该如何诊断解决该故障？

　　解决途径：查阅维修手册，按照维修手册提示更换电机控制器。

🖱 问题情境二

　　维修技师在测量吉利帝豪 EV450 电动汽车电机控制器接地电阻时，发现万用表电阻挡测量值为无穷大，请问应该如何处理？

解决途径:检查搭铁点是否松动或腐蚀,如是,修理或更换电机控制器的搭铁线路。

学习结果评价

序号	评价内容	评价标准	评价结果(是/否)
1	知识与技能	能表述电机控制器的结构组成	□是 □否
		能描述电机控制器的作用	□是 □否
		能识别电机控制器高压导线连接关系	□是 □否
		能表述逆变器的作用	□是 □否
		能正确检测判断电机控制器熔丝	□是 □否
		能正确检测判断电机控制器电源和搭铁线路	□是 □否
2	安全与5S	能对场地进行安全检查	□是 □否
		能对车辆进行安全下电	□是 □否
		能做好高压安全防护	□是 □否
		能遵守场地日常安全条例	□是 □否
		能对工具、工位进行整理、复位、清扫	□是 □否
3	总评	是否能够进行下一步内容的学习	□是 □否

课后作业

1. 连线题。

A	高压直流电
B	三相交流电
C	动力电池
D	驱动电机

2. 选择题。

(1)将直流电转换成交流电的选项是(   )。

    A. DC/AC   B. DC/DC   C. AC/DC   D. AC/AC

(2)PWM 信号可以调制驱动电机的(   )。

    A. 转矩   B. 转速   C. 温度   D. 转向

(3)逆变器的组成包括(   )。

    A. IGBT   B. 电容   C. 线圈   D. 控制电路板

任务五

诊断驱动电机旋变信号故障

学习目标

知识目标

1. 掌握驱动电机旋变信号的作用;
2. 掌握旋转变压器的结构及工作原理。

能力目标

1. 能查阅维修手册完成旋转变压器元件的检测判断;
2. 能查阅维修手册完成旋转变压器信号线路的检测判断。

素养目标

1. 通过查阅维修手册完成旋转变压器及其线路的检测判断,培养主动探究、细致严谨的工作态度;
2. 通过工位整理、车辆防护和高压防护作业的练习,培养安全意识和规范意识。

基本知识

一、旋变信号作用

旋变(旋转变压器)信号用于检测、计算驱动电机当前转子的位置和转速。该信号由安装在驱动电机上的旋转变压器(又称旋变传感器)提供,信号经过电机控制器内旋变解码器解码后,控制相应的 IGBT 导通,按顺序给定子的三个线圈通电,驱动电机旋转。旋转变压器的安装位置如图 4-5-1 所示。

旋转变压器

图 4-5-1　旋转变压器的安装位置

二、旋转变压器的结构

旋转变压器由定子、转子和线圈组成,如图4-5-2所示。其定子与驱动电机壳体固定安装,并绕有线圈,转子安装于驱动电机转轴上,与转轴一起转动。转子为导磁材料,制作成不规则形状,与定子间设有间隙,而且由于转子的形状不规则,间隙大小会随着转子旋转位置的变化而发生改变。线圈包括励磁线圈、正弦线圈和余弦线圈三部分,其中励磁线圈与正弦线圈绕制方向相同,与余弦线圈绕制方向相反。

如图4-5-3所示为吉利帝豪EV450电动汽车旋转变压器的结构。

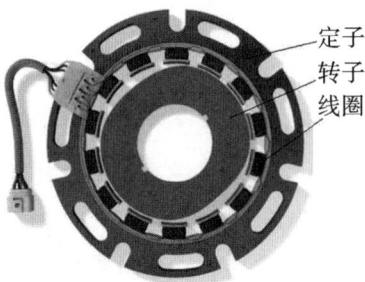

图4-5-2 旋转变压器的结构

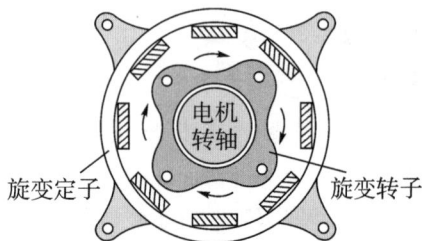

图4-5-3 吉利帝豪EV450
电动汽车旋转变压器的结构

三、旋转变压器的工作原理

如图4-5-4所示,信号输入端输入一个正弦信号,从励磁线圈经过铁芯转变为正弦线圈或余弦线圈中的交流电压。由于转子转动过程中间隙大小发生变化,使输出电压的幅值发生改变,幅值随间隙增大而减小。当间隙最小时,输出电压的幅值接近输入电压的幅值;当转子转动至间隙最大处时,输出电压的幅值为0。

正弦线圈与励磁线圈绕制方向相同,输入与输出信号方向相同;余弦线圈与励磁线圈绕制方向相反,输入与输出信号方向相反。

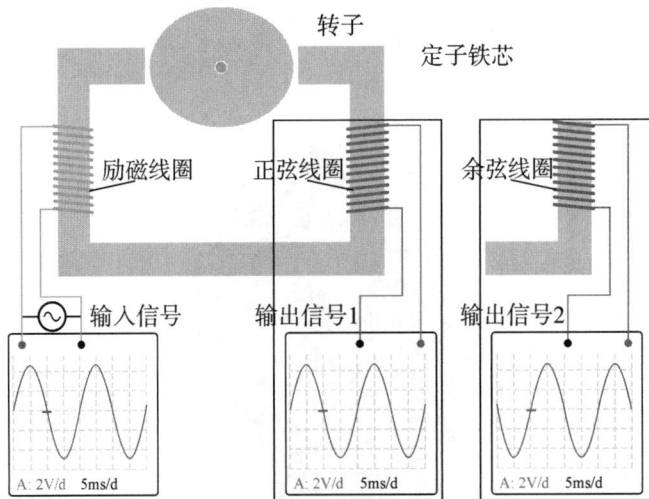

图4-5-4 旋转变压器工作示意

如图4-5-5所示,为旋转变压器励磁线圈提供一个固定频率的正弦信号,转子的转速随驱动电机转轴的转速的变化而变化。当转子转速上升时,输出信号的频率升高,控制模块通过采集、计算信号频率,判断驱动电机的转速。如图 4 - 5 - 6 所示,控制模块通过对比正弦信号和余弦信号的位置关系,确定旋转变压器转子的位置,从而判断驱动电机转轴(转子)的位置。

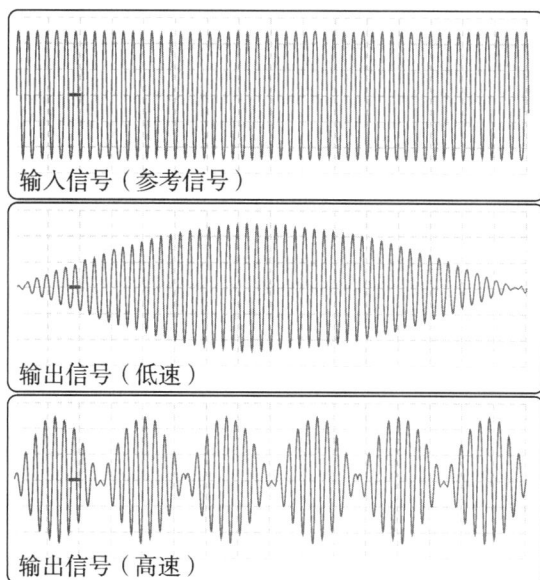

图 4 - 5 - 5　旋转变压器转速判断

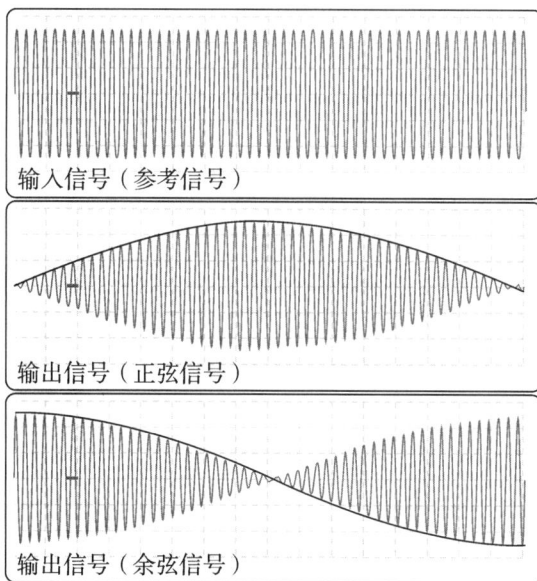

图 4 - 5 - 6　旋转变压器位置判断

能力训练

一、操作条件

①　设备:吉利帝豪 EV450 电动汽车、举升机。

②　工具和器材:吉利帝豪 EV450 电子维修手册、奇瑞新能源故障诊断仪、常用拆装工具、万用表、车辆防护用品、高压防护用品。

二、安全及注意事项

① 断开驱动电机线束连接器 BV13 与电机控制器线束连接器 BV11 时必须对车辆进行下电操作；

② 涉及高压操作时必须做好高压防护工作；

③ 对所使用的计算机、车辆、常用工具、检测设备等要及时规整复位，并对场地进行 5S 工作。

三、操作过程

序号	操作步骤	操作方法及说明	操作标准
1	准备工位	（1）准备方向盘套、座椅套和地板垫 （2）准备车轮挡块 （3）查看车辆信息，选取维修手册。本次任务选用吉利帝豪 EV450 电动汽车 （4）准备故障诊断仪，本次任务选用奇瑞新能源故障诊断仪 （5）准备万用表	能够根据车辆的型号、生产年份、配置等信息选取维修手册
2	车辆防护	（1）设置车轮挡块 （2）设置方向盘套、座椅套、地板垫	挡块、方向盘套、座椅套、地板垫设置到位
3	读取故障码	连接故障诊断仪，读取故障码	驱动电机故障码：P0C5300、P0C511C、P0C5200 等
4	查阅维修手册	（1）翻阅维修手册目录，查找故障码或"驱动电机旋变信号故障" （2）阅读分析故障码含义、电路图及诊断步骤 	在手册中找到"驱动电机旋变信号故障"所在目录，并阅读所需内容

序号	操作步骤	操作方法及说明	操作标准
5	检测准备	(1) 高压防护:绝缘垫绝缘测试;检查并佩戴安全帽、绝缘手套、护目镜 (2) 操作启动开关使电源模式置于 OFF 状态 (3) 断开低压蓄电池负极电缆	(1) 绝缘垫阻值大于 20MΩ;安全帽、绝缘手套、护目镜无开裂 (2) 操作步骤顺序正确 (3) 低压蓄电池负极电缆用绝缘胶带包裹
6	检测驱动电机旋转变压器的正弦线圈、余弦线圈、励磁线圈电阻值	(1) 举升车辆至合适位置,并断开驱动电机线束连接器 BV13,准备对旋转变压器部件插座的相关引脚进行测量 (2) 用万用表电阻挡检测正弦线圈电阻 | 测量点 A | 测量点 B | | BV13 - 9 | BV13 - 10 | (3) 用万用表电阻挡检测余弦线圈电阻 | 测量点 A | 测量点 B | | BV13 - 7 | BV13 - 8 | (4) 用万用表电阻挡检测励磁线圈电阻 | 测量点 A | 测量点 B | | BV13 - 11 | BV13 - 12 |	余弦线圈标准电阻:$(14.5\pm1.5)\Omega$ 正弦线圈标准电阻:$(13.5\pm1.5)\Omega$ 励磁线圈标准电阻:$(9.5\pm1.5)\Omega$
7	检测驱动电机信号屏蔽线路	(1) 确认启动开关电源模式处于 OFF 状态 (2) 断开车载充电器直流母线 (3) 断开电机控制器线束连接器 BV11 	标准电阻:$<1\Omega$

序号	操作步骤	操作方法及说明	操作标准
7	检测驱动电机信号屏蔽线路	（4）用万用表电阻挡测量电机控制器线束连接器 BV11-1 和车身（接地）之间的电阻 （5）用万用表电阻挡测量电机控制器线束连接器 BV11-11 和车身（接地）之间的电阻 	标准电阻：＜1Ω
8	检测驱动电机旋转变压器余弦信号线路	（1）断开驱动电机线束连接器 BV13 与电机控制器线束连接器 BV11 （2）用万用表 200Ω 挡判断线路断路状况 测量点 A ｜ 测量点 B BV13-7 ｜ BV11-16 BV13-8 ｜ BV11-23	标准电阻：＜1Ω

测量点 A	测量点 B
BV13-7	BV11-16
BV13-8	BV11-23

序号	操作步骤	操作方法及说明	操作标准
8	检测驱动电机旋转变压器余弦信号线路	标准电阻:<1Ω （3）用万用表 20kΩ 挡判断线路短路状况 | 测量点 A	测量点 B
---	---
BV13 – 7	BV13 – 8
BV13 – 7	车身（接地）
BV13 – 8	车身（接地）	 （4）连接低压蓄电池负极电缆 （5）操作启动开关使电源模式置于 ON 状态	标准电阻:10kΩ 或更大 标准电压:0V

序号	操作步骤	操作方法及说明	操作标准
8	检测驱动电机旋转变压器余弦信号线路	（6）用万用表电压挡判断线路对地的电压短路状况 测量点 A / 测量点 B 表格： BV13-7 / 车身（接地） BV13-8 / 车身（接地） 	标准电压：0V
9	检测驱动电机旋转变压器正弦信号线路	（1）操作启动开关使电源模式置于 OFF 状态 （2）断开低压蓄电池负极电缆 （3）断开驱动电机线束连接器 BV13 与电机控制器线束连接器 BV11 （4）用万用表电阻挡判断线路断路状况 测量点 A / 测量点 B 表格： BV13-9 / BV11-17 BV13-10 / BV11-24 	标准电阻：<1Ω

序号	操作步骤	操作方法及说明	操作标准
9	检测驱动电机旋转变压器正弦信号线路	（5）用万用表电阻挡判断线路短路状况 测量点A / 测量点B BV13 – 9 / BV13 – 10 BV13 – 9 / 车身（接地） BV13 – 10 / 车身（接地） 	标准电阻：10kΩ 或更大
		（6）连接低压蓄电池负极电缆 （7）操作启动开关使电源模式置于 ON 状态 （8）用万用表电压挡判断线路对地的电压短路状况 测量点A / 测量点B BV13 – 9 / 车身（接地） BV13 – 10 / 车身（接地） 	标准电压：0V
10	检测驱动电机旋转变压器励磁信号线路	（1）操作启动开关使电源模式置于 OFF 状态 （2）断开低压蓄电池负极电缆 （3）断开驱动电机线束连接器 BV13 与电机控制器线束连接器 BV11	标准电阻：<1Ω

序号	操作步骤	操作方法及说明	操作标准
10	检测驱动电机旋转变压器励磁信号线路	（4）用万用表电阻挡判断线路断路状况 | 测量点 A	测量点 B
---	---
BV13－11	BV11－22
BV13－12	BV11－15	 	标准电阻：<1Ω
		（5）用万用表电阻挡判断线路短路状况 | 测量点 A	测量点 B
---	---
BV13－11	BV13－12
BV13－11	车身（接地）
BV13－12	车身（接地）	 	标准电阻：10kΩ 或更大

序号	操作步骤	操作方法及说明	操作标准
10	检测驱动电机旋转变压器励磁信号线路	(6) 连接低压蓄电池负极电缆 (7) 操作启动开关使电源模式置于 ON 状态 (8) 用万用表电压挡判断线路对地的电压短路状况 测量点 A / 测量点 B 表格： BV13-11 / 车身(接地) BV13-12 / 车身(接地) 	标准电压:0V
11	复位整理	(1) 连接各断开的连接器,连接低压蓄电池负极 (2) 恢复车辆、工具、仪器 (3) 清洁车辆、地面、操作台	(1) 连接器卡扣到位 (2) 蓄电池负极转矩:9N·m (3) 整洁、整齐

问题情境一

维修技师在诊断吉利帝豪 EV450 电动汽车的过程中,检测驱动电机旋转变压器的正弦线圈电阻值为 76Ω,应该如何诊断解决该故障?

解决途径:查阅维修手册可知,旋转变压器正弦线圈的标准电阻为 13.5Ω,根据维修技师的检测,判断驱动电机旋转变压器损坏,应查阅维修手册进行更换。

问题情境二

维修技师在检测吉利帝豪 EV450 电动汽车的旋转变压器信号线路时,用万用表测得连接器 BV13-9 与 BV13-10 之间的电阻值为 0.6Ω,针对该检测值应该如何判断和处理?

解决途径:查阅维修手册可知,用万用表测量连接器 BV13-9 与 BV13-10 之间的电阻值,用于判断旋转变压器正弦信号两线路是否存在短路故障,测量标准值应该 ≥10kΩ,现测得 0.6Ω,说明两根信号线之间存在短路故障,需要维修或更换线束。

学习结果评价

序号	评价内容	评价标准	评价结果（是/否）	
1	知识与技能	能表述旋变信号的作用	☐ 是	☐ 否
		能表述旋转变压器的组成	☐ 是	☐ 否
		能根据维修手册对旋转变压器元件进行检测判断	☐ 是	☐ 否
		能根据维修手册对旋转变压器信号线路进行检测判断	☐ 是	☐ 否
2	安全与5S	能对场地进行安全检查	☐ 是	☐ 否
		能对车辆进行安全下电	☐ 是	☐ 否
		能做好高压安全防护	☐ 是	☐ 否
		能遵守场地日常安全条例	☐ 是	☐ 否
		能对工具、工位进行整理、复位、清扫	☐ 是	☐ 否
3	总评	是否能够进行下一步内容的学习	☐ 是	☐ 否

课后作业

1. 请在括号内填写正确的名称。

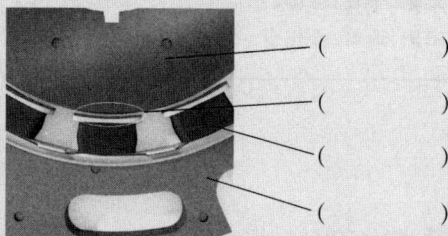

（　　　　　）
（　　　　　）
（　　　　　）
（　　　　　）

2. 下图为旋转变压器的原理示意图，转子所处的位置如图所示，此时间隙为（　　　），输出波形的幅值为（　　　）。请在图中画出能够输出的最小波形。

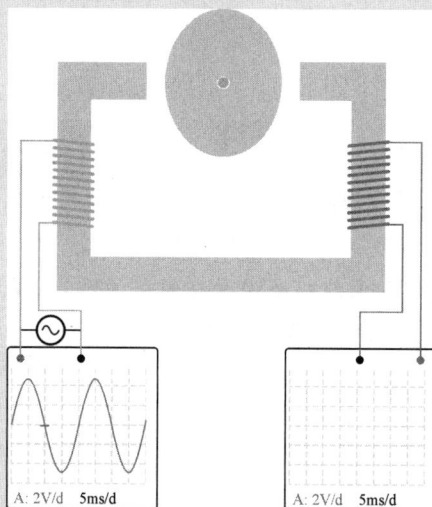

A: 2V/d　5ms/d

A: 2V/d　5ms/d

任务六

诊断驱动电机过温故障

学习目标

知识目标
1. 掌握驱动电机过温控制的方式；
2. 了解正温度系数和负温度系数电阻器的特性。

能力目标
1. 能分析温度传感器电路；
2. 能通过查阅维修手册完成温度传感器及其电路的检测判断。

素养目标
1. 通过查阅电路图及维修手册完成温度传感器及其电路的检测判断，培养主动探究、细致严谨的工作态度；
2. 通过工位整理、车辆防护和高压防护作业的练习，培养安全意识和规范意识。

基本知识

一、驱动电机过温控制

驱动电机转子在高速旋转过程中会产生高温，热量通过机体传递，如果不进行散热，驱动电机将无法正常工作，因此需要利用温度传感器进行监测，当机体温度达到散热要求时，通过控制驱动电机内冷却液的循环流动，将产生的热量与外界进行交换，从而将驱动电机的工作温度控制在一定范围内，防止过热。

二、温度传感器

温度传感器是一种热敏电阻器，包括负温度系数电阻器（NTC）和正温度系数电阻器（PTC）两种。

热敏电阻器是电阻值随温度变化而变化的电阻器。负温度系数电阻器的电阻值随温度的升高而减小，正温度系数电阻器的电阻值随温度的升高而增大。

温度传感器将驱动电机的温度值转换为电阻值，但电机控制器的控制单元无法直接读取电阻值。如图 4-6-1 所示为负温度系数温度传感器电路。

在控制单元内部设有一个定值电阻，并与温度传感器串联。控制单元向定值电阻施加一个稳压电源（一般为 5V）。在稳压电源的串联电路中，电流的大小取决于温度传感器电阻值的变化，由此将驱动电机的温度变化转换成控制单元内部 U_x 的变化。当驱动电机温度升高时，温度传感器电阻值减小，串联电路电流减小，控制单元内部 U_x 增大；反之 U_x 值减小。控制单元通过

监测 U_x 的变化,判断驱动电机的温度,并控制冷却系统的工作,将驱动电机的温度控制在合理的范围内。

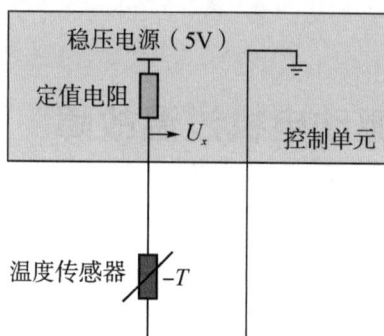

图 4-6-1　负温度系数温度传感器电路

能力训练

一、操作条件

① 设备:吉利帝豪 EV450 电动汽车。

② 工具和器具:吉利帝豪 EV450 电子维修手册、道通 MS908S 通用故障诊断仪、常用拆装工具、万用表、车辆防护用品、高压防护用品。

二、安全及注意事项

① 断开驱动电机线束连接器 BV13 与电机控制器线束连接器 BV11 时必须对车辆进行下电操作;

② 涉及高压操作时必须做好高压防护工作;

③ 对所使用的计算机、车辆、常用工具、检测设备等要及时规整复位,并对场地进行 5S 工作。

三、操作过程

序号	操作步骤	操作方法及说明	操作标准
1	准备工位	(1) 准备方向盘套、座椅套和地板垫 (2) 准备车轮挡块 (3) 查看车辆信息,选取维修手册。本次任务选用吉利帝豪 EV450 电动汽车 (4) 准备故障诊断仪,本次任务选用道通 MS908S 通用故障诊断仪 (5) 准备万用表	能够根据车辆的型号、生产年份、配置等信息选取维修手册
2	车辆防护	(1) 设置车轮挡块 (2) 设置方向盘套、座椅套、地板垫	挡块、方向盘套、座椅套、地板垫设置到位
3	读取故障码	连接故障诊断仪,读取故障码	驱动电机故障码:P0A9300、P0A2C00、P0A2D00

序号	操作步骤	操作方法及说明	操作标准

4	查阅维修手册	(1) 翻阅维修手册目录,查找故障码或"电机过温故障"
		
		· 2.3.7 诊断信息和步骤
		  2.3.7.1 诊断说明
		  2.3.7.2 目视检查
		  2.3.7.3 电机控制系统端子列表
		  2.3.7.4 故障代码表
		  2.3.7.5 电机控制器低压供电回路故障
		  2.3.7.6 电机控制器高压供电回路故障
		  2.3.7.7 电机控制器通讯故障
		  2.3.7.8 驱动电机旋变信号故障
		  2.3.7.9 电机过温故障
		  2.3.7.10 驱动电机三相线束故障
		
		(2) 阅读分析故障码、电路图及诊断步骤
		
			在手册中找到"电机过温故障"所在目录,并阅读所需内容

5	检测准备	(1) 高压防护:绝缘垫绝缘测试;检查并佩戴安全帽、绝缘手套、护目镜 (2) 操作启动开关使电源模式置于 OFF 状态 (3) 断开低压蓄电池负极电缆	(1) 绝缘垫阻值大于 20MΩ;安全帽、绝缘手套、护目镜无开裂 (2) 操作步骤顺序正确 (3) 低压蓄电池负极电缆用绝缘胶带包裹
6	检查冷却液	(1) 打开前机舱盖 (2) 检查冷却管路 	管路检查:无弯曲、折叠或漏水; 冷却液位:位于 F 与 L 刻度之间

序号	操作步骤	操作方法及说明	操作标准
6	检查冷却液	（3）检查膨胀罐内冷却液位置 	管路检查：无弯曲、折叠或漏水； 冷却液位：位于 F 与 L 刻度之间
7	检测驱动电机信号屏蔽线路	（1）确认电源模式处于 OFF 状态 （2）断开车载充电器直流母线 （3）断开电机控制器线束连接器 BV11 （4）用万用表电阻挡测量电机控制器线束连接器 BV11－1 和车身（接地）之间的电阻 （5）用万用表电阻挡测量电机控制器线束连接器 BV11－11 和车身（接地）之间的电阻 	标准电阻：＜1Ω

序号	操作步骤	操作方法及说明	操作标准
8	检测电机温度传感器 1、电机温度传感器 2 的电阻	（1）利用万用表电阻挡检测电机温度传感器 1 的电阻 BV13电机线束连接器 （2）利用万用表电阻挡检测电机温度传感器 2 的电阻 BV13电机线束连接器 	标准电阻： （1）-40℃：221～261Ω。 （2）20℃：12.8～14.4Ω。 （3）85℃：1.5～1.7Ω
9	检测电机温度传感器 1 的信号线路	（1）断开驱动电机线束连接器 BV13 与电机控制器线束连接器 BV11 （2）用万用表电阻挡判断线路断路状况 | 测量点 A	测量点 B
---	---
BV13 - 1	BV11 - 7
BV13 - 2	BV11 - 6	 	标准电阻：<1Ω

序号	操作步骤	操作方法及说明	操作标准
9	检测电机温度传感器 1 的信号线路	（3）用万用表电阻挡判断线路短路状况 | 测量点 A	测量点 B | |---|---| | BV13-1 | BV13-2 | | BV13-1 | 车身（接地） | | BV13-2 | 车身（接地） | 	标准电阻：10kΩ 或更大
		（4）连接低压蓄电池负极电缆 （5）操作启动开关使电源模式置于 ON 状态 （6）用万用表电压挡判断线路对地的电压短路状况 | 测量点 A	测量点 B | |---|---| | BV13-1 | 车身（接地） | | BV13-2 | 车身（接地） | 	标准电压：0V

序号	操作步骤	操作方法及说明	操作标准
10	检测电机温度传感器2的信号线路	(1) 操作启动开关使电源模式置于 OFF 状态 (2) 断开低压蓄电池负极电缆 (3) 断开驱动电机线束连接器 BV13 与电机控制器线束连接器 BV11 (4) 用万用表电阻挡判断线路断路状况 <table><tr><td>测量点 A</td><td>测量点 B</td></tr><tr><td>BV13 – 3</td><td>BV11 – 5</td></tr><tr><td>BV13 – 4</td><td>BV11 – 13</td></tr></table> 	标准电阻:<1Ω
		(5) 用万用表电阻挡判断线路短路状况 <table><tr><td>测量点 A</td><td>测量点 B</td></tr><tr><td>BV13 – 3</td><td>BV13 – 4</td></tr><tr><td>BV13 – 3</td><td>车身(接地)</td></tr><tr><td>BV13 – 4</td><td>车身(接地)</td></tr></table> 	标准电阻:10kΩ 或更大

续表

序号	操作步骤	操作方法及说明	操作标准
10	检测电机温度传感器2的信号线路	（6）连接低压蓄电池负极电缆 （7）操作启动开关使电源模式置于ON状态 （8）用万用表电压挡判断线路对地的电压短路状况 测量点A / 测量点B： BV13-3 / 车身（接地） BV13-4 / 车身（接地） 	标准电压：0V
11	复位整理	（1）连接各断开的连接器，连接低压蓄电池负极端 （2）恢复车辆、工具、仪器 （3）清洁车辆、地面、操作台	（1）连接器卡扣到位 （2）蓄电池负极转矩：9N·m （3）整洁、整齐

问题情境一

查阅电路图是维修技师检测故障的重要手段，本任务对温度传感器电路检测的操作步骤，直接标明线路连接器及引脚号，但在实际工作中需要根据诊断对象自行查找，请问通过哪些途径可以查阅电路图信息（以吉利帝豪EV450电动汽车驱动电机温度传感器为例）？

解决途径：查阅吉利帝豪EV450电动汽车电路图有两个途径，以驱动电机温度传感器为例：一是通过维修手册查找，每一个故障症状的诊断流程前都配有相关电路示意图，例如在"电机过温故障"子目录中，可以查阅驱动电机温度传感器信号电路的信息；二是通过电路图手册查找，可以在"13.8 系统电路图"的子目录"13.8.1 电力控制系统"中查阅到驱动电机传感器信号电路。电路图手册还可以查找到完整的电源、搭铁、安装位置等信息。

问题情境二

维修技术人员在对吉利帝豪EV450电动汽车进行保养时，在读取车辆数据流时发现驱动电机的温度固定在81℃不变，顾客未反映车辆存在故障，也无故障码出现，请问应该如何处理？

解决途径：虽然该车无故障症状和故障代码，但温度传感器的数据流不变化，也同样说明元件及相关线路可能存在故障。顾客没有反映故障问题，有可能是顾客在使用过程中没有察觉，或者是没有遇到故障出现的特定环境，如果任由故障存在，随着车辆的继续使用，可能会导致更加严重的故障，因此需要向顾客说明故障原因，征得同意后进行维修或更换。

学习结果评价

序号	评价内容	评价标准	评价结果（是/否）	
1	知识与技能	能简述驱动电机过温控制的方式	☐ 是	☐ 否
		能描述正温度系数与负温度系数电阻器的特性	☐ 是	☐ 否
		能分析温度传感器电路	☐ 是	☐ 否
		能查阅维修手册完成温度传感器元件的检测判断	☐ 是	☐ 否
		能查阅维修手册完成温度传感器信号电路的检测判断	☐ 是	☐ 否
2	安全与5S	能对场地进行安全检查	☐ 是	☐ 否
		能对车辆进行安全下电	☐ 是	☐ 否
		能做好高压安全防护	☐ 是	☐ 否
		能遵守场地日常安全条例	☐ 是	☐ 否
		能对工具、工位进行整理、复位、清扫	☐ 是	☐ 否
3	总评	是否能够进行下一步内容的学习	☐ 是	☐ 否

课后作业

1. 下列为某款车的温度传感器的检测数据，请问该传感器的电阻特性是什么？

温度/℃	电阻值/Ω
15	3068
10	3791
5	4711
0	5896
−5	7413

2. 选取一电动汽车维修手册，查找驱动电机温度传感器的信息，并完成信息的填写。

(1) 你用的手册对应的车型：_____

(2) 该车型驱动电机温度传感器的特性：_____

(3) 从电路图手册中查找该车型驱动电机温度传感器信号电路，需要翻阅至【　　　　　】

(4) 从维修手册中查找该车型驱动电机温度传感器诊断步骤，需要翻阅至【　　　　　】

说明：请在【　　】中填写能表示内容位置的页码或编号

任务七

诊断 DC/DC 故障

学习目标

知识目标

1. 掌握直流-直流（DC/DC）转换器的作用及组成；
2. 了解直流-直流转换器的工作过程。

能力目标

1. 能正确拆装高压导线；
2. 能通过查阅维修手册完成直流-直流转换器及其线路的检测判断。

素养目标

1. 通过维修手册完成直流-直流转换器及其线路的检测判断，培养主动探究、细致严谨的工作态度；
2. 通过对工位整理、车辆防护和高压防护作业的练习，培养安全意识和规范意识。

基本知识

一、直流-直流转换器的作用

内燃机汽车由发动机驱动发电机产生电能，为蓄电池充电，并为车辆电气系统提供能量。电动汽车虽然由动力电池直接提供能量，但并不能直接将高压电能提供给车辆电气系统使用，需要利用直流-直流转换器（DC/DC 转换器）将动力电池的直流高电压转换成车辆电气系统适用的 11～14V 直流低压电，如图 4-7-1 所示。

图 4-7-1 DC/DC 转换器的作用

二、直流-直流转换器的组成

如图 4-7-2 所示，直流-直流转换器主要由直流-交流（DC/AC）转换器、变压器、交流-直流（AC/DC）转换器三部分构成。

直流-交流转换器主要包括四个晶体管，用于将动力电池提供的直流高压转换成脉宽调制（PWM）电压，如图 4-7-3 所示。

变压器由初级线圈、次级线圈和铁芯组成。初级线圈为输入端，由 DC/AC 转换器输入脉宽调制电压；次级线圈为输出端，为了将输入电压降低后输出，次级线圈匝数少于初级线圈匝数。DC/AC 转换器中的变压器除了起到降压作用外，还起到隔离高压与低压两个系统的电流的作用。

交流-直流转换器主要由二极管、线圈和电容组成。二极管构成整流器,将次级线圈提供的交流电压处理后输出,如图 4-7-4 所示。

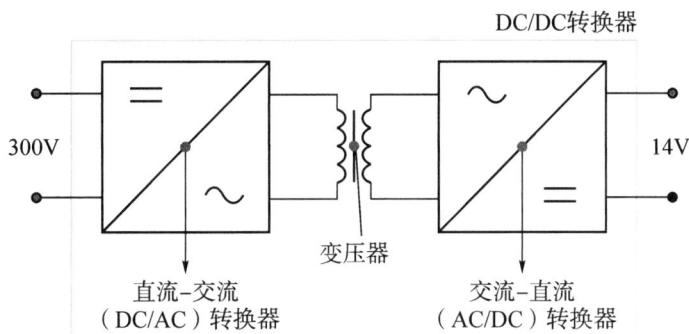

图 4-7-2　DC/DC 转换器构成

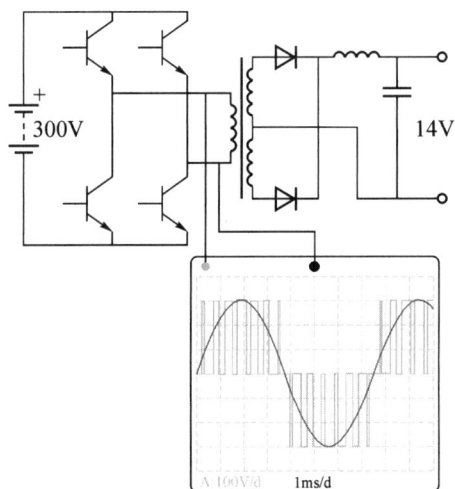

图 4-7-3　脉宽调制(PWM)电压

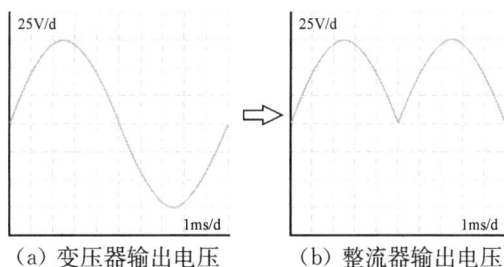

(a) 变压器输出电压　　　　(b) 整流器输出电压

图 4-7-4　整流器输入与输出电压

三、直流-直流转换器的工作过程

1. 直流-交流转换

直流-交流转换器与电机控制器中的逆变器类似,都是将直流电转换成近似正弦波的电压,因此有些汽车将两者整合为一体。

如图 4-7-5 所示,四个晶体管相当于控制电路的"开关"。如图 4-7-5(a)所示,当(1)(4)晶体管控制电路"导通"时,动力电池的直流电"由上向下"流经变压器初级线圈;如图 4-7-5(b)

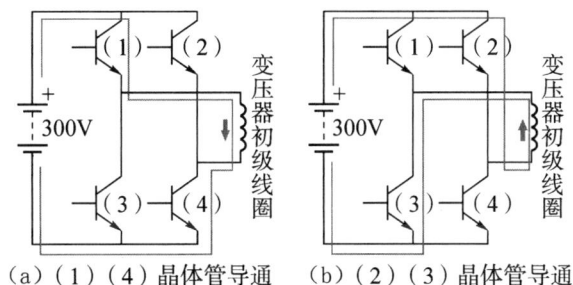

(a)(1)(4)晶体管导通　　　(b)(2)(3)晶体管导通

图 4-7-5　直流-交流转换过程

所示,当(2)(3)晶体管控制电路"导通"时,动力电池的直流电"由下向上"流经变压器初级线圈。动力电池直流电的方向不变,经由四个晶体管控制后,作用于变压器初级线圈的电流的方向发生"正负"交替变化,并经脉冲宽度调制(PWM)将直流电转换成如图4-7-3所示的脉冲宽度调制电压,类似交流电压。

2. 降压隔离

变压器是利用电磁感应的原理来改变交流电电压的装置。当变压器的初级线圈接在交流电源上时,铁芯中便产生交变磁通 Φ,初级线圈与次级线圈中的交变磁通 Φ 相同,根据电磁感应定律,且不考虑线圈电阻,可知线圈匝数与电压成正比,即次级线圈匝数小于初级线圈匝数时,输出电压小于输入电压,实现降压作用。

如图4-7-6所示为初级线圈与次级线圈的能量转换方式,初级线圈由逆变器提供高电压,次级线圈将高电压降压后输出安全的低电压,高低电压之间通过变压器实现电流隔离,保证了安全性。

图 4-7-6 变压器能量转换

3. 整流滤波

经变压器降压的交流电需转换成直流电后再输送给车辆电气系统。如图4-7-7所示为整流器的整流过程,当变压器初级线圈的电压正向输入时,由于二极管单向导通作用,流经负载 R_L 的电流方向为"自上而下";当变压器初级线圈电压反向输入时,流经负载 R_L 的电流方向仍为"自上而下"。正负交替变化的交流电压经过二极管整流后,均以正向电压输出,但幅值仍周期性变化,如图4-7-4所示。

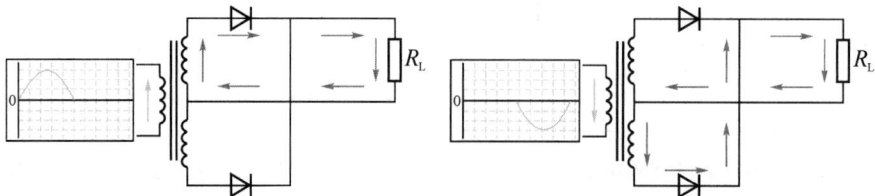

图 4-7-7 整流器整流过程

在实际工作中,由晶体管的高频率切换引起线圈中的干扰,经过整流后输出的电压并非光滑连续的,如图4-7-8所示存在很多干扰"杂波",利用线圈可以过滤干扰电压,使电压变得连续、光滑。

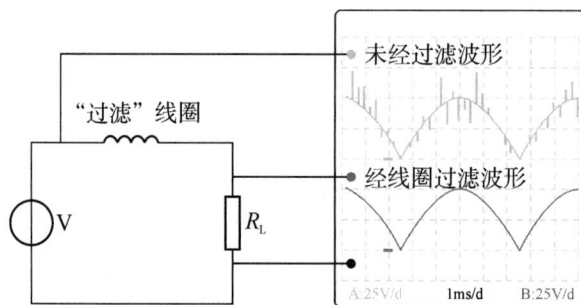

图 4-7-8 直流-交流转换滤波

为了实现输出稳定直流电压,需要利用电容对过滤后的电压进行平滑处理,从而为车辆上的12V电源提供能量,如图4－7－9所示。

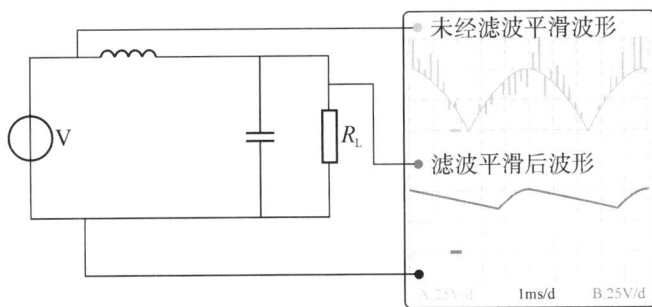

图4－7－9　电压平滑处理

4. 电压调节

动力电池电压的变化及车辆电气系统负载变化,会引起直流-直流转换器输出电压值的波动,为了能够提供稳定的12V直流电压,直流-直流转换器利用脉冲宽度调制(PWM)控制变压器初级线圈电压的大小,如图4－7－3所示,从而实现输出稳定电压。

能力训练

一、操作条件

① 设备:吉利帝豪EV450电动汽车。

② 工具和器材:吉利帝豪EV450电子维修手册、道通MS908S通用故障诊断仪、常用拆装工具、万用表、车辆防护用品、高压防护用品。

二、安全及注意事项

① 断开电机控制器线束连接器BV11、电机控制器高压线束连接器BV28、直流母线线束连接器BV29、电机控制器线束连接器BV12时必须对车辆进行下电操作;

② 涉及高压设备操作时必须做好高压防护工作;

③ 对所使用的纸质维修手册、计算机、车辆、常用工具、检测设备等要及时规整复位,并对场地进行5S工作。

三、操作过程

序号	操作步骤	操作方法及说明	操作标准
1	准备工位	(1) 准备方向盘套、座椅套和地板垫 (2) 准备车轮挡块 (3) 查看车辆信息,选取维修手册。本次任务选用吉利帝豪EV450电动汽车 (4) 准备故障诊断仪,本次任务选用道通MS908S通用故障诊断仪 (5) 准备万用表	能够根据车辆的型号、生产年份、配置等信息选取维修手册
2	车辆防护	(1) 设置车轮挡块 (2) 设置方向盘套、座椅套、地板垫	挡块、方向盘套、座椅套、地板垫设置到位

序号	操作步骤	操作方法及说明	操作标准
3	查阅维修手册	(1) 翻阅维修手册目录,查找"电机控制器 DC/DC 故障" • 2.3.7 诊断信息和步骤 2.3.7.1 诊断说明 2.3.7.2 目视检查 2.3.7.3 电机控制系统端子列表 2.3.7.4 故障代码表 2.3.7.5 电机控制器低压供电回路故障 2.3.7.6 电机控制器高压供电回路故障 2.3.7.7 电机控制器通讯故障 2.3.7.8 驱动电机旋变信号故障 2.3.7.9 电机过温故障 2.3.7.10 驱动电机三相线束故障 2.3.7.11 电机控制器 DCDC 故障 (2) 阅读分析故障码、电路图及诊断步骤	在手册中找到"电机控制器 DC/DC 故障"所在目录,并阅读所需内容
4	检测准备	(1) 高压防护:绝缘垫绝缘测试;检查并佩戴安全帽、绝缘手套、护目镜 (2) 操作启动开关使电源模式置于 OFF 状态 (3) 断开低压蓄电池负极电缆	(1) 绝缘垫阻值大于 20MΩ;安全帽、绝缘手套、护目镜无开裂 (2) 操作步骤顺序正确 (3) 低压蓄电池负极电缆用绝缘胶带包裹
5	检查蓄电池电压	利用万用表直流电压挡检测低压蓄电池电压 	低压蓄电池电压:11~14V
6	检测电机控制器熔丝 IF18、EF32 和低压蓄电池正极柱头熔丝是否熔断	(1) 关闭点火开关,拔下熔丝 EF32,用万用表电阻挡检测熔丝是否熔断 	熔丝电阻:<1Ω

序号	操作步骤	操作方法及说明	操作标准
6	检测电机控制器熔丝 IF18、EF32 和低压蓄电池正极柱头熔丝是否熔断	（2）拔下熔丝 IF18，用万用表电阻挡检测熔丝是否熔断 （3）拆下低压蓄电池正极柱头熔丝，用万用表电阻挡检测熔丝是否熔断 	熔丝电阻： <1Ω
7	检测电机控制器电源电压	（1）关闭点火开关，断开电机控制器线束连接器 BV11 （2）操作点火开关使电源模式至 ON 状态 （3）用万用表电压挡测量电机控制器线束连接器 BV11－25 和车身（接地）之间的电压 （4）用万用表电压挡测量电机控制器线束连接器 BV11－26 和车身（接地）之间的电压 	标准电压： 11～14V

序号	操作步骤	操作方法及说明	操作标准
8	检查电机控制器接地电阻	(1) 用万用表电阻挡测量电机控制器线束连接器 BV11-1 和车身(接地)之间的电阻 (2) 用万用表电阻挡测量电机控制器线束连接器 BV11-11 和车身(接地)之间的电阻 	标准电阻:<1Ω
9	检测分线盒线束	(1) 确认启动开关使电源模式置于 OFF 状态,并且低压蓄电池负极电缆处于断开状态 (2) 拆卸电机控制器盖板 (3) 断开电机控制器高压线束连接器 BV28 (4) 断开直流母线线束连接器 BV29(分线盒侧) (5) 用万用表电阻挡测量连接器 BV28-1 和连接器 BV29-1 之间的电阻	标准电阻:<1Ω

序号	操作步骤	操作方法及说明	操作标准
9	检测分线盒线束	(6) 用万用表电阻挡测量连接器 BV28-2 和连接器 BV29-2 之间的电阻	标准电阻：<1Ω
10	检测 DC/DC 转换器与低压蓄电池之间的线路	(1) 断开电机控制器线束连接器 BV12 (2) 用万用表电阻挡测量连接器 BV12-1 和蓄电池正极电缆之间的电阻	标准电阻：<1Ω
11	复位整理	(1) 连接各断开的连接器，连接低压蓄电池负极 (2) 恢复车辆、工具、仪器 (3) 清洁车辆、地面、操作台	(1) 连接器卡扣到位 (2) 蓄电池负极转矩：9N·m (3) 整洁、整齐

问题情境一

　　吉利帝豪 EV450 电动汽车蓄电池馈电，经检测发现蓄电池正极柱头熔丝熔断，如果你是维修技师，应该如何处理？

　　解决途径：需要对熔断的蓄电池正极柱头熔丝进行更换处理。通过查阅维修手册可知，该熔丝的额定容量为 150A，更换相同等级的熔丝后，对已经馈电的蓄电池进行充电，然后安装检测，观察 DC/DC 控制系统是否能够给蓄电池充电。

问题情境二

　　吉利帝豪 EV450 电动汽车的 DC/DC 控制器与电机控制系统集成为一体，维修技师对电机控制系统 DC/DC 功能进行检测诊断时，如何判断分线盒存在故障？

解决途径:查阅吉利帝豪 EV450 电动汽车分线盒电路图,在检测确定动力电池、动力电池至分线盒线路、分线盒至电机控制器线路均正常,但 BV28 连接器 1 号和 2 号端无法检测到正常电压值时,需要对分线盒进行更换。

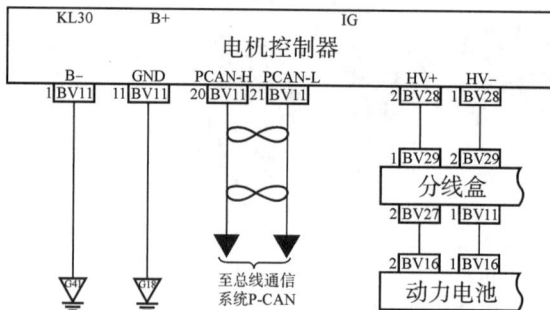

学习结果评价

序号	评价内容	评价标准	评价结果(是/否)
1	知识与技能	能表述直流-直流转换器的作用	□是 □否
		能列举直流-直流转换器的组成	□是 □否
		能简述直流-直流转换器的工作过程	□是 □否
		能对直流-直流转换器及其线路进行检测判断	□是 □否
2	安全与 5S	能对场地进行安全检查	□是 □否
		能对车辆进行安全下电	□是 □否
		能做好高压安全防护	□是 □否
		能遵守场地日常安全条例	□是 □否
		能对工具、工位进行整理、复位、清扫	□是 □否
3	总评	是否能够进行下一步内容的学习	□是 □否

课后作业

1. 请观察下图并将正确的数字填入括号内:高压接线端是( ),车载电气系统的正极是( )。

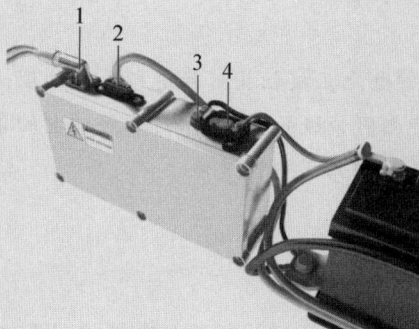

2. 选择正确的选项填入括号内:将高压直流电转换成高压交流电的是(　　　),将高压交流电转换成低压交流电的是(　　　),将低压交流电转换成低压直流电的是(　　　),将高压直流电转换成低压直流电的是(　　　)。

  A. DC/DC   B. DC/AC   C. AC/DC   D. 变压器

3. 选择正确的选项填入括号内:在直流-直流转换器中,负责高低电压转换的部件是(　　　),负责整流的部件是(　　　),负责将直流电压转换成交流电压的部件是(　　　)。

  A. 电容   B. 线圈   C. 晶体管   D. 二极管

项目五
冷却系统检测诊断

任务一

识记冷却系统结构原理

学习目标

知识目标
1. 掌握冷却系统的组成及作用；
2. 掌握冷却系统的工作原理。

能力目标
1. 能根据维修手册查找冷却系统各部件的位置；
2. 能检测冷却液冰点及冷却系统连接管路的状况。

素养目标
1. 通过维修手册查找冷却系统各部件的位置，培养主动探究、细致严谨的工作态度；
2. 通过工位整理、车辆防护和高压防护作业的练习，培养安全意识和规范意识。

基本知识

一、冷却系统的作用

车载充电机将高压交流电转换为高压直流电时，会产生大量热量；电机控制器控制驱动电机的高压三相供电，并将动力电池的高压电转换成低压直流电时，会产生热量；驱动电机转子高速旋转时，会产生热量；动力电池的电流较大，而且处于相对密封的环境中，使电池的温度较高,同样会产生大量热量。当温度过高时,部件将无法正常工作,冷却系统的作用则是通过冷却液的循环对车载充电机、电机控制器、驱动电机和动力电池进行散热,保证其工作温度处于正常范围内。

二、冷却系统的组成

冷却系统如图 5-1-1 所示,由电机控制器、车载充电器、驱动电机、动力电池、驱动电机冷却水泵、动力电池冷却水泵、膨胀罐、散热器、冷却风扇、整车控制器、热管理控制模块及相关管路组成。

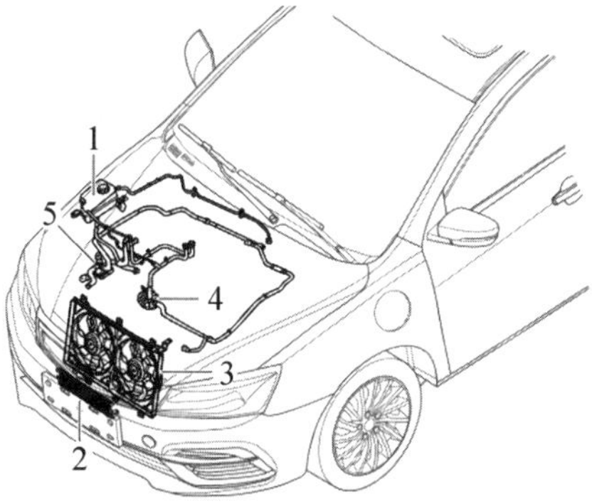

图 5-1-1　冷却系统
1—膨胀罐;2—散热器;3—冷却风扇;4—冷却水泵;5—三通阀

① **膨胀罐**。膨胀罐是一个与散热器相连的透明塑料罐,其位置高于散热器,一般装有淡粉色或淡蓝色的冷却液,如图 5-1-2 所示。为给冷却液的膨胀和收缩留有空间,冷却液液面既不能过高,也不能过低,应在膨胀罐的 L 和 F 标记(刻线)之间。当车辆启动时,冷却液温度逐渐升高并膨胀,多余的冷却液流入膨胀罐内。当车辆停止时,冷却液冷却收缩,从散热器流入到膨胀罐的冷却液又回到散热器。

图 5-1-2　膨胀罐和散热器

② **散热器**。一般装于车辆的前方。散热器也称水箱,流经水箱的空气带走冷却液的热量,并散发到空气中。其主要由散热器芯和水室组成,散热器芯又由一系列小管构成,以供冷却液流过。散热器有纵流式和横流式两种类型,冷却液沿垂直方向流动的称为纵流式散热器,如图 5-1-3 所示;沿水平方向流动的称为横流式散热器,如图 5-1-4 所示。

散热器芯

水室

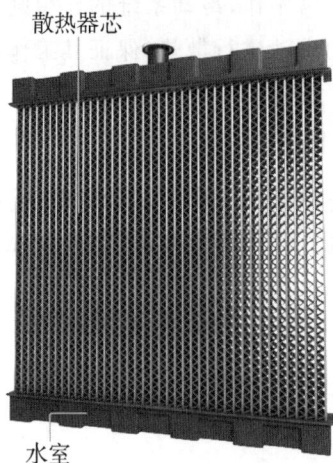

图 5 - 1 - 3　纵流式散热器　　　　图 5 - 1 - 4　横流式散热器

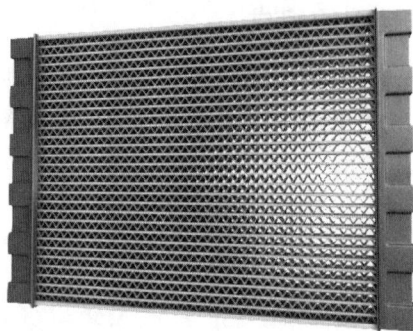

③ **冷却风扇**。一般装于散热器的前端或后端,如图 5 - 1 - 5 所示。当冷却不充分时,冷却风扇就会打开,通过提供的气流提高冷却效果。冷却风扇有两种驱动形式,分别为蛇形皮带驱动和电动机驱动。冷却系统在温度过高时会自动开启。

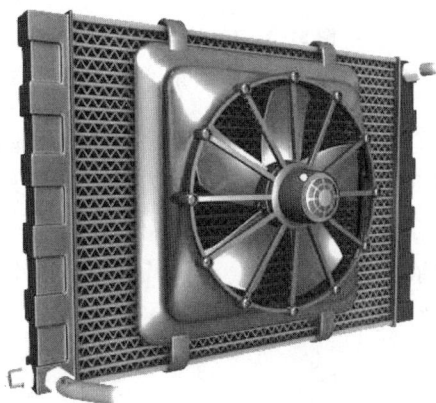

图 5 - 1 - 5　冷却风扇

④ **冷却液**。采用冰点≤－40℃的乙二醇型电机冷却液,与空调系统暖风采用的冷却液一致。

三、冷却方式的分类

按照热管理方式可分为四类,即自然冷却、风冷、直冷和液冷。自然冷却属于被动式热管理方式,其余属于主动式热管理方式,目前液冷是主流。

四、冷却系统工作原理

以吉利帝豪 EV450 电动汽车为例介绍,如图 5 - 1 - 6 所示。

整车控制器控制散热器高、低速风扇继电器,通过不同的电机高、低速控制模式直接驱动风扇。在低速电路中,采用串联电阻方式改变风扇转速。

整车控制器控制冷却水泵继电器吸合,冷却水泵继电器提供低压蓄电池电源给电机冷却水泵,而且由整车控制器控制电机冷却水泵的转速。

　　整车控制器通过 P‑CAN 总线接收车载充电机和电机控制器的温度信息,适时开启水泵和散热器双风扇进行散热。

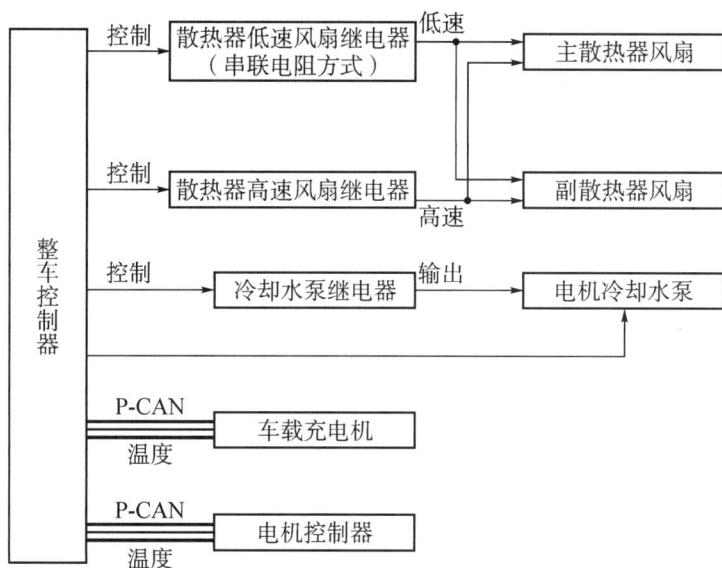

图 5‑1‑6　冷却系统工作原理

五、冰点检测仪

　　如图 5‑1‑7 所示,冰点检测仪的观察口中有三列"刻度数":左边标尺数据用于读取电池液相对密度,1.15～1.20 表示需充电,1.20～1.25 表示电量够用,1.25～1.30 表示电量充足;中间标尺数据用于读取乙二醇型冷却液的冰点;右边标尺数据用于读取玻璃清洗液的冰点(上部为白色,下部为蓝色,分界线对应刻度即为测量值)。

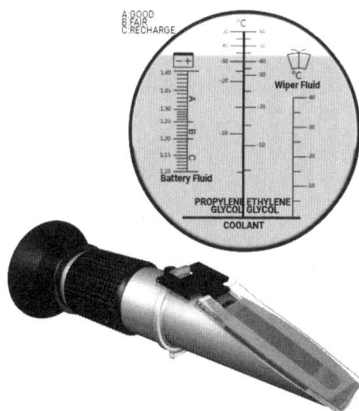

图 5‑1‑7　冰点检测仪

能力训练

一、操作条件

　　① 设备:吉利帝豪 EV450 电动汽车、举升机。

　　② 工具和器材:吉利帝豪 EV450 电子维修手册、冰点检测仪、手电筒等。

二、安全及注意事项

　　① 按规范操作举升机,做必要的安全防护,不能盲目举车或进入车底;

　　② 当打开车辆前机舱盖或进入车辆底部时,不要盲目碰触高压导线及设备,避免触电危险;

　　③ 当检查各管路时,需做好必要的安全防护,不要盲目查看或用手直接触摸管路;

　　④ 仪器使用前、后注意清洁,使用完后要及时规整复位;

　　⑤ 对所使用的纸质维修手册、计算机、车辆和举升机等要及时规整复位,并对场地进行 5S 工作。

三、操作过程

序号	操作步骤	操作方法及说明	操作标准
1	准备工位	（1）准备方向盘套、座椅套和地板垫 （2）准备车轮挡块 （3）查看车辆信息，选取维修手册。本次任务选用吉利帝豪 EV450 电动汽车	手册、仪器选择正确
2	车辆防护	（1）设置车轮挡块 （2）设置方向盘套、座椅套、地板垫	挡块、方向盘套、座椅套、地板垫设置到位
3	查找冷却系统位置	（1）翻阅维修手册目录，查找冷却系统位置所在目录 （2）根据目录翻阅查找冷却系统安装位置 2.5.4.1 部件位置 FE02-8185h 1—膨胀罐；2—散热器；3—冷却风扇；4—冷却水泵；5—三通阀 （3）根据维修手册提示，在车辆上确认冷却系统位置	在手册中找到冷却系统安装位置所在目录，并确认在车辆上的实际位置
4	查阅目视检查内容	（1）翻阅维修手册目录，查找"描述和操作"所在目录 	准确在手册中找到"描述和操作"所在目录，并阅读所需内容

序号	操作步骤	操作方法及说明	操作标准
4	查阅目视检查内容	(2) 根据目录翻阅查找目视检查的具体项目 **2.5.7.2 目视检查** ① 检查可能影响冷却系统性能的售后加装装置 ② 检查易于接触或能够看到的冷却系统部件、线路,以查明其是否有明显损坏或存在可能导致故障的情况 ③ 检查易于看到或能够看到的冷却系统管路,以查明是否有冷却液泄漏现象 ④ 可以使用故障诊断仪中的"功能测试",强制驱动冷却风扇继电器吸合,查看风扇是否能正常工作,以快速判断故障	准确在手册中找到"描述和操作"所在目录,并阅读所需内容
5	作业准备	(1) 高压防护:绝缘垫绝缘测试;检查并佩戴安全帽、酸碱手套、护目镜 (2) 操作启动开关使电源模式置于 OFF 状态 (3) 断开低压蓄电池负极电缆	(1) 绝缘垫阻值大于 $20\text{M}\Omega$;安全帽、酸碱手套、护目镜无开裂 (2) 操作步骤顺序正确 (3) 低压蓄电池负极电缆用绝缘胶带包裹
6	检查冷却液液位	检查冷却液液位 	冷却液液位位于膨胀罐的 L 和 F 标记之间
7	检查冷却液冰点	(1) 选取冰点检测仪,打开盖板,用柔软的绒布擦拭盖板及镜面 (2) 吸取 2~3 滴冷却液放于冰点检测仪镜面上 (3) 盖上盖板,轻轻压平且内部不留气泡 	标准:$\leqslant-40\,^{\circ}\text{C}$

序号	操作步骤	操作方法及说明	操作标准
7	检查冷却液冰点	(4) 平视检查并读取观察口中的测量值 (5) 用绒布擦拭干净盖板及镜面上的附着物	标准：≤−40℃
8	冷却管路外观检查	(1) 检查各冷却系统软管的安装、连接情况,以及有无裂纹、损伤和泄漏 (2) 目视检查散热器有无泄漏、变形等 (3) 检查冷却液排液管路有无泄漏	管路无裂纹、损伤和泄漏
9	复位整理	(1) 连接低压蓄电池负极 (2) 恢复车辆、工具、仪器 (3) 清洁车辆、地面、操作台	(1) 低压蓄电池负极转矩：9N·m (2) 整洁、整齐

问题情境一

暑假,小张自驾从苏州前往杭州,临行前检查了车辆,发现冷却液已低至"L"标记,考虑到夏季天气热,于是加了一壶自来水。试着分析小张的做法是否合理。

解决途径：不合理。① 冷却液具有防冻、防腐蚀、防老化作用,自来水则没有。② 自来水沸点为100℃,不能满足高负荷部件的散热。③ 自来水中的氯成分、水垢等,会造成发热部件散热不良。

问题情境二

一天,王女士到4S店进行常规保养,前台接待人员将吉利帝豪EV450电动汽车送至汽车维修间。作为维修人员,你在保养过程中发现冷却液冰点低至−50℃,请给客户提出建议。

解决途径：建议更换冷却液。① 排放冷却液。先将膨胀罐盖旋开,断开低压蓄电池负极做好防护(用绝缘胶带裹好负极桩头及负极),断开高压母线做好防护(用绝缘胶带裹好),举车至合适高度,断开放液管,用冷却液回收桶回收,直到冷却液呈滴状滴落,恢复放液管的连接,降车,放液完毕。② 添加冷却液。先将高压母线及负极插上,连接解码器,进入AC模块—特殊功能—加注初始化,于车外加注冷却液至膨胀罐的80%左右,继续在解码器上点击"开始排气",将膨胀罐盖旋上,观察冷却液是否循环,听电机冷却水泵是否工作,10min后点击解码器上的"完成排气",继续加注冷却液至80%,旋紧膨胀罐盖,加注完成。

学习结果评价

序号	评价内容	评价标准	评价结果（是/否）
1	知识与技能	能区分冷却系统的组成	☐是　☐否
		能简述冷却系统的作用	☐是　☐否
		能列举冷却方式的分类	☐是　☐否
		能分析冷却系统的工作原理	☐是　☐否
		能简述冰点检测仪的作用	☐是　☐否
		能利用维修手册准确找到冷却系统的安装位置	☐是　☐否
		能正确使用冰点检测仪检测冷却液冰点	☐是　☐否
		能检查冷却系统连接管路	☐是　☐否
2	安全与5S	能对场地进行安全检查	☐是　☐否
		能安全操作举升机	☐是　☐否
		能做好安全防护后进入车辆底部	☐是　☐否
		能遵守场地日常安全条例	☐是　☐否
		能对工具、工位进行整理、复位、清扫	☐是　☐否
3	总评	是否能够进行下一步内容的学习	☐是　☐否

课后作业

1. 请在图中圈出乙二醇型冷却液冰点的标准范围。

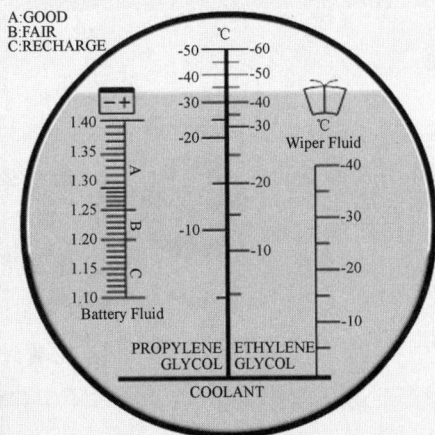

2. 请填写图中冷却系统管路各组成部分的名称。

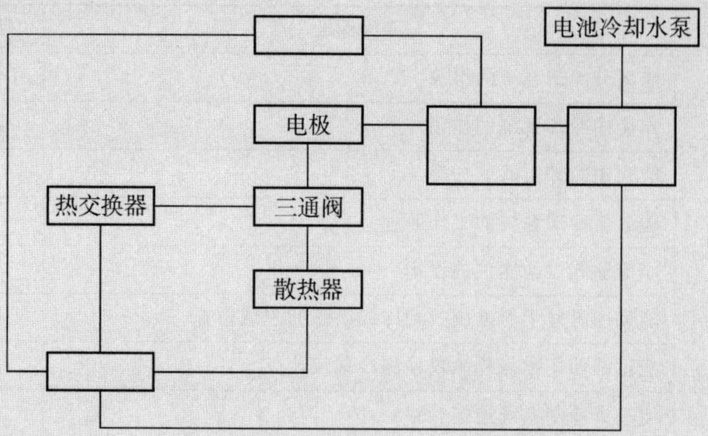

| | | | 电池冷却水泵 |

电极

热交换器 —— 三通阀

散热器

任务二

诊断冷却水泵不工作故障

学习目标

知识目标
1. 掌握冷却水泵的作用及结构;
2. 掌握冷却水泵的工作原理。

能力目标
1. 能根据电路图分析水泵电机的控制电路;
2. 能利用万用表检测并判断继电器的性能;
3. 能通过查阅维修手册完成冷却水泵不工作故障的检测判断。

素养目标
1. 通过对水泵电机控制电路的分析、诊断,培养主动探究、细致严谨的工作态度;
2. 通过工位整理、车辆防护和高压防护作业的练习,培养安全意识和规范意识。

基本知识

一、冷却水泵的作用

冷却液从转子为旋转叶片的泵的中间流过,通过离心力的作用又使旋转叶片将冷却液迅速地抛送出去,所以冷却水泵是离心泵。离心泵具有结构简单、尺寸小等优点,它的作用是使冷却液流动:冷的冷却液从散热器的底部抽取,经过发热部件变为热的冷却液,再回到散热器中。

二、冷却水泵组成

电子冷却水泵一般由叶轮转子、定子及驱动板、陶瓷轴、隔离层、盖子、固定底座、密封圈、主体等部件组成,如图 5-2-1 所示。

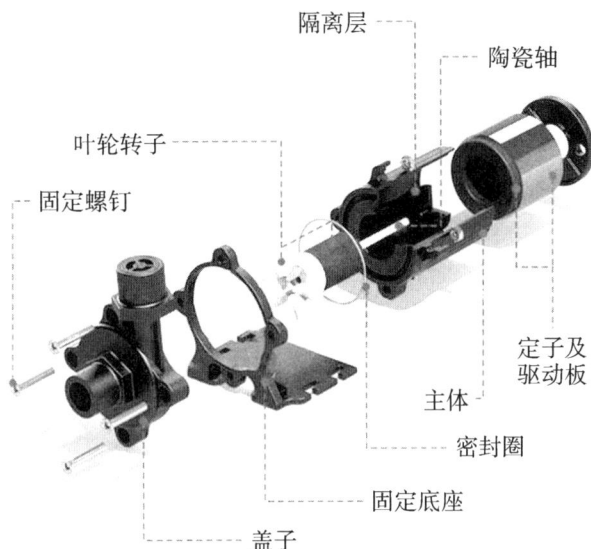

图 5-2-1　电子冷却水泵组成

叶轮转子:泵的转子为永磁磁铁,一般与叶轮制成一体。

定子及驱动板:定子上的线圈通电后产生磁场带动转子运转。

陶瓷轴:用来固定转子,转子中间配有注塑成型的轴套。

隔离层:可以将转子部分和定子线圈部分完全隔离,转子与轴均可接触水,起到润滑和散热的作用,定子及驱动板部分在后腔体部分灌封,从而完全防水。

三、水泵应用

以吉利帝豪 EV450 电动汽车为例,其设有 3 个水泵,分别为电池水泵、电机水泵及加热水泵。

① **电池水泵**:如图 5-2-2 所示,电池水泵一般置于高压电池包前端,通过冷却液循环回路输送被热交换器降温后的冷却液,使电池模块的温度保持在预期范围内。

电池水泵

图 5-2-2　电池水泵

②**电机水泵**：如图 5-2-3 所示，一般置于电机正前方，电机内设有水套管路。电机水泵在驱动电机工作过程中提供强制冷却液循环的动力，带走电机工作时的热量，将冷却液送至水箱，由冷却风扇进行散热。

电机水泵

图 5-2-3　电机水泵

③ **加热水泵**：如图 5-2-4 所示，一般置于加热器右前方。加热器（PTC）用热敏电阻作为热源，鼓风机使空气经过加热器，加热后的空气再通过加热水泵进行热循环。

加热水泵

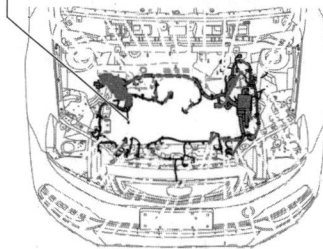

图 5-2-4　加热水泵

四、电机水泵电路

以吉利帝豪 EV450 电动汽车为例，如图 5-2-5 所示，电机水泵电路是由 VCU（整车控制器、整车控制单元）、电机水泵、冷却水泵继电器、主继电器、熔丝和导线等组成。

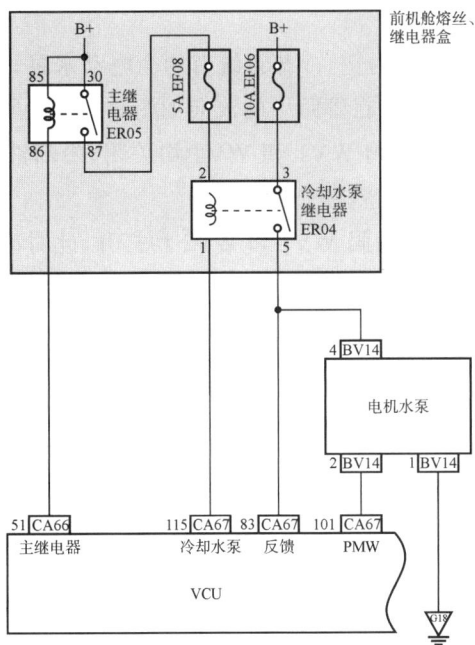

图 5 - 2 - 5　电机水泵电路

继电器的作用：继电器是一种电子控制器件，是用较小的电流去控制较大的电流的"自动开关"，在电路中起着自动调节、安全保护、切换电路等作用。

继电器的工作原理：如图 5 - 2 - 6 所示，继电器由线圈、软铁芯、杠杆和开关组成，是利用电磁效应来控制机械触点达到通断目的的。当线圈通电，线圈电流产生磁场，磁场吸附衔铁吸合触点；当线圈断电，电磁吸力消失，衔铁在弹簧作用下回至原位，触点断开。

图 5 - 2 - 6　继电器

电路分析：如图 5 - 2 - 5 所示，电机水泵电源正极 BV14 - 4 由冷却水泵继电器供电，负极 BV14 - 1 通过车身搭铁，电机水泵转速由 VCU 通过 BV14 - 2 信号端子进行控制。

当 VCU 通过 CA66 - 51 端子控制搭铁时，ER05 主继电器线圈通电，负载开关闭合，电源路线为低压蓄电池→主继电器负载开关→EF08 熔丝→冷却水泵继电器控制线圈→VCU。

当 VCU 通过 CA67 - 115 端子控制搭铁时，ER04 冷却水泵继电器线圈通电，负载开关闭合，电源路线为低压蓄电池→EF06 熔丝→冷却水泵继电器负载开关→电机水泵。

冷却水泵继电器通过 CA67 - 83 端子将工作电源提供给 VCU，并作为反馈信号判断电机水泵控制电路的工作状况。

五、冷却水泵的工作原理

以吉利帝豪 EV450 电动汽车为例,冷却系统有两个电动水泵,电动水泵由低压电路驱动,为冷却液的循环提供动力。冷却液在管路中的流向如图 5-2-7 所示。

当高压电池包温度低时,三通阀 WV1 和 WV2 均关闭,冷却液流向为电动水泵→电机控制器→车载充电机→驱动电机→散热器→膨胀罐。

当高压电池包温度较高时,三通阀 WV1 和 WV2 均打开,此时冷却液的流动路径分为两部分:其一是电动水泵→电机控制器→车载充电机→驱动电机→WV2①→WV2③→电动水泵→高压电池包→WV1①→WV1③→膨胀罐;其二是电动水泵→电机控制器→车载充电机→驱动电机→WV2①→WV2②→散热器→膨胀罐。

当电池包温度过高时,此时将通过热交换器进行强制冷却;当电池包温度过低时,将通过热交换器进行强制加热。

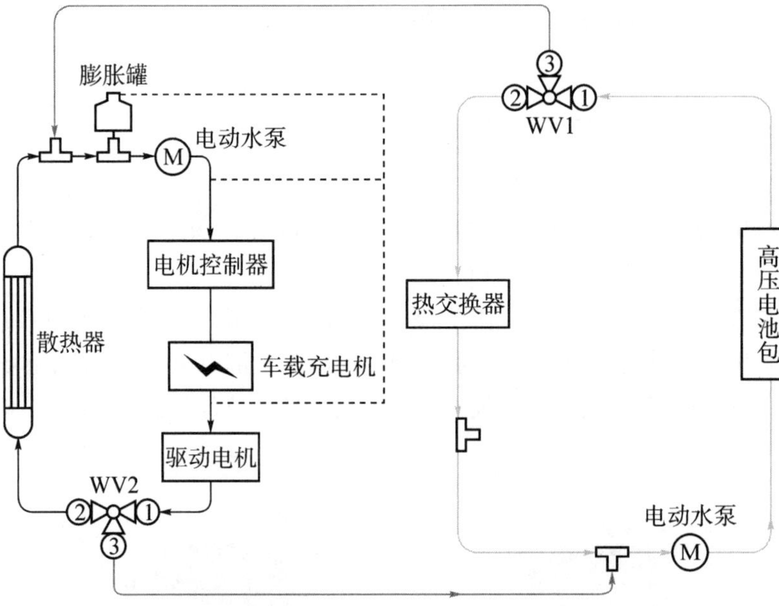

图 5-2-7 冷却液循环图

能力训练

一、操作条件

① 设备:吉利帝豪 EV450 电动汽车。

② 工具和器材:吉利帝豪 EV450 电子维修手册、道通 MS908S 通用故障诊断仪、常用拆装工具、万用表、车辆防护用品。

二、安全及注意事项

① 断开继电器及冷却水泵相关线束连接器时必须对车辆进行下电操作;

② 当打开车辆前机舱盖时,不要盲目触碰高压导线及设备,避免触电危险;

③ 线圈加电压测试时,注意不要正负极触碰在一起,避免出现短路;

④ 对所使用的计算机、车辆等要及时规整复位,并对场地进行 5S 工作。

三、操作过程

序号	操作步骤	操作方法及说明	操作标准
1	准备工位	(1) 准备方向盘套、座椅套和地板垫 (2) 准备车轮挡块 (3) 查看车辆信息，选取维修手册。本次任务选用吉利帝豪 EV450 电动汽车 (4) 准备故障诊断仪，本次任务选用道通 MS908S 通用故障诊断仪 (5) 准备万用表	能够根据车辆的型号、生产年份、配置等信息选取维修手册
2	车辆防护	(1) 设置车轮挡块 (2) 设置方向盘套、座椅套、地板垫	挡块、方向盘套、座椅套、地板垫设置到位
3	读取故障码	连接故障诊断仪，读取故障代码	冷却水泵故障代码：B11907B、B119097、B119098
4	查阅维修手册	(1) 翻阅维修手册目录，查找故障代码表 📑 8.2.7.20 DTC： B11907B,B119097…… 📑 8.2.7.21 DTC： B11917B,B119197…… 📑 8.2.7.22 DTC： B11927B,B119297…… 📑 8.2.7.23 DTC： B119501,B119601…… 📑 8.2.7.24 DTC： B119411,B119415…… ∨ 📑 8.2.8 拆卸与安装 (2) 阅读分析故障代码、电路图及诊断步骤	在手册中找到故障代码表所在目录，并阅读所需内容
5	检测准备	(1) 高压防护：绝缘垫绝缘测试；检查并佩戴安全帽、绝缘手套、护目镜 (2) 操作启动开关使电源模式置于 OFF 状态 (3) 断开低压蓄电池负极电缆	(1) 绝缘垫阻值大于 20MΩ；安全帽、绝缘手套、护目镜无开裂 (2) 操作步骤顺序正确 (3) 低压蓄电池负极电缆用绝缘胶带包裹
6	检测低压蓄电池电压	用万用表直流电压挡测量低压蓄电池电压	标准电压：11～14V
7	检查电机水泵熔丝 EF06	(1) 关闭点火开关，拔下熔丝 EF06，用万用表电阻挡检测熔丝是否熔断 	(1) 熔丝电阻值：<1Ω (2) ER04-3-搭铁：∞ (3) ER04-5-搭铁：∞

序号	操作步骤	操作方法及说明	操作标准
7	检查电机水泵熔丝 EF06	(2) 如熔丝熔断,检查熔丝 EF06 线路是否有短路故障,用万用表电阻挡测量继电器 ER04 的 3 号和 5 号端子对搭铁的电阻 	(1) 熔丝电阻值:<1Ω (2) ER04 - 3 -搭铁:∞ (3) ER04 - 5 -搭铁:∞
8	检查冷却水泵继电器 ER04	(1) 关闭点火开关,拔下继电器 ER04,用万用表电阻挡检测继电器线圈是否有断路故障 (2) 关闭点火开关,拔下继电器 ER04,用万用表电阻挡检测继电器开关是否有短路故障 (3) 继电器 ER04 线圈一端接 B+,另一端接地,用万用表电阻挡检测继电器开关的电阻值 	(1) 继电器线圈电阻:约 80Ω (2) 继电器开关电阻:∞ (3) 继电器通电,其开关电阻: 　　<1Ω

序号	操作步骤	操作方法及说明	操作标准
9	检查电机水泵电源线路	(1) 关闭点火开关,断开低压蓄电池负极电缆并等待至少 90s (2) 断开电机水泵线束连接器 BV14 (3) 断开前机舱熔丝、继电器盒线束连接器 (4) 用万用表电阻挡测量电机水泵线束连接器端子与前机舱熔丝、继电器盒线束连接器端子之间的电阻	标准电阻:<1Ω
10	检查电机水泵与 VCU 之间的线束	(1) 断开 VCU 线束连接器 CA67 (2) 断开电机水泵线束连接器 BV14 (3) 用万用表电阻挡测量 BV14 - 2 与 CA67 - 101 之间的电阻 	标准电阻:<1Ω

序号	操作步骤	操作方法及说明	操作标准
11	检查电机水泵接地线路	(1) 断开 VCU 线束连接器 CA67 (2) 断开电机水泵线束连接器 BV14 (3) 用万用表电阻挡测量 BV14-1 与车身(接地)之间的电阻	标准电阻:<1Ω
12	复位整理	(1) 连接各断开的连接器,连接低压蓄电池负极 (2) 恢复车辆、工具、仪器 (3) 清洁车辆、地面、操作台	(1) 连接器卡扣卡到位 (2) 蓄电池负极转矩:9N·m (3) 整洁、整齐

问题情境一

在诊断吉利帝豪 EV450 电动汽车的过程中,维修技师读取到故障码为 B119021"电机电控冷却水泵转速过低",经检测确定 VCU、蓄电池、相关熔丝和线路均正常,应该如何诊断解决该故障?

解决途径:查阅维修手册,按照维修手册提示更换冷却水泵。

问题情境二

维修技师在测量吉利帝豪 EV450 电动汽车的冷却水泵继电器 ER04 时,发现冷却水泵继电器的线圈电阻为 160Ω,请问应该如何处理?

解决途径:通过查阅维修手册或对比正常车辆冷却水泵继电器线圈电阻判断 160Ω 测量值过大,需要更换冷却水泵继电器。

学习结果评价

序号	评价内容	评价标准	评价结果(是/否)
1	知识与技能	能表述电子冷却水泵的结构组成	□是 □否
		能描述冷却水泵的作用	□是 □否
		能查询水泵的安装位置	□是 □否
		能表述冷却水泵的工作原理	□是 □否

序号	评价内容	评价标准	评价结果（是/否）
1	知识与技能	能分析冷却水泵的控制电路	□ 是　□ 否
		能正确判断电机水泵熔丝的性能	□ 是　□ 否
		能利用万用表测继电器并判断性能	□ 是　□ 否
		能正确检测、判断电机水泵电源和搭铁线路	□ 是　□ 否
2	安全与5S	能对场地进行安全检查	□ 是　□ 否
		能对车辆进行安全下电	□ 是　□ 否
		能做好高压安全防护	□ 是　□ 否
		能遵守场地日常安全条例	□ 是　□ 否
		能对工具、工位进行整理、复位、清扫	□ 是　□ 否
3	总评	是否能够进行下一步内容的学习	□ 是　□ 否

课后作业

1. 请根据图中的实物和连接画出电路图。

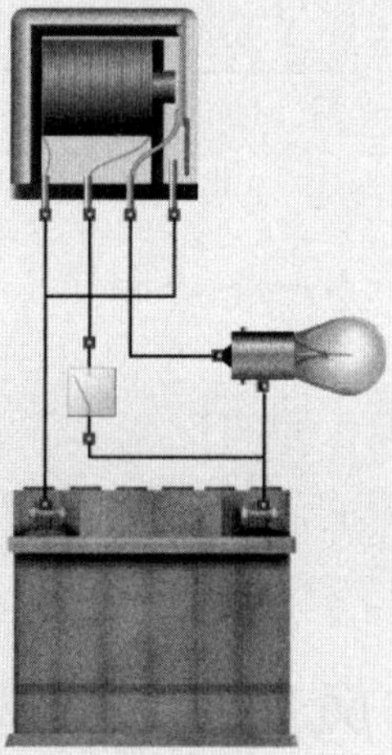

2. 试分析下图的工作过程。

任务三

诊断冷却风扇高、低速挡故障

学习目标 🌱🚗

知识目标
1. 掌握冷却风扇的作用及结构；
2. 掌握冷却风扇的工作原理。

能力目标
1. 能根据电路图分析冷却风扇的控制电路；
2. 能利用故障诊断仪对冷却风扇进行驱动测试并判断其性能；
3. 能通过查阅维修手册完成冷却风扇高、低速挡故障的检测、判断。

1. 通过对冷却风扇控制电路的分析、诊断和驱动测试,培养主动探究、细致严谨的工作态度;

2. 通过工位整理、车辆防护和高压防护作业的练习,培养安全意识和规范意识。

基本知识

一、冷却风扇的作用

冷却风扇的作用是提高通过散热器芯的空气的流速,增加散热器和空调冷凝器的通风量,从而提高冷却速率,增加散热效果。

二、冷却风扇的组成

冷却风扇一般装于机舱内散热器的后部,如图 5-3-1(a)所示。它由电机、扇叶和壳体组成,如图 5-3-1(b)所示。冷却风扇采用双风扇、高低速控制模式,通过两个电机驱动扇叶。

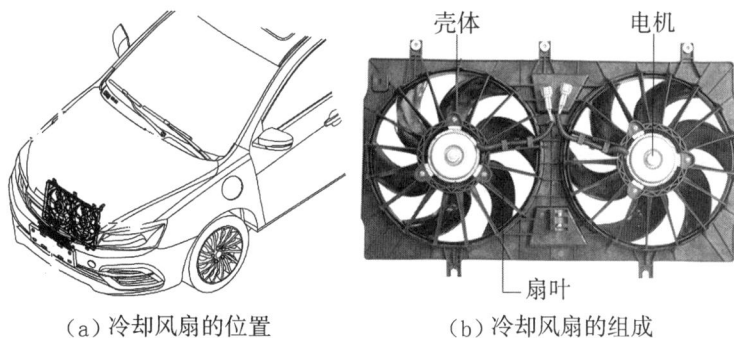

(a)冷却风扇的位置   (b)冷却风扇的组成

图 5-3-1 冷却风扇

三、驱动测试

作用:汽车电子控制单元(ECU)接收传感器信号,经计算、判断后,根据控制要求向执行器发送控制指令,实现对车辆某个功能的控制。驱动测试是通过故障诊断仪与电子控制单元连接通信,实现对执行器的控制,如图 5-3-2 所示。维修技术人员通过故障诊断仪控制执行器"工作"或"不工作",同时观察执行器的控制效果,判断执行器及其控制电路的性能。

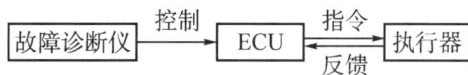

图 5-3-2 驱动测试

方法:以吉利帝豪 EV450 为例,将故障诊断仪诊断口与车辆相连;

进入故障诊断仪,选择吉利帝豪 EV450 车型;

进入整车控制单元(VCU),点击"元件测试";

选择低速(或高速)风扇使能信号,点击使能风扇。

判断:驱动后,观察执行器是否工作,若不工作,检查执行器及其相关线路。

四、冷却风扇的工作原理

以吉利帝豪 EV450 为例,如图 5-3-3 所示,冷却风扇由 VCU 利用冷却风扇低速继电器和冷却风扇高速继电器直接控制,通常两个风扇一起转动,通过采用串联调速电阻的方式来改变风扇转速,当散热器温度达到一定温度时,风扇工作,温度越高,转速越快。

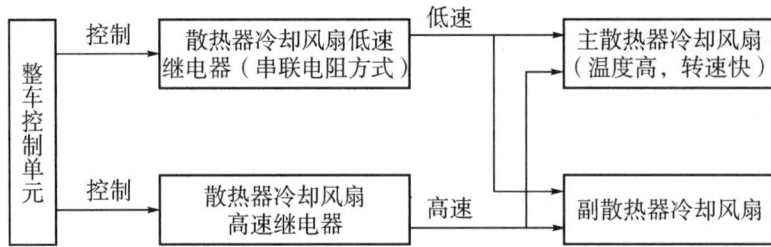

图 5-3-3 冷却风扇的工作过程

如图 5-3-4 所示,冷却风扇电源正极 CA30b-1 和 CA31-1 由低速风扇继电器供电,冷却风扇正极 CA30b-2 和 CA31-2 由高速风扇继电器供电。

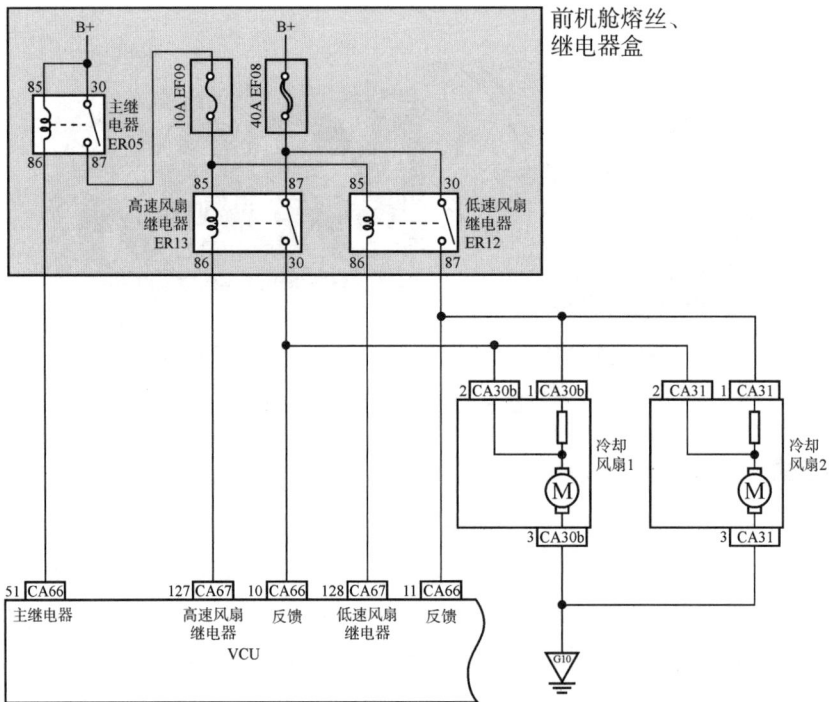

图 5-3-4 冷却风扇电路图

当 VCU 通过 CA66-51 端子控制搭铁时,ER05 主继电器线圈通电,负载开关闭合,电源路线为蓄电池→主继电器负载开关→EF09 熔丝→高速或低速风扇继电器控制线圈→VCU。

当 VCU 控制 CA67-127 端子搭铁时,高速风扇继电器线圈通电,负载开关闭合,电源路线为蓄电池→EF08 熔丝→高速风扇继电器负载开关→冷却风扇 1(2)电机→G10 搭铁。

当 VCU 控制 CA67-128 端子搭铁,低速风扇继电器线圈通电,负载开关闭合,电源路线为蓄电池→EF08 熔丝→低速风扇继电器负载开关→冷却风扇 1(2)电阻→冷却风扇 1(2)电机→G10 搭铁。

能力训练

一、操作条件

① 设备：吉利帝豪 EV450 电动汽车。

② 工具和器材：吉利帝豪 EV450 电子维修手册、道通 MS908S 通用故障诊断仪、常用拆装工具、万用表、车辆防护用品、高压防护用品。

二、安全及注意事项

① 断开继电器及冷却风扇相关线束连接器时必须将车辆置于 OFF 状态；

② 当打开车辆前机舱盖或进入车辆底部时，不要盲目碰触高压导线及设备，避免触电危险；

③ 在车辆运行时，机舱内的冷却风扇会因启动而伤人，保持手、衣服和工具远离机舱内的冷却风扇；

④ 对所使用的计算机、车辆等要及时规整复位，并对场地进行 5S 工作。

三、操作过程

序号	操作步骤	操作方法及说明	操作标准
1	准备工位	（1）准备方向盘套、座椅套和地板垫 （2）准备车轮挡块 （3）查看车辆信息，选取维修手册。本次任务选用吉利帝豪 EV450 电动汽车 （4）准备故障诊断仪，本次任务选用道通 MS908S 通用故障诊断仪 （5）准备万用表	能够根据车辆的型号、生产年份、配置等信息选取维修手册
2	车辆防护	（1）设置车轮挡块 （2）设置方向盘套、座椅套、地板垫	挡块、方向盘套、座椅套、地板垫设置到位
3	查阅维修手册	（1）翻阅维修手册目录，根据低速风扇不工作故障现象查找"冷却风扇低速挡不运转" 　∨ 2.5.7 诊断信息和步骤 　　2.5.7.1 诊断说明 　　2.5.7.2 目视检查 　　2.5.7.3 冷却系统端子定义列表 　　2.5.7.4 冷却风扇低速挡不运转 　　2.5.7.5 冷却风扇高速挡不运转 　　2.5.7.6 电动水泵不工作 　> 2.5.8 拆卸与安装 　> 2.6 充电系统 > 3 变速器/驱动桥 > 4 悬架系统 （2）阅读分析故障码、电路图及诊断步骤	在手册中找到"冷却风扇低速挡不运转"所在目录，并阅读所需内容

序号	操作步骤	操作方法及说明	操作标准
4	检测准备	操作启动开关使电源模式置于 ON 状态	操作步骤顺序正确
5	检测低压蓄电池电压	用万用表直流电压挡测量低压蓄电池电压	标准电压:11～14V
6	冷却风扇驱动测试	（1）连接故障诊断仪,选择"诊断",选择帝豪汽车,点击"帝豪 EV 系列" （2）选择 EV450 车型,点击"诊断" （3）进入控制单元,点击"整车控制系统（VCU）" （4）进入动作测试,点击"低速（或高速）风扇使能信号",观察风扇是否正常运转 	低速风扇（或高速）使能信号为使能,风扇正常运转
7	检查整车控制器熔丝 EF09、EF08	（1）关闭点火开关,拔下熔丝 EF09,用万用表电阻挡检测熔丝是否熔断 （2）拔下熔丝 EF08,用万用表电阻挡检测熔丝是否熔断 	熔丝电阻值:<1Ω

序号	操作步骤	操作方法及说明	操作标准
8	检查冷却风扇低速继电器	(1) 冷却风扇驱动测试,低速风扇使能信号为使能,风扇不转。关闭点火开关,拔下冷却风扇低速继电器,用相同型号的继电器取代冷却风扇低速继电器 (2) 确认故障是否排除	(1) 继电器线圈电阻:约80Ω (2) 继电器开关电阻:∞ (3) 继电器通电时的开关电阻:<1Ω
9	检查整车控制器电源和接地之间的电压	(1) 关闭点火开关,断开整车控制器线束连接器 CA67 (2) 操作点火开关使电源模式至 ON 状态 (3) 用万用表测量整车控制器线束连接器 CA67 - 128 端子与车身(接地)之间的电压 	电压标准:11~14V
10	检查散热器冷却风扇接地电路	(1) 关闭点火开关,断开主散热器冷却风扇 1 线束连接器 CA30b (2) 断开主散热器冷却风扇 2 线束连接器 CA31 (3) 用万用表测量主散热器冷却风扇 1 线束连接器 CA30b - 3 端子和车身(接地)之间的电阻 (4) 用万用表测量主散热器冷却风扇 2 线束连接器 CA31 - 3 端子和车身(接地)之间的电阻 CA30b冷却风扇1线束连接器 	标准电阻:<1Ω

序号	操作步骤	操作方法及说明	操作标准
10	检查散热器冷却风扇接地电路	CA31 冷却风扇2线束连接器	标准电阻：<1Ω
11	检查散热器冷却风扇电源、接地之间的电压	(1) 关闭点火开关,断开主散热器冷却风扇线束连接器 CA30b (2) 断开主散热器冷却风扇线束连接器 CA31 (3) 操作启动开关使电源模式置于 ON 状态 (4) 连接故障诊断仪,执行散热器冷却风扇低速运转动作测试[或用引线将整车控制器线束连接器 CA67 - 128 端子与车身（接地）连接] (5) 用万用表测量主散热器冷却风扇线束连接器 CA30b-1、3 端子之间的电压 (6) 用万用表测量主散热器冷却风扇线束连接器 CA31-1、3 端子之间的电压 CA30b冷却风扇1线束连接器 CA31 冷却风扇2线束连接器	电压标准:11~14V
12	检查散热器冷却风扇低速继电器与散热器冷却风扇之间的电路	(1) 当检查散热器冷却风扇电源与接地之间的电压为 0 时,关闭点火开关 (2) 拆卸散热器冷却风扇低速继电器 ER12	标准电阻:<1Ω

序号	操作步骤	操作方法及说明	操作标准
12	检查散热器冷却风扇低速继电器与散热器冷却风扇之间的电路	(3) 用万用表测量主散热器冷却风扇线束连接器 CA30b-1 端子和散热器冷却风扇低速继电器 ER12-87 端子(线束端)之间的电阻 CA31 冷却风扇3线束连接器 (4) 用万用表测量主散热器冷却风扇线束连接器 CA31-1 端子和散热器冷却风扇低速继电器 ER12-87 端子(线束端)之间的电阻 CA30b 冷却风扇1线束连接器 	标准电阻:<1Ω
13	检查散热器冷却风扇低速继电器与整车控制器之间的电路	(1) 关闭点火开关,断开整车控制器线束连接器 CA66 (2) 拆卸散热器冷却风扇低速继电器 ER12 (3) 用万用表测量整车控制器线束连接器 CA66-11 端子和散热器冷却风扇低速继电器 ER12-87 端子(线束端)之间的电阻 	标准电阻:<1Ω
14	更换整车控制器	(1) 关闭点火开关,断开低压蓄电池负极电缆 (2) 更换整车控制器	
15	复位整理	(1) 连接各断开的连接器,连接低压蓄电池负极端 (2) 恢复车辆、工具、仪器 (3) 清洁车辆、地面、操作台	(1) 连接器卡扣卡到位 (2) 蓄电池负极转矩:9N·m (3) 整洁、整齐

问题情境一

　　某天王女士送车到 4S 店进行常规保养,前台接待人员将吉利帝豪 EV450 电动汽车送至汽车维修间。你检查后发现风扇叶片出现弯曲或损坏,并告知王女士,王女士让你直接修理或重复使用损坏的部件,试着给她分析此做法是否合理。

　　解决途径:不合理,损坏的风扇叶片不能保证正常的平衡,在连续使用中可能会出现故障和飞脱,因此必须更换掉弯曲或损坏的风扇叶片。

问题情境二

　　在检测吉利帝豪 EV450 电动汽车冷却系统时,发现冷却风扇 1 高低速挡都不运转,冷却风扇 2 高低速挡均工作正常,作为维修技师的你需要检测冷却风扇电机,请问应该如何检测?

　　解决途径:冷却风扇 2 高低速挡均正常工作,说明共用电源、继电器及搭铁均正常,需要对冷却风扇 1 及其线路进行单独检测,排除故障。

学习结果评价

序号	评价内容	评价标准	评价结果(是/否)
1	知识与技能	能表述风扇的结构组成	☐ 是　☐ 否
		能描述风扇的作用	☐ 是　☐ 否
		能查询风扇的安装位置	☐ 是　☐ 否
		能表述风扇的工作原理	☐ 是　☐ 否
		能分析风扇的控制电路	☐ 是　☐ 否
		能正确判断风扇熔丝的性能	☐ 是　☐ 否
		能利用驱动测试检测风扇并判断其性能	☐ 是　☐ 否
		能正确检测、判断风扇电源和搭铁线路	☐ 是　☐ 否
2	安全与 5S	能对场地进行安全检查	☐ 是　☐ 否
		能对车辆进行安全下电	☐ 是　☐ 否
		能做好高压安全防护	☐ 是　☐ 否
		能遵守场地日常安全条例	☐ 是　☐ 否
		能对工具、工位进行整理、复位、清扫	☐ 是　☐ 否
3	总评	是否能够进行下一步内容的学习	☐ 是　☐ 否

课后作业

1. 请在左下图中标出冷却风扇的结构组成,并在右下图中圈出风扇的安装位置。

2. 试着给驱动测试风扇的步骤排序。

( )观察风扇是否正常运转。

( )连接故障诊断仪,选择"诊断",进入帝豪汽车,点击帝豪 EV 系列。

( )进入 EV450 车型,点击诊断。

( )进入控制单元,点击"整车控制单元(VCU)"。

( )进入动作测试,点击"低速(或高速)风扇使能信号"。

项目六
空调系统检测诊断

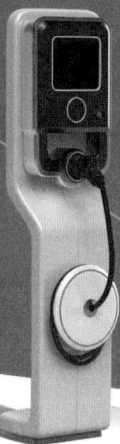

任务一
判断空调系统性能

基本知识

一、空调系统的功能

空调（air condition，A/C）即空气调节，是指在封闭的空间内，对空气温度、湿度、流速及空气的清洁度进行部分或全部调节。汽车空调的功能是将车内空间的环境（温度、湿度、气流速度和空气洁净度等）调整到对人体最适宜的状态，创造良好的驾驶和乘坐环境。汽车空调一般由制冷系统、取暖系统、配气系统、电子控制系统、通风与净化系统组成。汽车空调制冷循环系统的组成如图6-1-1所示。

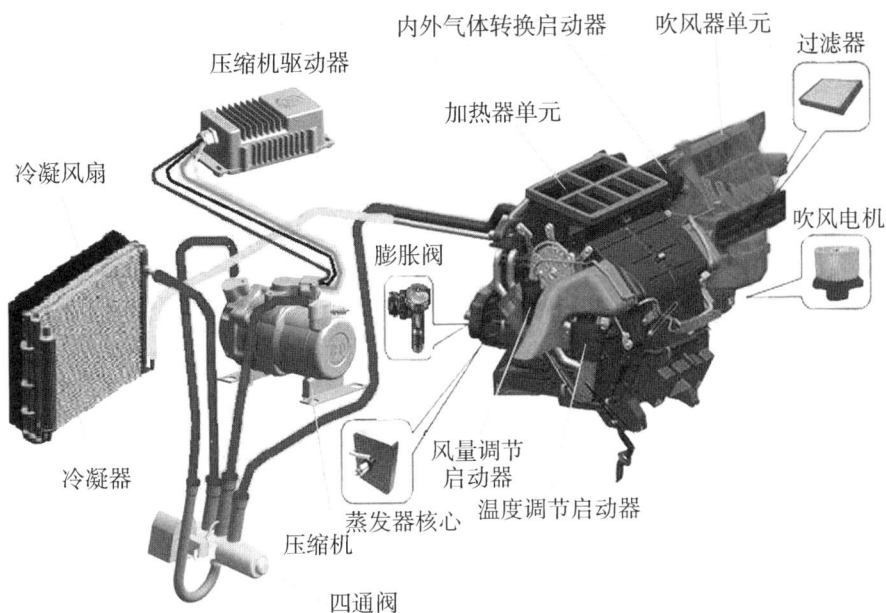

图 6-1-1　汽车空调制冷循环系统

1. 调节车内的温度

在冬季,汽车空调利用其取暖系统升高车内的温度;在夏季,利用其制冷系统降低车内的温度。

2. 调节车内的湿度

普通汽车空调一般不具备这项功能,只有冷暖一体的空调才能对车内的湿度进行适量调节。它通过制冷系统冷却、去除空气中的水分,再由取暖系统升温以降低空气的湿度。但目前在汽车上还没有安装加湿装置,只能通过打开车窗或通风设施来增加湿度。

3. 调节车内的空气流速

空气的流速和方向对人体舒适性影响很大。在夏季,气流速度稍大,有利于人体散热降温;但过大速度的风直接吹在人体上,会使人感到不舒服。在冬季,风速大了会影响人体保温,因而冬季取暖时气流速度应尽量小一些。根据人体生理特点,头部对冷比较敏感,脚部对热比较敏感,因此,在布置空调出风口时,应采取上冷下暖的方式,即让冷风主要吹到乘员的头部,暖风主要吹到乘员的脚部。

4. 过滤、净化车内的空气

由于车内空间小,乘员密度大,车内极易出现缺氧和二氧化碳浓度过高的情况。汽车发动机的废气、道路上的粉尘、野外的花粉都容易进入车内,造成车内空气污浊。因此,汽车空调必须具有补充新鲜空气、过滤和净化车内空气的功能。一般在汽车空调上都设有进风门、排风门、空气过滤装置和空气净化装置。

二、新能源汽车的空调系统

新能源汽车与传统汽车在系统构成上存在着差别,不同类型的新能源汽车又有不同的特点。电动汽车没有发动机作为空调压缩机的动力源,也没有发动机余热可以利用以获得取暖、除霜的效果。

吉利帝豪 EV450 电动汽车的空调系统由控制面板＋热管理控制器控制,空调面板为键钮信息采集部件,主要负责信息采集,然后将信息发送给热管理控制器,由热管理控制器控制各元件工作,如图 6－1－2 所示。

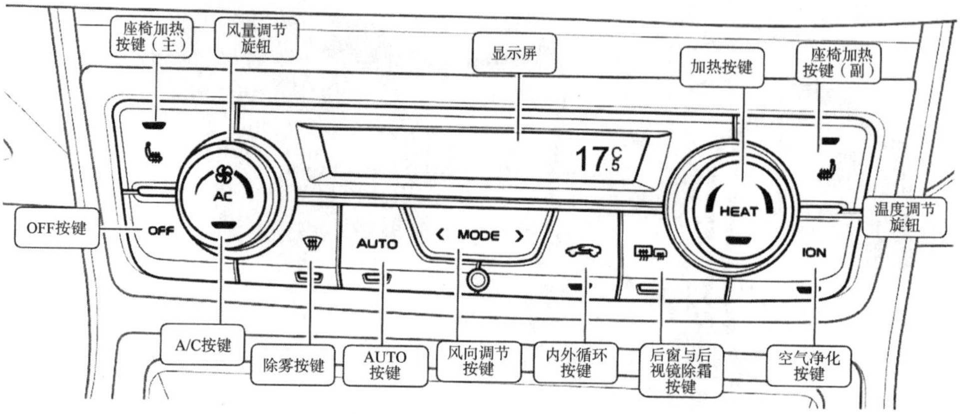

图 6－1－2　吉利帝豪 EV450 电动汽车空调系统控制面板

电动涡旋式空调压缩机如图 6－1－3 所示,其由高压电驱动,通过电机自身的旋转带动涡旋盘压缩,完成制冷剂的吸入和排出,为制冷循环提供动力。当空调压缩机工作时,空调压缩机吸入从蒸发器出来的低温、低压的气态制冷剂,经压缩,制冷剂的温度和压力升高,并被送入冷凝器。在冷凝器内,高温、高压的气态制冷剂把热量传递给经过冷凝器的车外空气后液化。液态制冷剂流经膨胀阀时,温度和压力降低并进入蒸发器。在蒸发器内,低温、低压的液态制冷剂吸收经过蒸发器的车内空气的热量而蒸发,变成气体。气体又被空调压缩机吸入进行下一次循环。这样,通过制冷剂在系统内的循环,不断吸收车内空气的热量并排到车外,使车内空气的温度逐渐下降。

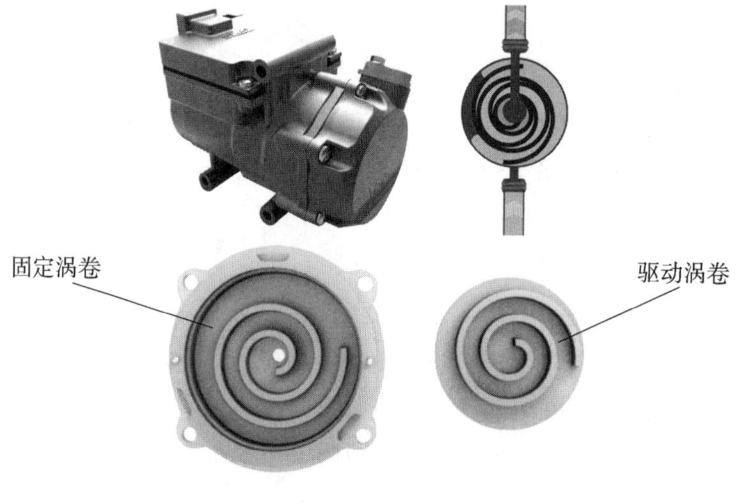

图 6－1－3　电动涡旋式空调压缩机

三、干湿计

干湿计(图 6－1－4)主要由温度和湿度传感器、热电偶、红外线射窗、显示屏、主机、键盘等组成。温度和湿度传感器可以用来测量车内外环境温度和湿度;热电偶可测量汽车空调系统部件的温度；当需要测量高低压管路、冷凝器等部件的表面温度时，则可对红外线进行精准测量。

四、风速计

风速计(图6-1-5)主要由风扇传感器总成(内置转速传感器和温度传感器)、插头、红外线射窗、显示屏、主机、键盘等组成。风扇传感器总成可以用来测量汽车空调出风口的空气流速、流量和温度，也可用来测量冷凝器入口处散热风扇的空气流速和流量，以此判断汽车空调系统风道、空调滤芯、鼓风机、散热风扇等部件的工作状况。

图6-1-4 干湿计 　　　　　　　图6-1-5 风速计

五、空调性能诊断仪

空调性能诊断仪(以下简称空调诊断仪)能够完成对汽车空调制冷系统性能的测量、诊断、控制等操作，如图6-1-6所示。空调诊断仪的测量功能能够以图形或文字显示测量值；控制功能能够监测空调电路的某个组件或某种功能；自诊断功能能够对空调进行完整诊断并得到对诊断结果的最终解释。

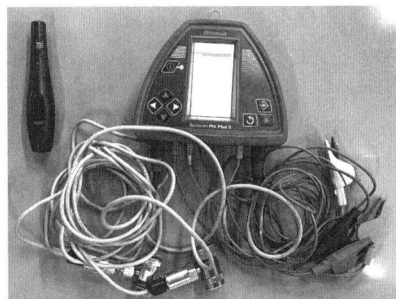

图6-1-6 空调性能诊断仪

1. 空调诊断仪控制面板(图6-1-7)

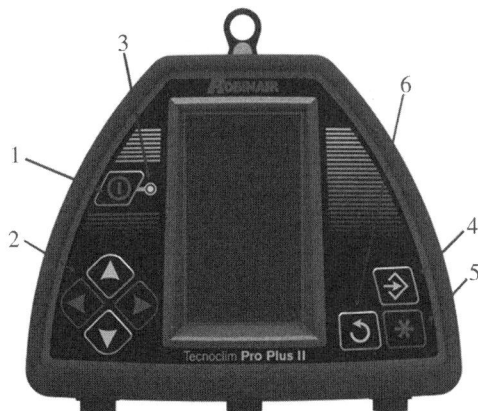

图6-1-7 空调诊断仪控制面板——前面板

1—打开/关闭按钮；2—导航模块(方向键)；3—LED状态显示灯；
4—快速进入菜单；5—确认按钮；6—返回键

2. 空调诊断仪连接说明(图6-1-8)

图6-1-8 空调诊断仪连接说明

1—高压输入接口(可接受最大压力:40bar,1bar=0.1MPa);2—低压输入接口(可接受最大压力:16bar);3—热电偶温度探针输入 TK₁~TK₄;4—辅助输入(使用可选的传感器,保留)

六、空调性能检测技术标准

完成制冷剂加注作业后,应进行性能检验。制冷系统高、低压侧压力及空调出风口温度检测应根据汽车制造厂商的要求进行。参照以下方法进行。

① 车辆停放在阴凉处,将干湿计放置在空调进风口位置。

② 打开车窗、车门。

③ 打开前机舱盖。

④ 打开所有空调出风口,调节到全开。

⑤ 设置空调控制器:外循环位置,强冷,A/C 开,鼓风机转速最高;若是自动空调,应设为手动并将温度设定为最低值。

⑥ 将干湿计探头放置在空调出风口内 50mm 处。

⑦ 启动空调,运行 3~5min,使压力表指针稳定。

⑧ 待干湿计显示的数值趋于稳定后,读取压力表和干湿计的显示值,将所测得的高/低侧压力、相对湿度、进风口温度、出风口温度与汽车制造厂商提供的空调性能参数或图表参数进行比较(图6-1-9、图6-1-10),若压力表、温度计显示的高、低侧压力和空调出风口温度不在规定的范围内,应对制冷系统做进一步的诊断和检修。

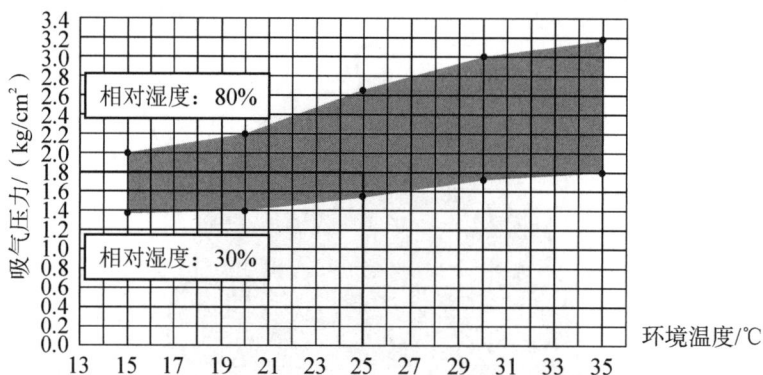

图6-1-9 吸气(进风口)压力与环境温度

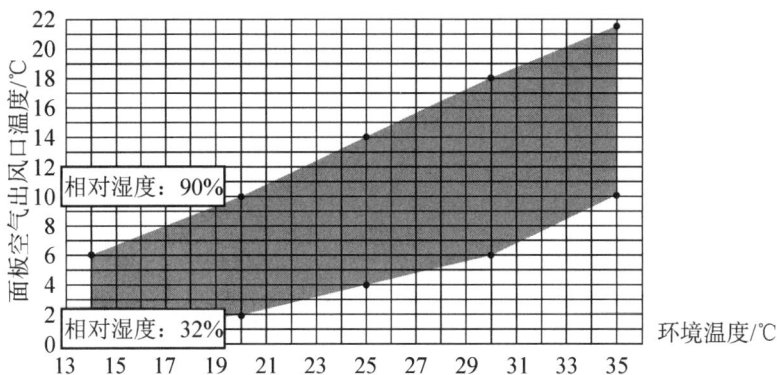

图 6－1－10　出风口温度与环境温度

能力训练

一、操作条件

① 设备：吉利帝豪 EV450 电动汽车。

② 工具和器材：吉利帝豪 EV450 维修手册、风速计、干湿计、汽车空调诊断仪。

二、安全及注意事项

① 当打开车辆前机舱盖或进入车辆底部时，不要盲目碰触高压导线及设备，避免触电危险；

② 当工作中接触制冷系统的部件时，需佩戴防护手套、护目眼镜，防止与制冷剂接触造成冻伤或失明；

③ 禁止在明火或灼热表面附近进行操作，因为制冷剂会在高温下分解并释放出对操作者和环境有害的具有腐蚀性的气体；

④ 规范使用检测仪器，在连接检测线路时，需注意对线路整理，避免线路触碰到冷却风扇等旋转部件；

⑤ 对所使用的纸质维修手册、计算机、车辆等要及时规整复位，并对场地进行 5S 工作。

三、操作过程

序号	操作步骤	操作方法及说明	操作标准
1	取出主机，挂在前机舱盖上	空调诊断仪不能用铁钩直接挂在前机舱盖上，需要用自带的绑带缠绕，防止掉落损伤设备 	空调诊断仪悬挂牢固、可靠

序号	操作步骤	操作方法及说明	操作标准
2	旋出高、低压维修阀口的阀帽	佩戴防护手套和护目镜，以免高、低压维修阀口泄漏而造成伤害	佩戴合格的防护手套及护目镜
3	连接高压传感器，并与高压维修阀口连接		高压传感器与对应的高压维修阀口连接，并且确保连接可靠
4	连接低压传感器，并与低压维修阀口连接		低压传感器与对应的低压维修阀口连接，并且确保连接可靠
5	打开传感器	同时旋开高、低压传感器	

序号	操作步骤	操作方法及说明	操作标准
6	连接 $TK_1\sim TK_4$ 传感器。依次夹在冷凝器入口、冷凝器出口、蒸发器入口、蒸发器出口处	在距离冷凝器入口、出口,蒸发器入口、出口约5cm处正确连接传感器,注意不能接错;传感器接头要注意与金属管路紧密接触,防止脱落或测量数据不准确 	能正确连接并整理线束,确保高、低压传感器线束与 $TK_1\sim TK_4$ 传感器线束都安全、可靠连接
7	开启空调诊断仪	(1)选择空调"自动诊断"菜单,按"确认"键 (2)配置空调系统参数,按"确认"键 	能够正确按照车辆空调系统配置进行设置
8	启动车辆空调系统	(1)车辆停放在阴凉处,将干湿计放置在空调进风口位置 (2)打开车窗、车门 (3)打开所有空调出风口,调节到全开 (4)设置空调控制器:外循环位置,强冷,A/C开,鼓风机转速最高;若是自动空调,应设为手动并将温度设定为最低值 (5)将干湿计探头放置在空调出风口内50mm处 (6)启动空调,运行3~5min,使压力表指针稳定	

序号	操作步骤	操作方法及说明	操作标准
9	安放 THR 传感器	(1) 在距离车辆 2m 外打开 THR 传感器,以免影响测量结果 (2) 将 THR 传感器放置在中央出风口处 	能够正确设置并安放 THR 传感器
10	空调系统性能检测	(1) 按下"确认"键开始性能检测 (2) 待性能检测完毕,再次按下"确认"键读取检测数据	
11	对空调性能进行分析	将测量参数与图表参数相比较 吸气压力与环境温度 空调出风口温度与环境温度	能根据测量参数对空调性能进行判断、分析,正确给出分析结果

序号	操作步骤	操作方法及说明	操作标准
12	复位整理	(1) 关闭鼓风机、关闭 A/C 开关、升起所有车窗、关闭点火开关 (2) 关闭空调诊断仪高、低压传感器,拆卸 $TK_1 \sim TK_4$ 传感器,恢复车辆、工具、仪器 (3) 清洁车辆、地面、操作台	能安全拆卸空调诊断仪,清洁高、低压传感器和高、低压维修阀口

问题情境一

利用空调诊断仪对吉利帝豪 EV450 电动汽车的空调系统进行性能诊断,当空调系统制冷效果不良时,通过空调诊断仪的测量功能、控制功能及自诊断功能等进行故障诊断与排除,但是不同品牌汽车的空调的开启方式、压缩机类型等各有差异。如果需要你利用空调诊断仪进行诊断,你应该如何处理?

解决途径:根据车辆维修手册及车辆使用手册查询该车空调系统的操作方法、空调压缩机的类型,正确设置空调诊断仪参数,规范作业,以解决汽车空调故障。

问题情境二

有一位车主反映车辆空调在一个月前维修过,近期感觉不能制冷,怀疑没有修好,你应该如何帮助他解决该问题?

解决途径:耐心听车主反映问题,根据售后维修作业单对车辆空调系统进行细致检查,判断车辆故障如何产生,若是由于维修导致的,应根据《中华人民共和国消费者权益保护法》要求对车辆进行正确的售后处理。

学习结果评价

序号	评价内容	评价标准	评价结果(是/否)
1	知识与技能	能正确放置空调诊断仪	□ 是　□ 否
		能正确连接空调诊断仪	□ 是　□ 否
		在进行空调性能诊断时,打开所有车门,降下车窗	□ 是　□ 否
		能将空调设定为风速最大、正面出风、外循环、制冷模式为最冷	□ 是　□ 否
		空调系统预热运转 3～5min	□ 是　□ 否
		能正确记录环境温度	□ 是　□ 否
		能正确记录高压侧压力和低压侧压力	□ 是　□ 否
		能正确记录空调出风口温度、湿度	□ 是　□ 否
		能正确标注空调吸气压力与环境温度图表	□ 是　□ 否
		能正确标注空调出风口温度与环境温度图表	□ 是　□ 否
		能根据图表,正确判断空调性能	□ 是　□ 否

序号	评价内容	评价标准	评价结果（是/否）
2	安全与 5S	能对场地进行安全检查	☐ 是　☐ 否
		能正确清洁管路与接头	☐ 是　☐ 否
		能正确佩戴护目镜、防护手套	☐ 是　☐ 否
		能遵守场地日常安全条例	☐ 是　☐ 否
		能对工具、工位进行整理、复位、清扫	☐ 是　☐ 否
		是否能够进行下一步内容的学习	☐ 是　☐ 否

课后作业

1. 请以画圈的方式标示出下图中的压缩机、冷凝器、蒸发器、膨胀阀和储液干燥器。

2. 请根据以下数据判断空调系统的工作是否正常，并尝试分析故障原因，给出故障解决方案。

车辆	环境温度	吸气压力	出风口温度	结果判断
车辆一	32℃	0.5bar	30℃	
车辆二	24℃	2.5bar	22℃	

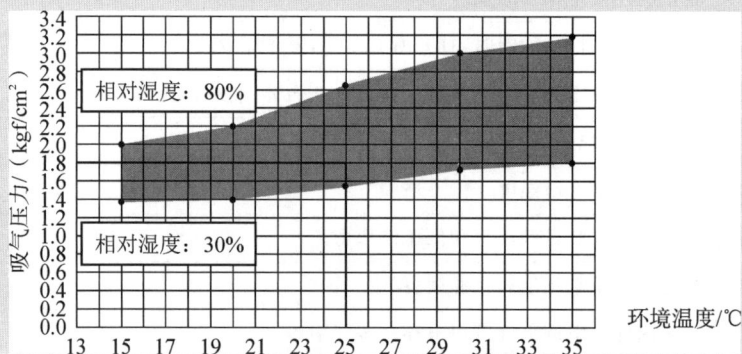

吸气压力与环境温度

注：1kgf＝9.8N。

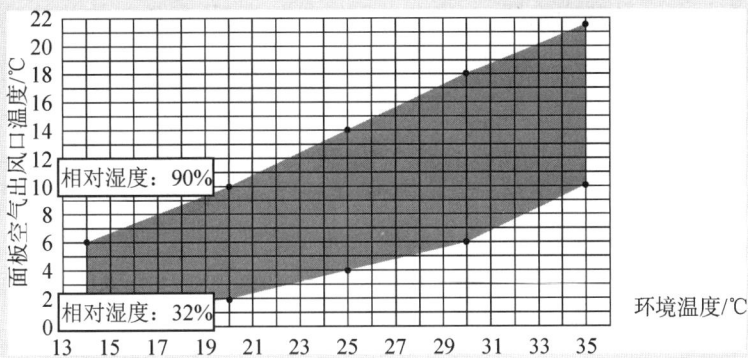

空调出风口温度与环境温度

任务二

对空调制冷剂进行回收加注

学习目标

知识目标
1. 掌握空调制冷系统的组成；
2. 掌握空调制冷系统的工作原理。

能力目标
1. 能利用鉴别仪检测、判断制冷剂；
2. 能利用加注机对空调进行制冷剂的回收和加注。

素养目标
1. 通过对空调系统制冷剂的检测、判断及回收、加注,培养细致严谨、负责专注的工作态度；
2. 通过工位整理、车辆防护和高压防护作业的练习,培养安全意识和规范意识。

基本知识

一、空调制冷系统的组成

制冷系统主要由压缩机、冷凝器、蒸发器、节流装置、过滤装置、空调管路等组成,如图 6-2-1 所示。制冷系统中还需要一种工作介质,即制冷剂。它通过自身"相态"的变化来实现热交换,从而达到制冷的目的。

压缩机:压缩机是汽车空调制冷系统的"心脏"、动力元件,用来压缩和输送制冷剂。压缩机分为定排量压缩机和变排量压缩机。

冷凝器:冷凝器是一种热交换器,它将来自压缩机的高温、高压气体的热量通过管壁和翅片传递给冷凝器周围的空气。

蒸发器:蒸发器也是一种热交换器,它利用从节流装置来的低温、低压的液态制冷剂蒸发时吸收周围空气中大量的热量,从而达到车内降温的目的。

节流装置:节流装置是制冷系统的重要部件,起到节流降压、调节流量、防止"液击"和防止异常过热的作用。常用的节流装置有膨胀阀和节流管两种。

过滤装置:过滤装置起到存储制冷剂,并对系统中的水分和杂质进行干燥和过滤的作用。常用的过滤装置有储液干燥器和集液器两种。

空调管路:空调管路起到将制冷系统各部件连接在一起的作用。为了维持系统内制冷剂的相似流速,空调管路的直径会有所不同,以适应两种压力和两种温度。

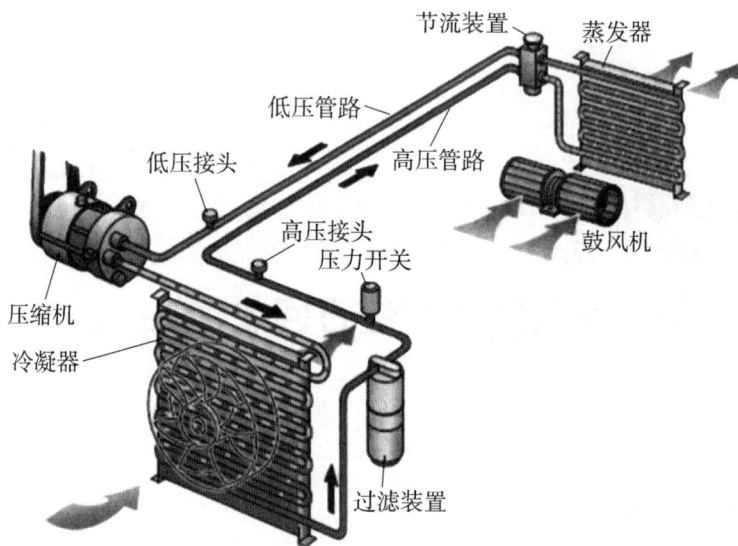

图 6 - 2 - 1　制冷系统组成

二、空调制冷系统的工作原理

汽车空调制冷系统的工作原理如图 6 - 2 - 2 所示,它主要有 4 个过程,即压缩过程、冷凝过程、节流过程和蒸发过程。

压缩过程:压缩机吸入从蒸发器出来的低温、低压气态制冷剂,将其压缩成高温、高压气态制冷剂送入冷凝器,此过程的主要目的是提高制冷剂的沸点,为下一个过程做好准备。

冷凝过程:高温、高压气态制冷剂进入冷凝器,通过冷却风扇和汽车行驶过程中的空气流动对冷凝器进行散热,使高温、高压气态制冷剂冷凝成中温、高压液态制冷剂,然后进入储液干燥器过滤杂质和干燥水分。

节流过程:经过过滤的中温、高压液态制冷剂通过膨胀阀进行节流降压,然后变成低温、低压雾状制冷剂。

蒸发过程:低温、低压雾状制冷剂进入蒸发器吸收鼓风机送来的热空气的热量变成气态制冷剂进入压缩机进行下一轮循环。在此过程中,鼓风机送来的热空气的热量被蒸发器内的制冷剂吸收变为冷空气,从而达到为车内的空气降温和除湿的目的。

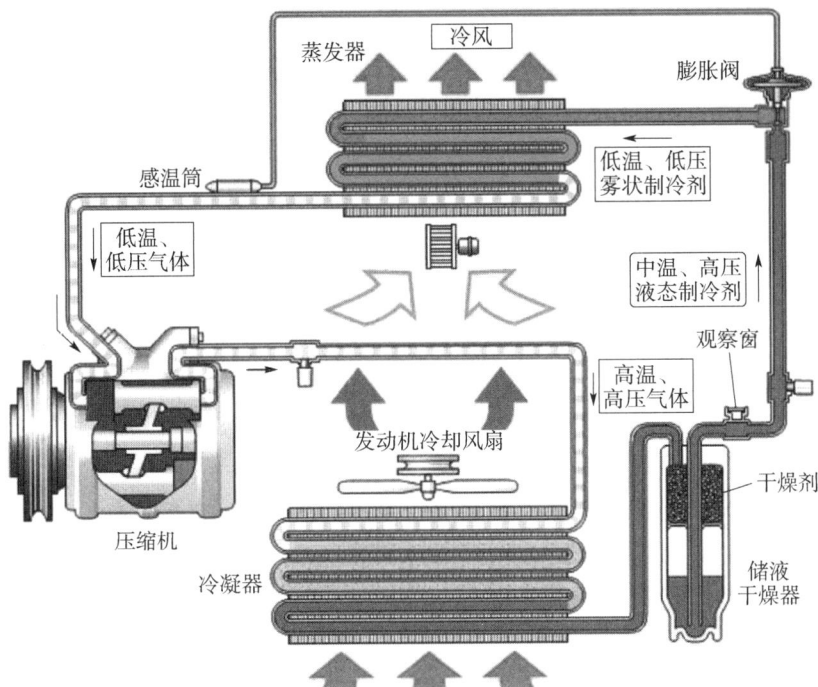

图 6-2-2　空调制冷系统的工作原理

三、制冷剂

制冷剂是在制冷系统中实现制冷循环的工作介质,它可根据制冷系统的要求变化状态。因此,制冷剂的性能直接影响制冷循环的技术经济指标。目前,汽车空调系统常用的制冷剂有R12(CFC12)和R134a(HFC134a)两种。

1. R12

R12是氟利昂类制冷剂,化学名称为二氟二氯甲烷,它在常温、常压下是无色、无味、透明、基本无毒性的制冷剂,而且化学性能稳定、不易燃烧,与空气混合时不易爆炸。R12泄漏后长期停留在大气层中,其中的氯原子与大气中的臭氧结合,会加速臭氧的分解,破坏大气中的臭氧层,目前已禁止使用。

2. R134a

R134a化学名称为四氟乙烷。它在常温、常压下是一种无色、无味、不燃烧、不爆炸、基本无毒性、化学性质稳定的制冷剂。R134a不含氯原子,对大气臭氧层无破坏作用。其热力性质稳定并与R12相近,目前得到了广泛应用。

3. 制冷剂使用注意事项

对汽车空调系统进行安装、维修和保养时,应确认空调系统使用的是何种制冷剂。R12与R134a不能混用,两种制冷剂对应的密封件、橡胶软管、检测仪表和加注工具等不能混用。一般车辆会在显著部位注明使用的制冷剂的类型,如图6-2-3所示。

图 6-2-3　车辆制冷剂类型铭牌

维护空调系统和加注制冷剂时,要佩戴护目镜和防护手套。空调系统的高压侧有高压,如果高压管破裂,使制冷剂喷出,可能会对眼睛造成严重伤害。同时,制冷剂进入大气时,蒸发极快,手触碰后会被冻伤。

处理制冷剂罐时应小心。不得用力碰撞制冷剂罐,不得将制冷剂罐置于高温处,应将其存放在凉爽的地方。避免将制冷剂罐存放在有腐蚀性物质的地方,如蓄电池酸液附近,因为制冷剂罐会发生腐蚀。在常温、常压下,R134a是不可燃的。试验证明,压力超过大气压和在空气中体积浓度大于60%时,R134a变为可燃。因此,空调系统部件或维修装置严禁充注压缩空气,以避免因使用压缩空气引发火灾或爆炸。

四、汽车空调制冷剂品质鉴别

如果制冷剂中混合有杂质,将会使空调系统制冷不正常,影响空调制冷效果。对于带有制冷剂回收功能的空调检测维修设备,如果回收的制冷剂纯度达不到所要求的标准,也会污染制冷剂罐中纯净的制冷剂,造成再次添加的制冷剂纯度不合格,最终影响空调系统的维修质量,降低了空调系统的一次修复率。因此,在空调维修作业中,需要对相关的制冷剂进行纯度测试,以确保维修中使用的是纯净的制冷剂。

被污染的制冷剂将会损坏空调系统,也会对制冷剂回收加注装置造成极大的破坏,增加这些装置的维修成本,因此在使用制冷剂回收加注装置之前,用制冷剂鉴别仪检测制冷剂,可避免损坏制冷剂回收和加注装置。

ROBINAIR 16910制冷剂鉴别仪的结构如图6-2-4所示。

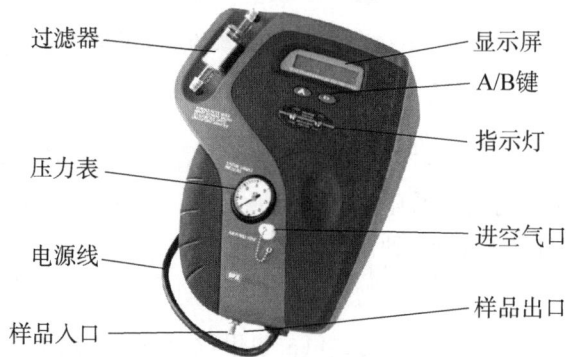

图6-2-4 ROBINAIR 16910制冷剂鉴别仪的结构

五、制冷剂回收加注机

在修理汽车空调的过程中,要经常拆开空调系统,如果将制冷剂排到大气中,既浪费又污染环境。因此,可使用制冷剂回收加注机将制冷剂回收,回收的制冷剂可继续使用。同时,它还具有系统抽真空、加注制冷剂和冷冻机油、测量系统压力等功能。如图6-2-5、图6-2-6所示。

图6-2-5 ROBINAIR AC350C制冷剂回收加注机

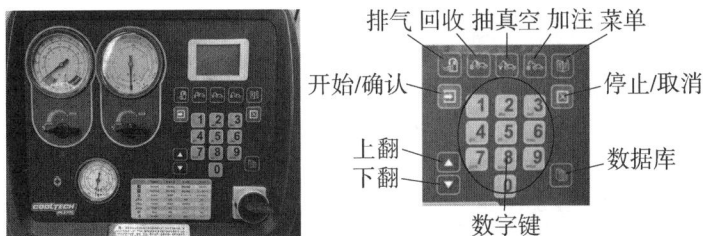

图 6-2-6　ROBINAIR AC350C 制冷剂回收加注机操作界面

能力训练

一、操作条件

① 设备:吉利帝豪 EV450 电动汽车、举升机、ROBINAIR AC350C 制冷剂回收加注机。

② 工具和器材:吉利帝豪 EV450 维修手册、ROBINAIR 16910 制冷剂鉴别仪。

二、安全及注意事项

① 在对车辆进行制冷剂回收加注作业前,需要按规范停稳车辆,并对车辆做必要的安全防护;

② 查阅车辆相关信息,确认车辆使用的制冷剂类型和数量;

③ 操作人员需按要求佩戴护目镜、防护手套及进行其他必要的安全防护;

④ 需要严格按照规范使用专用设备对指定车辆实施操作;

⑤ 对所使用的维修手册、计算机、车辆等要及时规整复位,并对场地进行清洁整理和 5S 工作。

三、操作过程

序号	操作步骤	操作方法及说明	操作标准
1	确认并记录车辆状态及信息	(1) 确认车辆停放状态,做好车内外防护 (2) 登记车辆信息,确认制冷剂类型及添加数量,并记录	做好车内外防护用品铺设工作(设置方向盘套、座椅套、地板垫、设置翼子板护垫、车轮挡块)。记录车辆型号等信息,检查发动机机油液位、冷却液液位、蓄电池电量及接线柱安装状况,确认制冷剂类型及需要添加的数量
2	制冷剂类型鉴别和纯度检测	(1) 检查制冷剂鉴别仪的状态并做好检测准备 	(1) 检查制冷剂鉴别仪的状态并做好检测准备 (2) 能根据结果判断制冷剂回收作业的可行性(制冷剂纯度大于 96%;制冷剂类型为单一 R134a 制冷剂)

序号	操作步骤	操作方法及说明	操作标准
2	制冷剂类型鉴别和纯度检测	(2)检测并记录结果,判断制冷剂回收作业可行性。单一制冷剂纯度低于96%或有两种及以上制冷剂,不可回收 	(1)检查制冷剂鉴别仪的状态并做好检测准备 (2)能根据结果判断制冷剂回收作业的可行性(制冷剂纯度大于96%;制冷剂类型为单一R134a制冷剂)
3	空调系统制冷剂回收作业	(1)打开制冷剂回收加注机的电源开关,显示屏上显示工作罐的质量 (2)取下高、低压阀帽 (3)将高、低压管路接头与高、低压注入阀相连接,打开高、低压手动阀 (4)开启空调,运行3～5min后关闭空调 (5)打开高、低压阀门,按下"确定"键进入回收程序 	(1)采用双管同时回收 (2)回收过程中记录回收前废油瓶油量 (3)回收过程中低压表压力到达－10psi(1psi＝0.0069MPa)时,继续回收1min,随后按"取消"键,停止回收

序号	操作步骤	操作方法及说明	操作标准
3	空调系统制冷剂回收作业	（6）用制冷剂回收加注机进行制冷剂回收。在回收过程中,应不断地观察压力表指针。当低压表压力到达－10psi时,继续回收 1min,随后按"取消"键,停止回收	（1）采用双管同时回收 （2）回收过程中记录回收前废油瓶油量 （3）回收过程中低压表压力到达－10psi（1psi＝0.0069MPa）时,继续回收 1min,随后按"取消"键,停止回收
4	空调系统抽真空作业	（1）回收完成后,显示回收的制冷剂量,准备下一步排废油 （2）检查排油瓶的初始油面刻度并记录 （3）按下"确认"键,显示正在排废油 （4）等待一段时间,排油瓶内无气泡后,检查排油瓶液面,并计算出冷冻机油的排出量。冷冻机油排出量＝回收后的排油瓶液面刻度－回收前的排油瓶液面刻度 （5）按下"取消"键,查看回收后工作罐质量并计算制冷剂的回收量。制冷剂回收量＝回收后的罐重－回收前的罐重 （6）按下"抽真空"键。为了更好地完成对系统抽真空,充分排除制冷系统中的空气和水分,抽真空时间应不少于 15min	（1）记录回收后废油瓶油量,计算出实际排油量,完成排油工作 （2）采用双管同时抽真空,时间设定为 5min,排除制冷系统中的空气和水分,完成初次抽真空 （3）实施单管（低压）抽真空,时间设定为 10min,抽真空结束后保压 1min,确定系统有无泄漏

序号	操作步骤	操作方法及说明	操作标准
4	空调系统抽真空作业	(7) 打开高、低压阀门,按下"确认"键,开始第一次抽真空,抽真空至系统真空压力低于－90kPa (8) 抽真空完成后,机器自动停止真空泵工作,准备下一步保压 (9) 关闭高、低压阀门,按下"确认"键,对系统进行保压。保压的目的是对系统进行真空检漏,应注意观察高、低压表指针,指针应无回升,若有回升,说明系统有泄漏,需要对系统进行检漏 	(1) 记录回收后废油瓶油量,计算出实际排油量,完成排油工作 (2) 采用双管同时抽真空,时间设定为 5min,排除制冷系统中的空气和水分,完成初次抽真空 (3) 实施单管(低压)抽真空,时间设定为 10min,抽真空结束后保压 1min,确定系统有无泄漏
5	空调系统制冷剂加注作业	(1) 保压完成后,准备下一步加注冷冻机油。加注前应计算冷冻机油加注量,加注量＝冷冻机油排出量＋20mL (2) 按下"确认"键,加注冷冻机油 (3) 关闭低压阀门(防止冷冻机油进入压缩机),打开高压阀门,按下"确认"键,开始注油。在加注过程中,必须一直观察注油瓶液面刻度。达到加注量后及时按下"确认"键,暂停加注冷冻机油,确认加注量达到要求后,按下"取消"键结束加注冷冻机油 (4) 按下"抽真空"键,按数字键设定抽真空时间为10min	操作制冷剂回收加注机,设定加注量,实施单管(高压)注油(加注量＝冷冻机油排出＋20mL)

序号	操作步骤	操作方法及说明	操作标准
5	空调系统制冷剂加注作业	（5）关闭高压阀门，打开低压阀门，按"确认"键，开始第二次抽真空。抽真空结束后，按下"取消"键，返回开机界面 （6）按下"充注"键，进入制冷剂充注界面 （7）设定制冷剂充注量。制冷剂充注量＝车辆制冷剂充注量＋45g （8）采用单管充注，关闭低压阀门，打开高压阀门，关闭低压管路接头手动阀，按下"确认"键，进行制冷剂充注 （9）充注完成后，根据界面显示，关闭高压管路接头手动阀，按下"确认"键 （10）关闭低压阀门，打开高压阀门，按下"确认"键，进入管路清理界面 （11）用仪器对管路清理后，高、低压表指示均在负压范围内，按下"确认"键退出 （12）取下高、低压管路接头，关闭高压阀门和电源开关，制冷剂回收、加注完成	操作制冷剂回收加注机，设定加注量，实施单管（高压）注油（加注量＝冷冻机油排出＋20mL）

🔧 **问题情境一**

本任务对吉利帝豪 EV450 电动汽车制冷剂回收加注的方法进行了介绍，但是不同品牌的汽车的空调系统各有特点，如果需要你对其进行制冷剂回收加注作业，应该如何处理？

解决途径：不同车型的空调系统的工作原理类似，但结构和特点不同，因此在操作前首先要根据维修手册确认车型结构，再制定相对应的操作流程。

🔧 **问题情境二**

市场上普遍存在"传统燃油汽车夏季开空调更费油，电动汽车冬季开空调更费电"的说法，请结合你所学的知识判断这种说法是否正确，并说明为什么。

解决途径：传统汽车采用水暖式暖风空调，利用发动机产生的热量通过水暖系统，使加热器芯升温，最后通过鼓风机将加热器芯上的热量吹入车内，但电动汽车由于缺少发动机这个热源，采用的是电暖风芯制暖，因此需要消耗额外的电能。而且现阶段车用电池的性能普遍与环境温度成正向关系，因此这种说法是正确的。

学习结果评价

序号	评价内容	评价标准	评价结果（是/否）
1	知识与技能	能在实车上找到车辆使用的制冷剂的类型及添加数量	☐是 ☐否
		能根据制冷剂鉴别仪使用说明书正确进行制冷剂鉴别、检测作业	☐是 ☐否
		能判断制冷剂回收作业的可行性	☐是 ☐否
		能根据制冷剂回收加注机使用说明书完成车辆制冷剂回收作业	☐是 ☐否
		能根据制冷剂回收加注机使用说明书完成车辆制冷剂加注及仪器管路清理作业	☐是 ☐否
2	安全与5S	能对场地进行安全检查	☐是 ☐否
		能安全操作举升机	☐是 ☐否
		能正确使用制冷剂鉴别仪	☐是 ☐否
		能正确使用制冷剂回收加注机	☐是 ☐否
		能遵守场地日常安全条例	☐是 ☐否
		能对工具、工位进行整理、复位、清扫	☐是 ☐否
3	总评	是否能够进行下一步内容的学习	☐是 ☐否

课后作业

1. 制冷剂回收作业完成后，制冷剂加注回收机会对旧制冷剂进行什么操作？

序号	作业过程	结果判断
1	旧制冷剂会通过过滤器进行过滤	☐正确 ☐错误
2	旧制冷剂会通过干燥器进行干燥	☐正确 ☐错误
3	旧制冷剂中的压缩机润滑油会被分离出来	☐正确 ☐错误

2. 根据图片信息完成表格的填写。

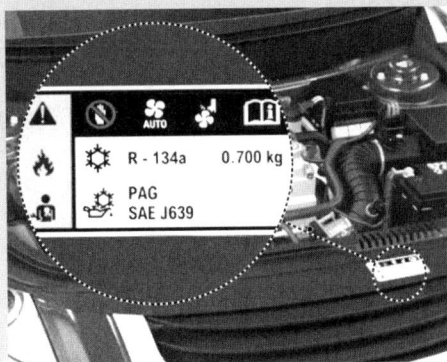

序号	问题	结果
1	从图中的标签中可以找到哪些信息？	
2	该空调系统的制冷剂加注量是多少？	
3	该空调系统应该加注哪种制冷剂？	
4	适合该空调系统的压缩机润滑油是什么？	

任务三

诊断排除空调电子控制系统的有码故障

学习目标

知识目标
1. 掌握汽车空调电子控制系统的组成及工作原理；
2. 了解汽车空调电子控制系统各传感器的作用及原理。

能力目标
1. 能利用故障诊断仪读取汽车空调电子控制系统的故障代码；
2. 能对空调电子控制系统的有码故障进行检测、判断（以压力传感器举例）。

素养目标

1. 通过查阅维修手册,对压力传感器进行检测、判断,培养主动探究、细致严谨的工作态度;

2. 通过工位整理、车辆防护和高压防护作业的练习,培养安全意识和规范意识。

基本知识

一、空调系统元件布置图

空调系统元件布置图如图 6-3-1 所示。

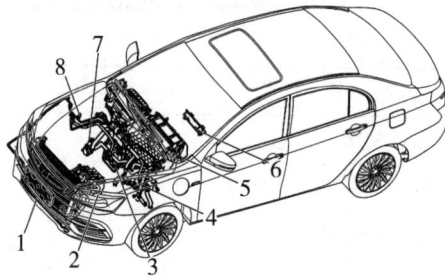

图 6-3-1　空调系统元件布置图

1—冷凝器;2—空调压缩机;3—PTC 加热器;4—热交换器总成;5—空调箱总成;
6—空调控制面板;7—PTC 电动水泵;8—空调压力开关

二、电气原理示意图

电气原理示意图如图 6-3-2 所示。

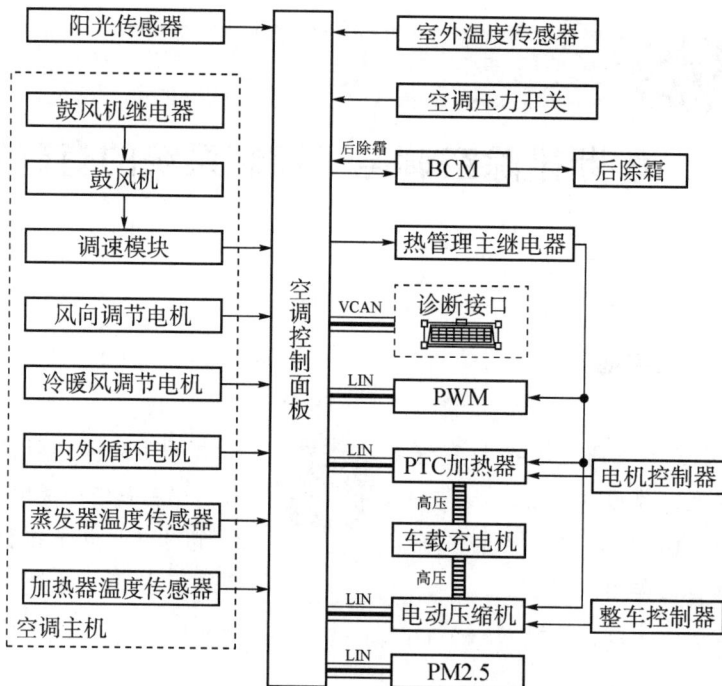

图 6-3-2　电气原理示意图

三、制冷系统的工作原理

压缩机受高压电驱动,当压缩机工作时,压缩机吸入从蒸发器出来的低温、低压气态制冷剂,经压缩,制冷剂的温度和压力升高,并被送入冷凝器。在冷凝器内,高温、高压气态制冷剂将热量传递给经过冷凝器的车外空气而液化。液态制冷剂流经膨胀阀时,温度和压力降低,并进入蒸发器。在蒸发器内,低温、低压液态制冷剂吸收经过蒸发器的空气的热量而蒸发,气体又被压缩机吸入进行下一个循环。如图 6-3-3 所示,通过制冷剂在系统内的循环,不断吸收车内空气的热量并排到车外中,使车内空气的温度逐渐下降。

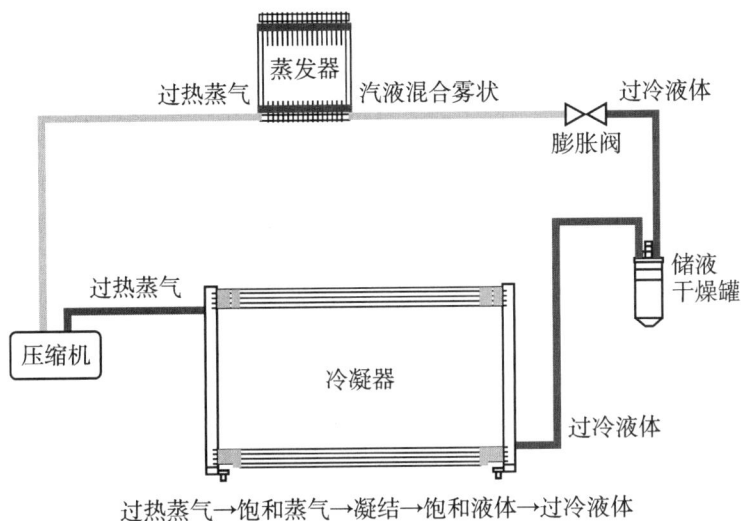

图 6-3-3　制冷系统的工作原理

四、制热系统的工作原理

制热系统由鼓风机、电加热器(PTC)、加热器水泵、加热器芯体等组成。如图 6-3-4 所示,当空调系统处于加热模式时,加热器在高压电的作用下对冷却液进行加热,高温冷却液被加热器水泵抽入加热器芯体。同时,冷暖温度控制电机旋转至采暖位置,气流在鼓风机的作用下流过加热器芯体,产生热量传递。外部空气在进入车内前,与加热后的空气混合,形成舒适的暖风。

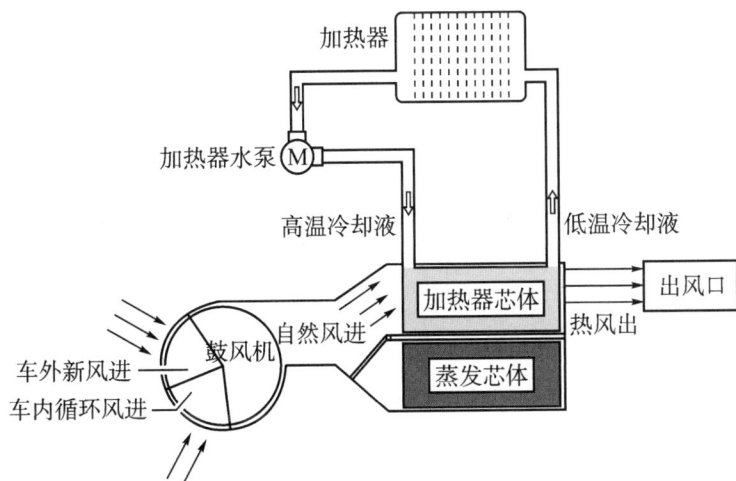

图 6-3-4　制热系统的工作原理

五、通风控制系统工作原理

如图 6-3-5 所示,通风控制系统中的各种位置可使模式风门通过风道混合或引入冷风、热风和外部空气通过空调系统,气流由风道系统和出风口输送到车内。

在"AUTO(自动)"模式下会自动选择相应的模式,使用"MODE(模式)"按钮可更改车辆的送风模式。如果当前显示为一个送风模式,则可按"MODE(模式)"按钮选择另一个送风模式。

空气流向由下列模式决定:

吹面——通过仪表板出风口送风。

双向——通过仪表板出风口、吹脚出风口送风。

吹脚——通过吹脚出风口送风。

混合——通过吹脚、前风窗出风口送风。

除霜——前风窗出风口送风。

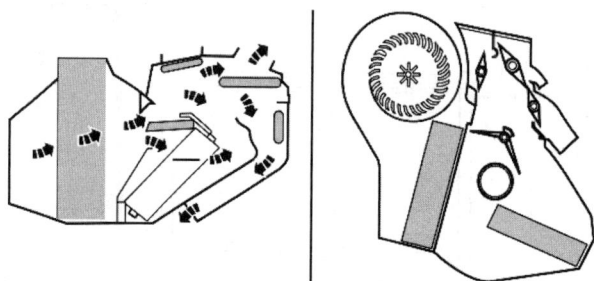

图 6-3-5　通风控制系统工作原理

六、故障码(DTC)列表

故障码(DTC)列表见表 6-3-1。

表 6-3-1　故障码

故障码	说明	故障码	说明
U007300	控制 CAN 总线关闭	B118115	驾驶员侧温度调节电机对电源短路或开路
U010087	与 EMS 通信丢失	B118171	驾驶员侧温度调节电机堵转
U011087	与 IPU 通信丢失	B118311	出风模式调节电机对地短路
U011287	与 BMSH 通信丢失	B118315	出风模式调节电机对电源短路或开路
U012287	与 ESC 通信丢失	B118371	出风模式调节电机堵转
U014087	与 BCM 通信丢失	B118411	循环风门电机对地短路
U015587	与 IPK(ICU)通信丢失	B118415	循环风门电机对电源短路或开路
U015687	与 MMI 通信丢失	B118471	循环风门电机堵转
U019887	与 TBOX 通信丢失	B118511	车内温度传感器对地短路
U021487	与 PEPS 通信丢失	B118515	车内温度传感器对电源短路或开路
U040181	EMS 信号无效	B118611	蒸发器温度传感器对地短路
U041681	ESC 信号无效	B118615	蒸发器温度传感器对电源短路或开路
U111487	与 VCU 通信丢失	B118711	车外温度传感器对地短路

故障码	说明	故障码	说明
U111587	与 OBC 通信丢失	B118715	车外温度传感器对电源短路或开路
U010187	与 TCU 通信丢失	B118C00	与 ION 通信丢失
U300616	控制模块输入电压低	B118C96	ION 硬件故障
U300617	控制模块输入电压高	B118D00	与 PM2.5 通信丢失
B118017	鼓风机电压反馈与目标值相差大	B118D96	PM2.5 硬件故障
B118111	驾驶员侧温度调节电机对地短路	B118E96	PTC 故障
B118F96	压缩机故障	B119221	电池冷却液电子水泵转速过低
B11907B	电机电控冷却水泵空载	B119213	电池冷却液电子水泵开路
B119097	电机电控冷却水泵堵转/过流	B119501	水阀 1 故障
B119098	电机电控冷却水泵过温关闭	B119601	水阀 2 故障
B119021	电机电控冷却水泵转速过低	B119701	水阀 3 故障
B119013	电机电控冷却水泵开路	B119411	压力传感器对地短路
B11917B	电加热水泵空载	B119415	压力传感器对电源短路或开路
B119197	电加热水泵堵转/过流	U111F87	与 PTC 通信丢失
B119198	电加热水泵过流关闭	U016B87	与 ACCM 通信丢失
B119121	电加热水泵转速过低	U025987	与 VCU 通信丢失(LIN 总线)
B119113	电加热水泵开路	U111C87	与 WV1 通信丢失
B11927B	电池冷却液电子水泵空载	U111D87	与 WV2 通信丢失
B119297	电池冷却液电子水泵堵转/过流	U111E87	与 WV3 通信丢失
B119298	电池冷却液电子水泵过温关闭	U016687	与 FCP 通信丢失

能力训练

一、操作条件

① 设备:吉利帝豪 EV450 电动汽车。

② 工具和器材:吉利帝豪 EV450 维修手册、道通 MS908S 通用故障诊断仪、常用拆装工具、万用表、车辆防护用品、高压防护用品。

二、安全及注意事项

① 应在通风良好的环境中进行制冷剂相关作业,不要吸入制冷剂蒸气。应避免吸入空调制冷剂和润滑油的蒸气或雾。接触它们后会刺激眼睛、鼻子和咽部。

② 从空调系统中清除 R134a 时,应使用经认证的、满足要求的维修设备(R134a 再生设备)。如果系统发生意外排放,在继续维修前,必须对工作区通风。

③ 维修电气系统前必须断开低压蓄电池的负极端子,并拆下车载充电机处直流母线。禁止在装有空调管路或部件的车辆上或其附近进行焊接或蒸汽清洗作业。

三、操作过程

序号	操作步骤	操作方法及说明	操作标准
1	故障现象预检	(1) 启动车辆，读取仪表信息 (2) 开启空调系统，调节至制冷模式，直观感受空调系统故障 (3) 根据直观现象预估故障可能性	(1) 开启启动开关，使车辆处于启动状态 (2) 空调开启至制冷模式 (3) 空调制冷效果不佳，可能是由空调压力不够、电源短路或开路所导致
2	使用故障诊断仪读取故障码	(1) 操作启动开关使电源模式至 ON 状态 (2) 连接故障诊断仪，读取系统故障码 (3) 确认系统是否存在故障码	(1) 开启启动开关，使启动开关处于 ON 状态 (2) 正确使用故障诊断仪，读取故障码结果为 B119415 (3) 确认故障码
3	检查空调压力开关熔丝 EF12	检查熔丝 EF12 是否熔断	若熔断，则检修熔丝 EF12 线路；若未熔断，则继续检查空调压力开关电源线路
4	检修熔丝 EF12 线路	(1) 检查熔丝 EF12 线路是否有短路故障 (2) 进行线路修理，确认没有线路短路现象 (3) 更换额定电流的熔丝。熔丝 EF12 的额定电流为 10A (4) 确认空调压力开关是否正常工作	(1) 检测线路是否短路（熔丝 EF12 的线路） (2) 若有故障，进行维修 (3) 更换熔丝（熔丝 EF12 额定电流为 10A） (4) 复检空调压力开关是否正常
5	检查空调压力开关电源线路	(1) 操作启动开关，使电源模式至 OFF 状态 (2) 断开低压蓄电池负极电缆并等待至少 90s (3) 断开空调压力开关线束连接器 CA43 (4) 断开前舱熔丝盒线束连接器 (5) 测量空调压力开关线束连接器端子与前机舱熔丝盒线束连接器端子之间的电阻值，标准电阻小于 1Ω (6) 确认电阻是否符合标准	(1) 关闭启动开关，使电源模式处于 OFF 状态 (2) 断开低压蓄电池负极电缆，使其处于安全位置（断开至少 90s 方可进行操作） (3) 断开空调压力开关线束连接器（型号为 CA43） (4) 使前机舱熔丝盒线束连接器处于断开状态 (5) 测量出电阻值（标准电阻小于 1Ω） (6) 若电阻符合标准，则检查空调压力开关与 A/C 空调控制器之间的线束；若电阻不符合标准，则更换或维修线束或连接器
6	检查空调压力开关与 A/C 空调控制器之间的线束	CA43 空调压力开关线束连接器 IP80 A/C空调控制器线束连接器 	(1) 关闭启动开关，使电源模式处于 OFF 状态 (2) 断开低压蓄电池负极电缆，使其处于安全位置（断开至少 90s 方可进行操作） (3) 断开 A/C 空调控制器线束连接器（型号为 IP79 和 IP80） (4) 断开空调压力开关线束连接器（型号为 CA43） (5) 测量出电阻值（标准电阻小于 1Ω） (6) 电阻若符合标准，则检查空调压力开关接地线；若不符合标准，则更换或维修线束或连接器（标准电阻小于 1Ω）

序号	操作步骤	操作方法及说明	操作标准
6	检查空调压力开关与 A/C 空调控制器之间的线束	**IP79 A/C空调控制器线束连接器** (1) 操作启动开关,使电源模式至 OFF 状态 (2) 断开低压蓄电池负极电缆,并等待至少 90s (3) 断开 A/C 空调控制器线束连接器 IP79 和 IP80 (4) 断开空调压力开关线束连接器 CA43 (5) 测量 CA43 - 3 与 IP80 - 23 之间的电阻值 (6) 测量 CA43 - 4 与 IP79 - 33 之间的电阻值;标准电阻小于 1Ω (7) 确认电阻是否符合标准	(1) 关闭启动开关,使电源模式处于 OFF 状态 (2) 断开低压蓄电池负极电缆,使其处于安全位置(断开至少 90s 方可进行操作) (3) 断开 A/C 空调控制器线束连接器(型号为 IP79 和 IP80) (4) 断开空调压力开关线束连接器(型号为 CA43) (5) 测量出电阻值(标准电阻小于 1Ω) (6) 电阻若符合标准,则检查空调压力开关接地线;若不符合标准,则更换或维修线束或连接器(标准电阻小于 1Ω)
7	检查空调压力开关接地线路	**CA43 空调压力开关线束连接器** (1) 操作启动开关,使电源模式至 OFF 状态 (2) 断开低压蓄电池负极电缆,并等待至少 90s (3) 断开 A/C 空调控制器线束连接器 IP79 (4) 断开空调压力开关线束连接器 CA43 (5) 测量 CA43 - 2 与车身(接地)之间的电阻值;标准电阻小于 1Ω (6) 确认电阻是否符合标准	(1) 关闭启动开关,使电源模式处于 OFF 状态 (2) 断开低压蓄电池负极电缆,使其处于安全位置(断开至少 90s 方可进行操作) (3) 断开 A/C 空调控制器线束连接器(型号为 IP79) (4) 断开空调压力开关线束连接器(型号为 CA43) (5) 测量电阻值(标准电阻为小于 1Ω) (6) 电阻若符合标准,则更换空调压力开关;若不符合标准,则更换或维修线束或连接器
8	更换空调压力开关	(1) 操作启动开关使电源模式至 OFF 状态 (2) 断开低压蓄电池负极电缆 (3) 更换空调压力开关	(1) 关闭启动开关,使电源模式处于 OFF 状态 (2) 断开低压蓄电池负极电缆,使其处于安全位置 (3) 根据维修手册正确更换空调压力开关 (4) 若系统正常,则故障排除;若未显示系统正常,则更换 A/C 空调控制器
9	更换 A/C 空调控制器	(1) 操作启动开关使电源模式至 OFF 状态 (2) 断开低压蓄电池负极电缆 (3) 更换 A/C 空调控制器	(1) 关闭启动开关,使电源模式处于 OFF 状态 (2) 断开低压蓄电池负极电缆,使其处于安全位置 (3) 根据维修手册正确更换 A/C 空调控制器
10	复检	启动后再次操作,确认空调系统是否正常	若仪表未显示故障,并且空调运转正常,则故障全面排除

🔍 问题情境一

通过学习吉利帝豪 EV450 电动汽车维修手册掌握了空调电子控制系统有码故障的检测和方法。但是,不同品牌的汽车的维修手册的结构、内容各有特点,如果同样需要你利用维修手册进行本次任务的操作,应该如何处理?

解决途径:① 翻阅相关车型维修手册目录,了解手册内容和结构特点,了解电路图的识图方法,以便于后续查阅使用;② 通过维修手册查找故障码的相关含义及检测步骤;③ 查阅相关部件的电路图;④ 查阅相关部件的安装位置及注意事项;⑤ 根据手册提示,对故障部件及其电路进行检测判断。

🔍 问题情境二

客户的吉利帝豪 EV450 电动汽车在行驶中发现空调的制冷效果不好,如果你是售后服务顾问,当你接到客户这台车时,应该如何去问诊其车辆出现的故障?

解决途径:问诊内容主要包括:① 询问客户的用车情况,如使用时间、维修情况、事故情况等;② 询问客户汽车空调的情况,如是否是首次出现、是否加注过制冷剂、有无空调以外的其他异常情况等。

学习结果评价

序号	评价内容	评价标准	评价结果(是/否)
1	知识与技能	了解空调电子控制系统的结构	☐ 是 ☐ 否
		了解空调电子控制系统的控制原理	☐ 是 ☐ 否
		能使用故障诊断仪读取空调系统故障码及数据流	☐ 是 ☐ 否
		能通过查阅维修手册分析出有码故障的故障可能原因	☐ 是 ☐ 否
		能对空调系统各元件线路进行检测	☐ 是 ☐ 否
		能判断空调系统有码故障是否已排除	☐ 是 ☐ 否
2	安全与5S	能对场地进行安全检查	☐ 是 ☐ 否
		能做好安全防护进入车辆底部	☐ 是 ☐ 否
		能遵守场地日常安全条例	☐ 是 ☐ 否
		能对工具、工位进行整理、复位、清扫	☐ 是 ☐ 否
3	总评	是否能够进行下一步内容的学习	☐ 是 ☐ 否

课后作业

1. 请根据本任务所学内容,结合下图,填写序号所代表的空调系统元件的名称。

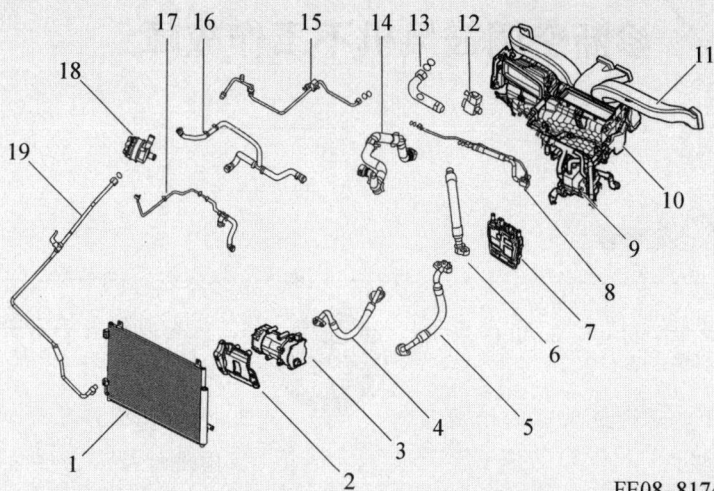

FE08-8174h

1	_____	2	_____
3	_____	4	_____
5	_____	6	_____
7	_____	8	_____
9	_____	10	_____
11	_____	12	_____
13	_____	14	_____
15	_____	16	_____
17	_____	18	_____
19	_____		

2. 请根据本任务所学内容,按照排除空调电子控制系统有码故障的顺序排序步骤(填序号即可)。

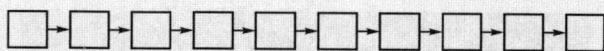

□→□→□→□→□→□→□→□→□→□

(1) 更换空调压力开关
(2) 使用故障诊断仪读取故障码
(3) 检查空调压力开关熔丝 EF12
(4) 检修熔丝 EF12 线路
(5) 更换空调压力开关
(6) 检查空调压力开关与 A/C 空调控制器之间的线束
(7) 检查空调压力开关电源线路
(8) 故障现象预检
(9) 复检
(10) 更换 A/C 空调控制器

任务四

诊断空调鼓风机不工作故障

学习目标

知识目标
1. 掌握鼓风机的作用及工作原理;
2. 掌握空调系统风道的组成及工作过程。

能力目标
1. 能查阅维修手册分析鼓风机控制电路;
2. 能查阅维修手册对鼓风机不工作故障进行检测、判断。

素养目标
1. 通过查阅维修手册,对鼓风机控制电路进行分析、检测、判断,培养主动探究、细致严谨的工作态度;
2. 通过工位整理、车辆防护和高压防护作业的练习,培养安全意识和规范意识。

基本知识

一、鼓风机的作用

如图 6-4-1 所示,外部空气从车辆前部通过仪表台下方风道进入车内。由于汽车在关闭门窗后为一个密闭空间,且风道狭长、弯曲,依靠自然风难以实现车内外空气的循环,需要施加外力将车外空气送入车内,这个提供外力的设备即为鼓风机。通过调节鼓风机的转速,实现对风速大小的控制,其与空调制冷系统和取暖系统配合工作,调节车内空气温度。

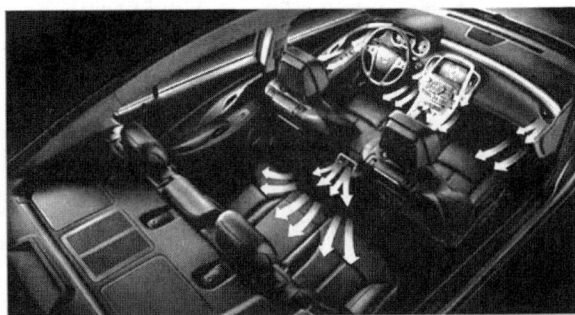

图 6-4-1 空气通过汽车空调进入车内

二、鼓风机的结构和控制电路

汽车用鼓风机主要由永磁型电动机、笼型风扇组成,如图 6-4-2 所示。鼓风机调速模块用于控制鼓风机的转速。

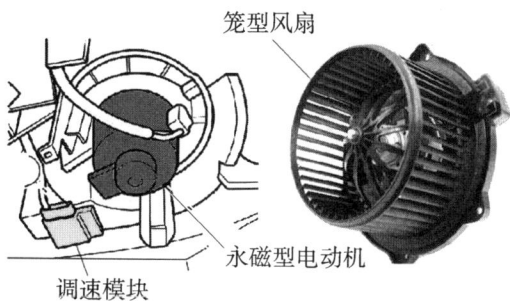

笼型风扇

永磁型电动机

调速模块

图 6-4-2 鼓风机的结构

如图 6-4-3 所示为吉利帝豪 EV450 电动汽车鼓风机控制电路,主要由 A/C 空调控制器、熔丝、鼓风机继电器及鼓风机组成。鼓风机由 IP77-1 端子接地,当空调控制器通过 IP80-26 端子接地时,鼓风机继电器线圈通电,常开触点开关吸合,电源由 B+经 SF10 熔丝和鼓风机继电器开关为鼓风机 IP77-10 端子供电,鼓风机的转速由空调控制器通过 IP79-24 至 IP77-17 导线控制,并由 IP79-23 至 IP77-18 导线将控制结果反馈给空调控制器。

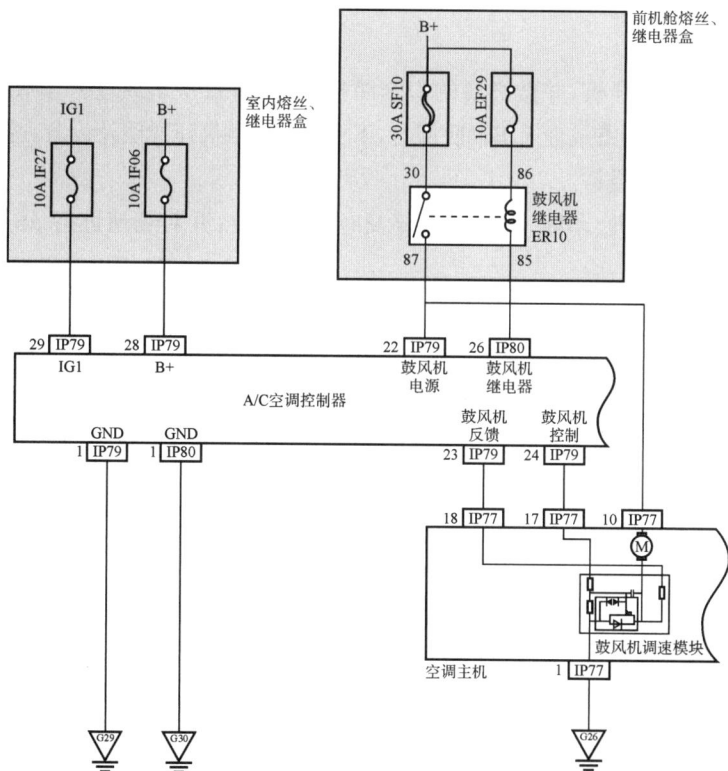

图 6-4-3 吉利帝豪 EV450 电动汽车鼓风机控制电路

三、空调系统风道

汽车空调的送风系统包括蒸发器、加热器和风道。如图 6-4-4 所示,风道是车外空气进入车内或车内空气循环的路径,通过模式风门可以实现对空气内外循环的控制,通过空气混合风门可以实现车内温度的调节,通过出风口位置风门可以实现不同出风位置的控制。

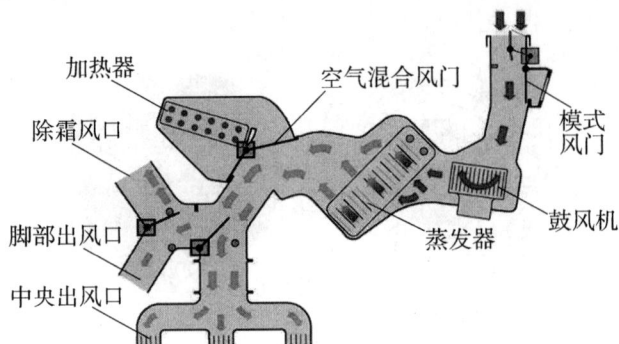

图 6-4-4 空调系统风道示意

能力训练

一、操作条件

① 设备：吉利帝豪 EV450 电动汽车、举升机。

② 工具和器材：吉利帝豪 EV450 电子维修手册、道通 MS908S 通用故障诊断仪、万用表。

二、安全及注意事项

① 需按规范操作举升机，并做必要的安全防护，不能盲目举车或进入车底；

② 当打开车辆前机舱盖或进入车辆底部时，不要盲目碰触高压导线及设备，避免触电危险；

③ 规范使用检测仪器；

④ 对所使用的计算机、车辆、举升机等要及时规整复位，并对场地进行 5S 工作。

三、操作过程

序号	操作步骤	操作方法及说明	操作标准
1	准备工位	(1) 准备方向盘套、座椅套和地板垫、车轮挡块 (2) 查看车辆信息，选取维修手册。本次任务选用吉利帝豪 EV450 电动汽车 (3) 准备故障诊断仪，本次任务选用道通 MS908S 通用故障诊断仪、万用表	能够根据车辆的型号、生产年份、配置等信息选取维修手册
2	车辆防护	(1) 设置车轮挡块 (2) 设置方向盘套、座椅套、地板垫	挡块、方向盘套、座椅套、地板垫设置到位
3	确认车辆故障现象	根据客户反映，确认车辆存在的故障现象	鼓风机不运转，空调系统不出风
4	读取故障信息	连接故障诊断仪，读取故障代码	故障码：B118017
5	查阅维修手册	(1) 根据故障现象"空调鼓风机不工作"的症状或"B118017"故障代码翻阅维修手册 📖 8.2.7.7 电源故障 📖 8.2.7.8 通讯故障 📖 8.2.7.9 空调鼓风机不工作 📖 8.2.7.10 空调压缩机不工作 📖 8.2.7.11 DTC：B118111,B118115…… (2) 阅读分析故障代码含义、电路图及诊断步骤	在手册中找到"空调鼓风机不工作"所在目录，并阅读所需内容

序号	操作步骤	操作方法及说明	操作标准
6	检测鼓风机熔丝 EF29、SF10 是否熔断	（1）操作启动开关使电源模式至 OFF 状态 （2）拔下熔丝 EF29、SF10 （3）利用万用表电阻挡测量判断熔丝 EF29 和 SF10 是否熔断 前机舱熔丝、继电器盒 1—鼓风机线束连接器；2—固定螺栓	标准电阻：<1Ω
7	拆卸鼓风机并检查	（1）断开低压蓄电池负极电缆 （2）断开鼓风机线束连接器，拆卸鼓风电机 3 个固定螺栓，取下鼓风电机 1—鼓风机线束连接器；2—固定螺栓 （3）检查鼓风机是否有叶轮损坏、有异物、卡滞等现象 （4）如更换新的鼓风机，紧固鼓风机 3 个固定螺栓 （5）连接鼓风机线束连接器	目视检查标准：叶轮无损坏、异物和卡滞 鼓风机固定螺栓转矩：3N・m
8	检测鼓风机继电器 ER10	（1）拔下鼓风机继电器 ER10 前机舱熔丝/继电器盒 （2）使用相同型号的继电器替换 （3）连接低压蓄电池负极电缆，操作启动开关使电源模式至 ON 状态，开启鼓风机，观察鼓风机工作状况	替换标准：替换正常继电器后故障消失，说明原继电器损坏；反之正常

序号	操作步骤	操作方法及说明	操作标准
9	检查 A/C 空调控制器与鼓风机继电器之间的线束	(1) 操作启动开关使电源模式至 OFF 状态 (2) 断开 A/C 空调控制器线束连接器 IP79 (3) 断开 A/C 空调控制器线束连接器 IP80 (4) 利用万用表电阻挡测量、判断线路断路状况 表格: 测量点 A / 测量点 B IP79 – 22 / 继电器 ER10 – 87 IP80 – 26 / 继电器 ER10 – 85 	标准电阻:<1Ω
10	检查鼓风机调速模块与 A/C 空调控制器之间的线束	(1) 断开空调主机线束连接器 IP77 和 A/C 空调控制器线束连接器 IP79 (2) 利用万用表电阻挡测量、判断线路断路状况 测量点 A / 测量点 B IP77 – 17 / IP79 – 24 IP77 – 18 / IP79 – 23	标准电阻:<1Ω

测量点 A 与 测量点 B 表格(序号9):

测量点 A	测量点 B
IP79 – 22	继电器 ER10 – 87
IP80 – 26	继电器 ER10 – 85

测量点 A 与 测量点 B 表格(序号10):

测量点 A	测量点 B
IP77 – 17	IP79 – 24
IP77 – 18	IP79 – 23

序号	操作步骤	操作方法及说明	操作标准
10	检查鼓风机调速模块与 A/C 空调控制器之间的线束	 （3）判断鼓风机调速模块搭铁线路状况 　测量点 A：IP77-1　　测量点 B：车身（接地） 	标准电阻：<1Ω
11	更换鼓风机调速模块	（1）断开低压蓄电池负极电缆 （2）断开鼓风机调速模块线束连接器,拆卸鼓风机调速模块 2 个固定螺栓,取下鼓风机调速模块 1—鼓风机调速模块线束连接器；2—固定螺栓 （3）更换新的鼓风机调速模块,连接低压蓄电池负极电缆,操作启动开关使电源模式至 ON 状态,开启鼓风机,观察鼓风机工作状况	替换标准：替换正常鼓风机调速模块后故障消失,说明模块损坏；反之正常 鼓风机调速模块固定螺栓转矩：3N·m
12	更换 A/C 空调控制器	（1）操作启动开关使电源模式至 OFF 状态 （2）断开低压蓄电池负极电缆 （3）更换正常 A/C 空调控制器,连接低压蓄电池负极电缆,操作启动开关使电源模式至 ON 状态,开启鼓风机,观察鼓风机工作状况	替换标准：替换正常 A/C 空调控制器后故障消失,说明控制器损坏；反之正常

序号	操作步骤	操作方法及说明	操作标准
13	复位整理	(1) 连接各断开的连接器,连接低压蓄电池负极 (2) 恢复车辆、工具、仪器 (3) 清洁车辆、地面、操作台	(1) 连接器卡扣到位 (2) 蓄电池负极转矩:9N·m (3) 整洁、整齐

🖱 问题情境一

维修技师在诊断吉利帝豪 EV450 电动汽车鼓风机控制电路时,需要更换空调控制器,但不知道更换方法,请问应该如何解决?

解决途径:翻阅维修手册目录,在"暖风、通风与空调系统"目录下找到"8.2.8.1 空调控制面板总成的更换",根据手册提示步骤进行更换。在翻阅维修手册时,会遇到翻译、印刷等错误问题,例如"空调控制器"在目录中是"空调控制面板总成",造成查阅手册困难,很多时候需要通过内容、电路图对比等方法进行确定。

🖱 问题情境二

维修技师在诊断吉利帝豪 EV450 电动汽车鼓风机控制电路时发现 SF10 熔丝熔断,更换新的熔丝后,故障依然存在,仔细检查发现是由于熔丝后方线路对车身短路导致的,但手册的诊断步骤中并没有该项检查内容,应该如何解决?

解决途径:维修手册提供的检查方法和检查步骤并不能涵盖汽车的所有故障,对于一些特殊故障,如本情境中的线短路故障,虽然手册没有涉及,但通过分析熔丝为什么会反复熔断可以总结出线路短路的诊断方向。所以,在诊断过程中,维修技师除了查阅维修手册,根据手册的步骤进行诊断操作以外,还需要具备电路分析的能力。

学习结果评价

序号	评价内容	评价标准	评价结果(是/否)
1	知识与技能	能简述鼓风机的作用	☐ 是　☐ 否
		能分析鼓风机的工作原理	☐ 是　☐ 否
		能分析空调系统风道的组成及工作过程	☐ 是　☐ 否
		能分析鼓风机控制电路	☐ 是　☐ 否
		能检测、判断鼓风机不工作的故障	☐ 是　☐ 否
2	安全与5S	能对场地进行安全检查	☐ 是　☐ 否
		能遵守场地日常安全条例	☐ 是　☐ 否
		能对工具、工位进行整理、复位、清扫	☐ 是　☐ 否
3	总评	是否能够进行下一步内容的学习	☐ 是　☐ 否

课后作业

1. 请在下图中标出鼓风机的安装位置。

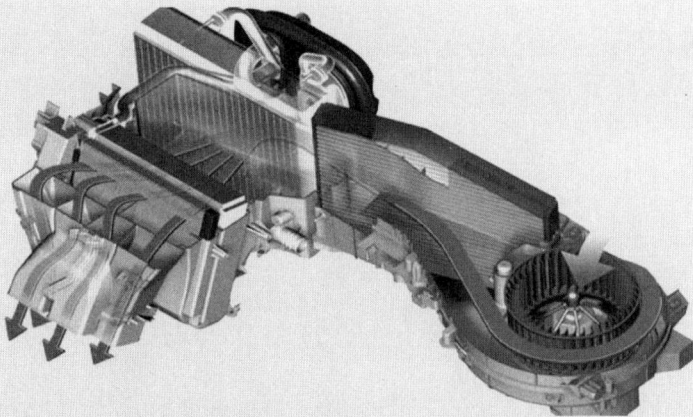

2. 仔细观察下图,并回答:

   (1) 空调系统的通风模式是:

   ☐ 内循环　☐ 外循环

   (2) 如图所示的空气混合风门位置,最有可能的是驾驶员开启了:

   ☐ 冷风　☐ 暖风

（3）符合对离心式鼓风机描述的是：

□ 改变了空气流通方向　　□ 结构紧凑

（4）圈出图中控制出风位置的风门。

项目七
通信系统检测诊断

任务一

诊断 CAN 总线完整性

学习目标

知识目标
1. 掌握 CAN 总线的作用及组成;
2. 了解 CAN 总线信号的特点。

能力目标
1. 能查阅分析 CAN 总线的控制电路;
2. 能查阅维修手册并完成 CAN 总线完整性的检测、判断。

素养目标
1. 通过查阅维修手册,对 CAN 总线电路进行分析并检测、判断,培养主动探究、细致严谨的工作态度;
2. 通过工位整理、车辆防护和高压防护作业的练习,培养安全意识和规范意识。

基本知识

一、CAN 总线的作用

汽车上每一个控制单元均作为一个信号接收或发送的"节点",当各个节点之间需要进行信息交互时,如果采用各个节点之间连接通信线路,将是一种复杂混乱的状况,如图 7-1-1 所示。

当汽车控制单元之间的信息交互采用控制器局域网络(CAN)方式时,如图 7-1-2 所示,各个节点将数据信息以标准协议方式传送给"公共桥梁"——CAN 总线,通过 CAN 总线实现彼此之间的信息交互,从而实现资源共享,减少通信线路的数量,节约空间,降低成本,提高车辆系统工作的可靠性。

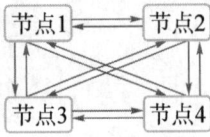

图 7-1-1　传统布线方式

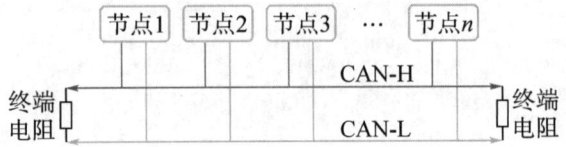

图 7-1-2　CAN 总线布线方式

二、CAN 总线的分类

CAN 总线根据传输速率可分为低速 CAN 总线和高速 CAN 总线。低速 CAN 总线的传输速率为 10～125kbit/s,主要应用于车辆舒适性模块、仪表显示等系统;高速 CAN 总线的传输速率为 125kbit/s～1Mbit/s,主要应用于驱动、安全、控制等系统。如图 7-1-3 所示为吉利帝豪 EV450 电动汽车的 CAN 总线网络,分为 P-CAN 总线和 V-CAN 总线,均为高速 CAN 总线。

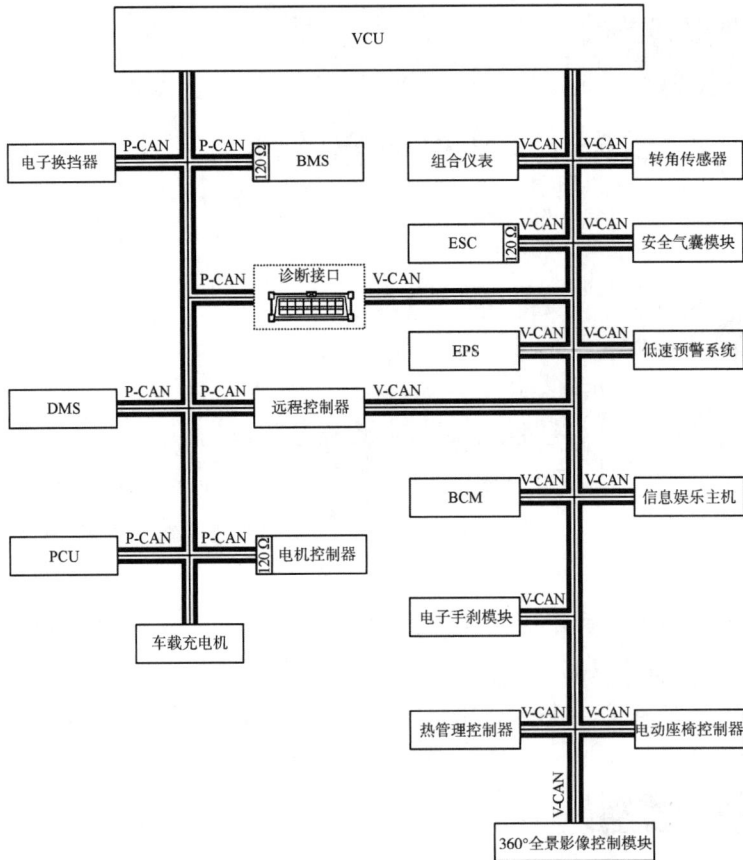

图 7-1-3　吉利帝豪 EV450 电动汽车 CAN 总线结构

三、CAN 总线的组成

CAN 节点:一般集成在控制单元内部,主要由微控制器、CAN 控制器、CAN 收发器组成。微控制器可以接收传感器信号或向执行器发送指令信号,并且可以将信号通过 CAN 总线网络与其他节点进行交互。

双绞线:其是连接各个节点的数据传输线,包括 CAN-H 线和 CAN-L 线。为了防止数据在传输中被电磁波干扰,CAN-H 和 CAN-L 两条数据线缠绕在一起,如图 7-1-4 所示。

图 7-1-4　双绞线

终端电阻:如图 7-1-2 所示,高速 CAN 总线会在前端和末端各配置一个 120Ω 的终端电阻,其目的是利用终端电阻吸收信号的反射及回波,减少对传输信号的干扰。低速 CAN 总线由于波长相对较长,反射和回波较弱,所以不在 CAN-H 线与 CAN-L 线之间设置终端电阻,但低速 CAN 总线的控制单元具有自己独立的终端电阻,它连接在每根导线与搭铁或电源之间。

四、CAN 总线信号的特点

高速 CAN 总线信号:如图 7-1-5 所示,高速 CAN 总线在空闲状态时电压均为 2.5V,此时 CAN-H 线和 CAN-L 线的电压差为 0,该状态为隐性状态。当高速 CAN 总线在非空闲状态时,CAN-H 线电压上升 1～3.5V,CAN-L 线电压下降 1～1.5V,两根导线之间的电压差为 2V,该状态为显性状态。

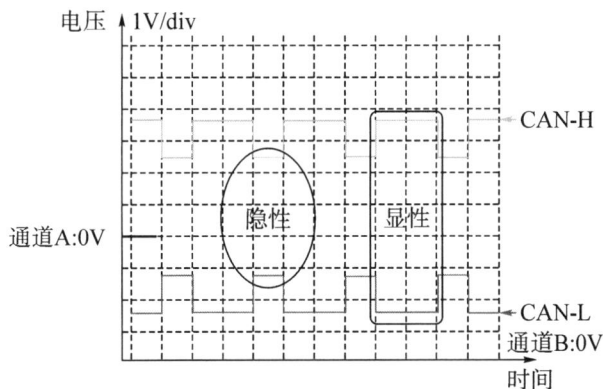

图 7-1-5　高速 CAN 总线信号

低速 CAN 总线信号:如图 7-1-6 所示,低速 CAN 总线在空闲状态时,CAN-H 线电压为 0V,CAN-L 线电压为 5V,该状态为隐性状态。当低速 CAN 总线在非空闲状态时,CAN-H 线电压上升至 4V,CAN-L 线电压下降至 1V,该状态为显性状态。

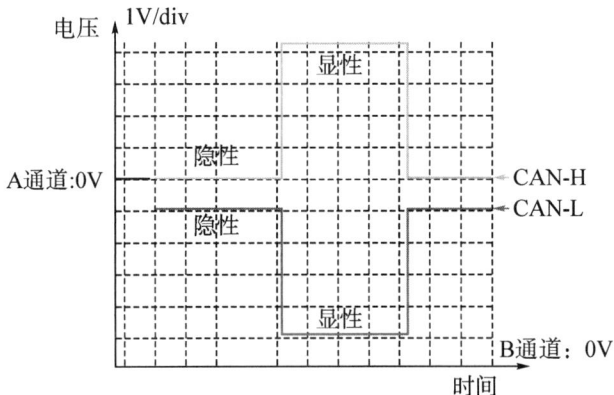

图 7-1-6　低速 CAN 总线信号

能力训练

一、操作条件

① 设备:吉利帝豪 EV450 电动汽车。

② 工具和器材:吉利帝豪 EV450 维修手册、道通 MS908S 通用故障诊断仪、常用拆装工具、万用表、车辆防护用品。

二、安全及注意事项

① 当打开车辆前机舱盖或进入车辆底部时,不要盲目碰触高压导线及设备,避免触电危险;

② 诊断过程中,不要拉伸 CAN 总线线束,而且不要将 CAN 总线线束拆开超过 4cm;

③ 对所使用的纸质维修手册、计算机、车辆等要及时规整复位,并对场地进行 5S 工作。

三、操作过程

序号	操作步骤	操作方法及说明	操作标准
1	准备工位	(1) 准备方向盘套、座椅套和地板垫 (2) 准备车轮挡块 (3) 查看车辆信息,选取维修手册。本次任务选用吉利帝豪 EV450 电动汽车 (4) 准备故障诊断仪,本次任务选用道通 MS908S 通用故障诊断仪 (5) 准备万用表	能够根据车辆的型号、生产年份、配置等信息选取维修手册
2	车辆防护	(1) 设置车轮挡块 (2) 设置方向盘套、座椅套、地板垫	挡块、方向盘套、座椅套、地板垫设置到位
3	查阅诊断口端子定义	翻阅维修手册,查询确认车辆诊断接口各端子的定义 **IP19 诊断接口线束连接器** （见下方端子定义表）	维修手册查阅路径:11.15.6.3 数据通信端子定义列表

端子定义表:

端子号	端子定义
1	CCAN – L(电机控制器)
2	CCAN – H(电机控制器)
3	PCAN – H
4	接地
5	接地
6	VCAN – H
7	UDS CAN – 1L(VCU)
8	UDS CAN – 1H(VCU)
9	CAN – H(BMS 模块)
10	CAN – L(BMS 模块)

序号	操作步骤	操作方法及说明	操作标准
3	查阅诊断口端子定义	续表 | 端子号	端子定义
---	---
11	PCAN - L
12	空
13	LIN
14	VCAN - L
15	空
16	KL30		维修手册查阅路径：11.15.6.3 数据通信端子定义列表
4	VCAN 总线网络完整性检查	(1) 操作启动开关至 OFF 挡 (2) 使用万用表电阻挡测量故障诊断接口 6 号端子和 14 号端子之间的电阻 	标准电阻：55～63Ω
5	PCAN 总线网络完整性检查	(1) 确认启动开关处于 OFF 挡 (2) 使用万用表电阻挡测量故障诊断接口 3 号端子和 11 号端子之间的电阻 	标准电阻：55～63Ω
6	测量 CAN 总线电压	操作启动开关使电源模式置于 ON 状态,使用万用表直流电压挡分别测量诊断接口 6 号、14 号、3 号和 11 号端子的电压 	标准电压： IP19 - 6 对搭铁： 2.6V IP19 - 14 对搭铁： 2.4V IP19 - 3 对搭铁： 2.6V IP19 - 11 对搭铁： 2.4V

序号	操作步骤	操作方法及说明	操作标准
7	复位整理	(1) 恢复车辆、工具、仪器 (2) 清洁车辆、地面、操作台	整洁、整齐

🖱 问题情境一

维修技师在检查吉利帝豪EV450电动汽车时，发现CAN总线需要修理，请问在修理过程中需要注意哪些问题？

解决途径：① 焊接总线后，用聚氯乙烯带包裹被修理的零件。② 安装时，确保两根总线互相缠绕在一起。如果未缠绕，CAN总线容易受到噪声干扰。③ CAN-L总线和CAN-H总线之间的长度差异应在100mm以内。④ 不要在连接器之间使用旁路导线，如果使用旁路导线，将无法发挥所缠绕的线束的保护作用。⑤ 在用测试仪检查电阻时，将测试仪探头从连接器的后侧（线束侧）插入。如果无法从连接器的后面检查导通性，使用维修导线检查连接器。⑥ CAN总线发生断路故障时，导线连接部位长度不能超过50mm。⑦ 如果断路部位有两处以上，两处断路部位必须满足距离在100mm以上时才允许修理，否则更换CAN总线。

🖱 问题情境二

维修技师在对吉利帝豪EV450电动汽车的VCAN总线网络完整性进行检测时，发现故障诊断接口6号端子和14号端子之间的电阻为0.3Ω，与检测标准不符，请问接下来应该如何进行诊断？

解决途径：诊断接口6号端子与14号端子之间为导通状态，说明VCAN总线网络存在短路故障，此时需要翻阅维修手册和电路图手册，利用万用表电阻挡逐一检测与VCAN相关的控制单元和通信导线，确定具体短路位置，并对故障部位进行维修或更换。

学习结果评价 >>

序号	评价内容	评价标准	评价结果（是/否）	
1	知识与技能	能理解CAN总线的作用	☐ 是	☐ 否
		能查询CAN总线的组成	☐ 是	☐ 否
		能知道CAN总线的应用	☐ 是	☐ 否
		能分析CAN总线的控制电路	☐ 是	☐ 否
		能利用维修手册对CAN总线网络进行完整性检测	☐ 是	☐ 否
		能利用万用表测量、判断CAN总线电压	☐ 是	☐ 否
2	安全与5S	能对场地进行安全检查	☐ 是	☐ 否
		能做好安全防护后进入车辆底部	☐ 是	☐ 否
		能遵守场地日常安全条例	☐ 是	☐ 否
		能对工具、工位进行整理、复位、清扫	☐ 是	☐ 否
3	总评	是否能够进行下一步内容的学习	☐ 是	☐ 否

课后作业

1. 下图为吉利帝豪电动汽车 EV450 的诊断接口,请完成下列内容。

IP19 诊断接口线束连接器

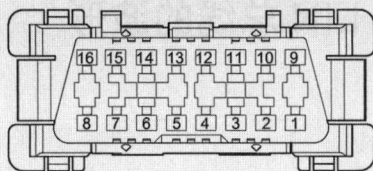

(1) 该车辆的故障诊断接口位于(　　　　　　　　　　　　　　　　　　)。

(2) 检查 VCAN 总线网络的完整性时,需要利用万用表的(　　)功能,选择(　　)量程,测量 IP19 诊断接口的(　　)号和(　　)号端口,其标准值为(　　)。

(3) 测量 CAN 总线网络的电压时,需要利用万用表的(　　)功能,选择(　　)量程,测量 IP19 诊断接口的(　　)号、(　　)号、(　　)号和(　　)号端子,其标准值分别为(　　　　　　　　　　　　　　　　　　)。

2. 请将下列表述按正确和错误排列。

正确	错误
(　　)	(　　)
(　　)	(　　)
(　　)	(　　)
(　　)	(　　)

(1) CAN 总线发生断路故障时,导线连接部位长度不能超过 50mm。

(2) 拆开 CAN 总线线束超过 4cm。

(3) 不要将 CAN 总线线束与其他导线连接。

(4) 使用厂家推荐的故障诊断仪诊断故障。

(5) 安装时,如果总线缠绕在一起,CAN 总线容易受到噪声干扰。

(6) CAN-L 线和 CAN-H 线之间的长度差异应在 2.94in(1in=25.4mm)以内。

(7) 在连接器之间使用旁路导线可以发挥所缠绕的线束的保护作用。

(8) 在用故障测试仪检查电阻时,如果无法从连接器的后面检查导通性,则使用维修导线检查连接器。

任务二

检测 LIN 总线的波形

学习目标

知识目标
1. 掌握 LIN 总线的作用及组成；
2. 了解 LIN 总线信号的特点。

能力目标
1. 能查阅分析 LIN 总线的控制电路；
2. 能利用示波器检测 LIN 总线数据波形，并进行简单的分析判断。

素养目标
1. 通过利用示波器对 LIN 总线波形的读取、分析，培养主动探究、细致严谨的学习态度；
2. 通过工位整理、车辆防护和高压防护作业的练习，培养安全意识和规范意识。

基本知识

一、LIN 总线的作用

LIN(local interconnect network)属于局部串行通信网络。汽车网络模块的节点数量越来越多，但并不是所有的节点都需要利用 CAN 总线的带宽和功能。例如，带有通信功能的传感器和执行器可以通过 LIN 总线联网通信，实现信息、指令的传递。

LIN 总线属于 A 类低速网络，它与 CAN 总线等其他 B 类或 C 类网络相比较，具有传输速率低、结构简单、价格低的特点。在汽车上，LIN 总线一般不独立存在，而是与其他类型的网络形成组合互补关系，如图 7-2-1 所示。

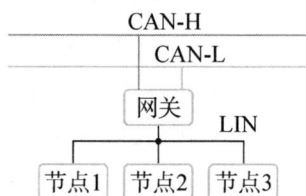

图 7-2-1 LIN 总线

二、LIN 总线的结构

LIN 总线由一个主节点、一个或多个从节点组成，如图 7-2-2 所示，所有节点的数量一般不超过 16 个，节点与节点之间的最大距离为 40m。

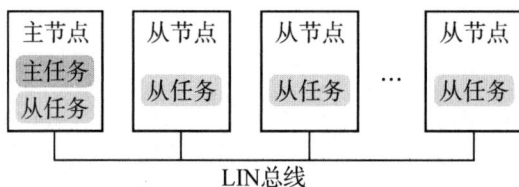

图 7-2-2 LIN 总线结构

所有节点都包含一个从任务,负责消息的发送和接收;主节点还包含一个主任务,负责启动 LIN 总线网络中的通信。主节点又称为主控制单元,相当于网关,在 CAN 总线和 LIN 总线之间起"翻译"作用,并且能够对从节点进行诊断;LIN 总线为单线制串行数据线路,无须采用屏蔽手段,传输速率为 1～20kbit/s,该速率最大值为低速 CAN 总线数据传输速率的 1/5。

三、LIN 总线信号的特点

如图 7-2-3 所示,逻辑值"1"为 LIN 总线的隐性值,逻辑值"0"为 LIN 总线的显性值。

隐性值 HIGH（1）　　　　　　　　　　　12V
显性值 LOW（0）　　　　　　　　　　　0V

图 7-2-3　LIN 总线的隐性值与显性值

隐性值:当 LIN 总线上未获取信息,或发送给 LIN 总线一个隐性位时,那么 LIN 总线上的电压为蓄电池电压,即为 12V。

显性值:当节点控制 LIN 总线搭铁,即显性值接近 0V。

LIN 总线的波形如图 7-2-4 所示。

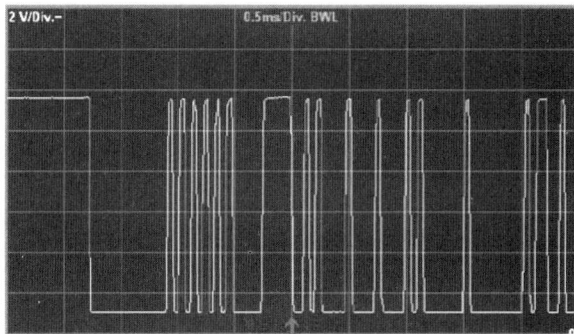

图 7-2-4　LIN 总线的波形

四、LIN 总线的应用

如图 7-2-5 所示为吉利帝豪 EV450 电动汽车 LIN 总线网络的部分结构图,其中 BCM 为主节点,所有的车窗电机为从节点,它们通过 LIN 总线连接,实现数据的交互。

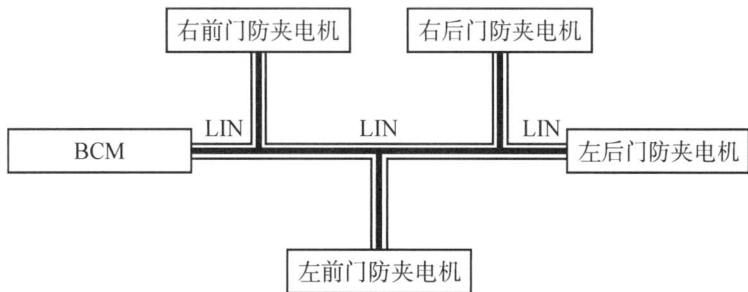

图 7-2-5　吉利帝豪 EV450 电动汽车 LIN 总线网络结构

五、示波器

示波器是一种用途十分广泛的电子测量仪器,它能将肉眼看不见的电信号变换成看得见的图像,便于人们研究各种电信号的变化过程。利用示波器能观察到各种信号的幅度随时间变化的曲线,还可以用它测试各种不同的参数,如电压、电流、频率、相位差、幅值等。

　　汽车故障诊断中常用的示波器包括通用示波器、汽车专用示波器、带示波功能的故障诊断仪,如图7-2-6~图7-2-8所示。

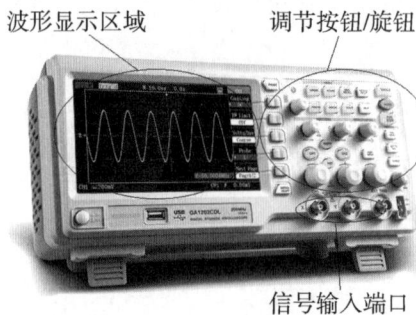

波形显示区域　　　调节按钮/旋钮

信号输入端口

图7-2-6　通用示波器

图7-2-7　汽车专用示波器

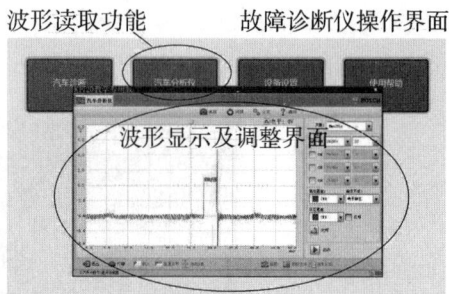

波形读取功能　　故障诊断仪操作界面

波形显示及调整界面

图7-2-8　故障诊断仪示波功能界面

　　无论利用何种类型的示波器采集车辆信号,采集方法相同。除了示波器外,还需要准备测量探针、波形线、搭铁连接线、鳄鱼夹等。测量探针与车辆被测线路连接,波形线连接测量探针与示波器的通道接口,搭铁连接线及鳄鱼夹连接波形线与车身搭铁。

能力训练

一、操作条件

　　① 设备:吉利帝豪EV450电动汽车。

　　② 工具和器材:吉利帝豪EV450维修手册、博世KT720故障诊断仪。

二、安全及注意事项

　　① 当打开车辆前机舱盖或进入车辆底部时,不要盲目碰触高压导线及设备,避免触电危险;

　　② 涉及高压操作时必须做好高压防护工作;

　　③ 对所使用的纸质维修手册、计算机、车辆、常用工具、检测设备等要及时规整复位,并对场地进行5S工作。

三、操作过程

序号	操作步骤	操作方法及说明	操作标准
1	选取并查阅维修手册	（1）查阅车辆信息。本次操作选取吉利帝豪EV450电动汽车，要求采集车窗LIN总线的波形 （2）翻阅维修手册和电路图手册，确定车窗LIN总线波形的采集位置 **IP21a车身控制模块线束连接器2** 	查阅顺序： （1）电动车窗电路图，明确波形采集位置IP21a连接器34号端子 （2）BCM安装位置 （3）IP21a连接器端子图
2	准备工位	（1）准备方向盘套、座椅套和地板垫 （2）准备车轮挡块 （3）准备示波器及附件，本次任务选用带示波功能的博世KT720故障诊断仪	采集波形需要示波器、测量探针、波形线、搭铁连接线、鳄鱼夹等
3	连接示波器	（1）操作启动开关至OFF挡 （2）断开低压蓄电池负极端子，并利用绝缘胶带包裹 （3）断开BCM IP21a连接器 （4）确认IP21a连接器34号端子，并与测量探针连接 	波形线的搭铁端通过导线及鳄鱼夹与车身搭铁连接；波形线测量端与测量探针连接；波形线与示波器通道连接口锁紧连接

序号	操作步骤	操作方法及说明	操作标准
3	连接示波器	(5) 连接波形线 注:读取波形时,故障诊断仪与笔记本电脑之间需要利用 USB 导线连接	波形线的搭铁端通过导线及鳄鱼夹与车身搭铁连接;波形线测量端与测量探针连接;波形线与示波器通道连接口锁紧连接
4	读取 LIN 总线波形	(1) 连接 BCM IP21a 连接器,连接低压蓄电池负极端子,车辆上电 (2) 开启示波器或故障诊断仪。下列操作以博世 KT720 故障诊断仪的示波功能演示说明 (3) 点击"汽车分析仪"功能按键 (4) 点击"通用示波器"功能按钮 (5) 根据检测波形在显示屏上的显示效果,调整"幅值"和"频率"两个变量参数至合适值 (6) 录制或保存 LIN 总线波形,分析波形 	(1) 波形形状完整地显示在屏幕内 (2) 波形线连接端子:IP21a 连接器 34 号端子与车身
5	复位整理	(1) 恢复车辆、工具、仪器 (2) 清洁车辆、地面、操作台	整洁、整齐

问题情境一

　　吉利帝豪 EV450 电动汽车电动车窗工作异常,采集的车窗 LIN 总线波形如下图所示,请分析应该如何处理?

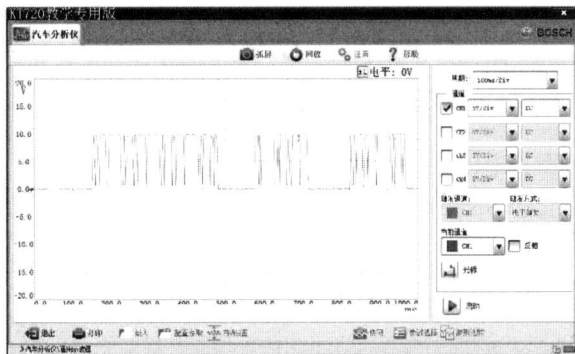

　　解决途径:首先将读取的 LIN 总线波形与正常波形进行对比,发现读取的波形形状异常,可能存在线路接触不良或控制模块损坏的故障,需要对 LIN 总线及相关控制模块进行检查,确定具体的故障部位并进行维修或更换。

问题情境二

　　吉利帝豪 EV450 电动汽车存在加速不良的故障,怀疑是由加速踏板位置传感器或其控制电路故障所致,利用万用表对传感器的线路和部件进行检测,未发现异常,但更换新的加速踏板位置传感器后,故障排除。如果你是维修技师,在没有新配件更换的情况下,应该如何检测、判定加速踏板位置传感器损坏?

　　解决途径:万用表能够测量特定状态下的电量,但对于元器件工作过程中出现的异常则很难发现。利用示波器可以采集传感器、执行器或网络通信过程中连续变化的参数,而且可以以图形方式直观呈现,是汽车故障诊断的重要方法。本故障可以利用示波器的两个通道对加速踏板位置传感器的 1 组和 2 组信号同时采集,通过踩下和松开加速踏板,观察波形形状和幅值,如下图所示,其中 1 组信号存在杂波,说明传感器存在接触不良的故障,需要更换。

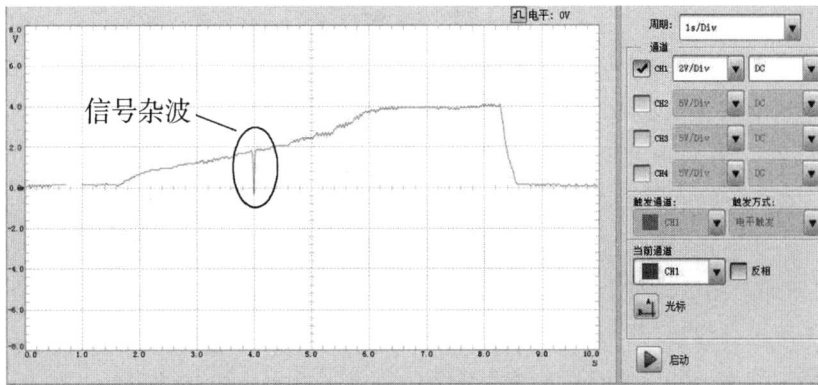

学习结果评价

序号	评价内容	评价标准	评价结果（是/否）
1	知识与技能	能理解 LIN 总线的作用	□是 □否
		能查询 LIN 总线的组成	□是 □否
		能知道 LIN 总线的应用	□是 □否
		能分析 LIN 总线的控制电路	□是 □否
		能利用示波器检测 LIN 总线波形，并进行简单的分析、判断	□是 □否
2	安全与 5S	能对场地进行安全检查	□是 □否
		能做好安全防护后进入车辆底部	□是 □否
		能遵守场地日常安全条例	□是 □否
		能对工具、工位进行整理、复位、清扫	□是 □否
3	总评	是否能够进行下一步内容的学习	□是 □否

课后作业

1. 下图为利用故障诊断仪示波器功能读取波形的界面，回答以下问题：

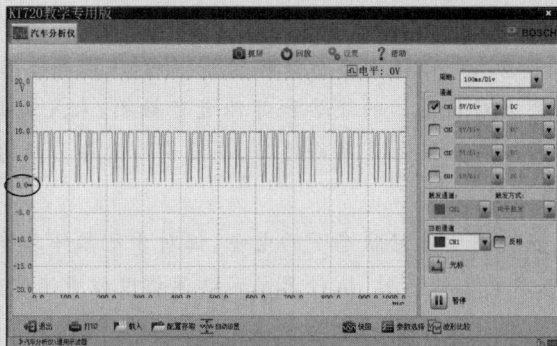

（1）波形采集的通道是（　　）。

　　A. 通道1　　　　　　　　B. 通道2

　　C. 通道3　　　　　　　　D. 通道4

（2）横坐标每格（　　）ms，纵坐标每格（　　）V。

（3）关于图中椭圆标示的"箭头"，表述错误的是（　　）。

　　A. "箭头"在读取波形过程中可以上下移动，以调整波形显示的位置

　　B. "箭头"所指示的位置即为波形的 0 电位位置，是读取波形幅值的起始位置

　　C. "箭头"可以横向移动，用于调整周期的起始位置

　　D. 双通道图区波形会显示两个"箭头"

（4）上图所示的波形，最小值是（　　）V，最大值是（　　）V。

（5）在图中圈出 LIN 总线的"显性值"部分。

2. 请在下图中标示出 LIN 总线通信的主节点和从节点,并尝试分析车窗的工作过程。

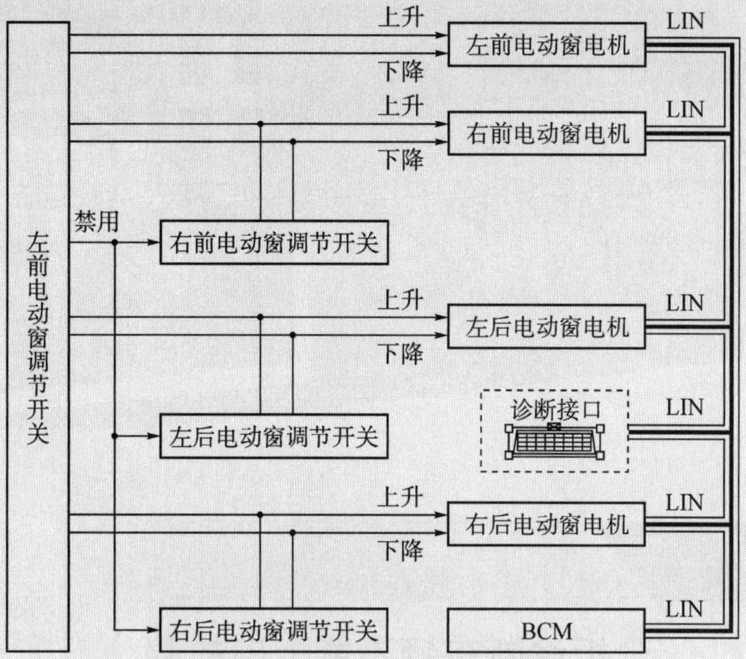

项目八
典型故障诊断

任务一

分析诊断车辆不能上电故障

 **学习目标**

知识目标
1. 掌握电动汽车上电预充电的作用;
2. 掌握电动汽车高压上电和下电的控制过程;
3. 了解高压上电失败的原因。

能力目标
1. 能正确拆装高压线束;
2. 能对电动汽车不能上电故障进行检测、诊断。

素养目标
1. 通过对电动汽车不能上电故障的检测、诊断,培养综合分析的能力和细致严谨的学习态度;
2. 通过工位整理、车辆防护和高压防护作业的练习,培养安全意识和规范意识。

基本知识

一、预充电的作用

驱动电机和空调压缩机的电机控制器内部含有电容,如果动力电池直接接入高压电路,而电容内部没有预先存储一定量的电荷,会导致高压电路中电容的充电电流过大,极易发生危险。为了避免发生短路意外,需要加入预充继电器和预充电阻,实现对电容的较小电流预充电,以此来保护电路。预充电阻 R_1 和电机控制器电容 C_1 如图 8-1-1 所示。

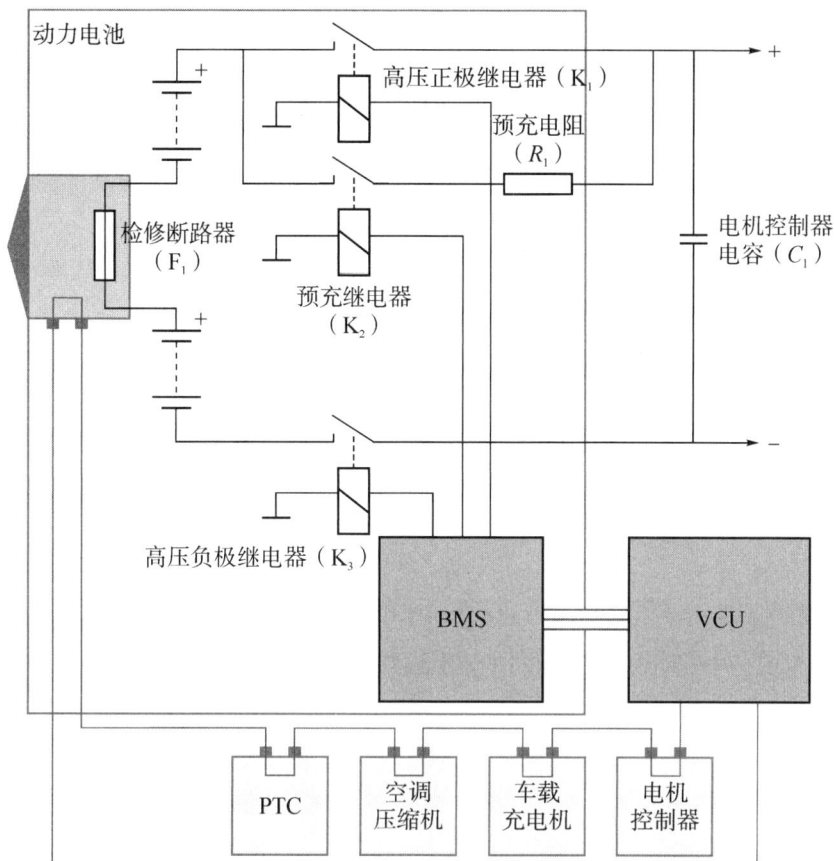

图 8-1-1 动力电池高压电控制

二、高压上电过程

如图 8-1-1 所示,正常车辆的启动开关由 OFF 挡切换至 ON 挡时,整车控制单元(VCU)、电机控制器(MCU)、电池管理系统(BMS)依次自检后,VCU 将上电指令发送给 BMS,然后由 BMS 控制高压负极继电器 K_3 和预充继电器 K_2 闭合,将预充电阻 R_1 串联在动力电池正极电路中,使输出电流减小,并为 C_1 电容充电。当外部电压超过动力电池总电压的 90% 时,BCM 控制高压正极继电器 K_1 闭合,K_2 继电器断开,K_3 继电器维持闭合状态。最后由 BCM 将"预充电完成"信号发送给 VCU。

VCU 接收"预充电完成"信号后,控制 DC/DC 转换器使能信号输出,DC/DC 转换器给低压系统供电。当车辆启动开关挡位切换至 START 挡时,若电机控制器或 BMS 未发出"不允许"信号,而且制动开关满足"被踩下"的信号条件,VCU 发送 MCU 使能信号,VCU 发送 READY 状态,仪表显示 READY,上电结束。

高压上电失败的原因主要包括:动力电池出现严重的欠压、过压、过温、漏电;控制高压上电的继电器故障;高压互锁故障;检修断路器故障,防盗系统故障;高压母线漏电、接触异常、断路等故障;CAN 总线网络通信故障;制动踏板及其电路故障;车辆启动开关及其电路故障;控制系统及其电源电路故障。

三、高压下电过程

车辆启动开关的 OFF 信号发送给 VCU 后，电机控制器将电机输出转矩控制为零，DC/DC 转换器停止工作。电池管理系统接收 VCU 发出的"下电"指令后，控制高压正极继电器 K_1 和高压负极继电器 K_3 断开。

能力训练

一、操作条件

① 设备：吉利帝豪 EV450 电动汽车、举升机。

② 工具和器材：吉利帝豪 EV450 维修手册、道通 MS908S 通用故障诊断仪、万用表。

二、安全及注意事项

① 按规范操作举升机，并做必要的安全防护，不能盲目举车或进入车底；

② 当打开车辆前机舱盖或进入车辆底部时，不要盲目碰触高压导线及设备，避免触电危险；

③ 按高压防护要求布置作业场地，检查穿戴的防护设备，规范使用检测仪器；

④ 按照技术规范完成车辆下电、验证、检测等操作；

⑤ 对所使用的纸质维修手册、计算机、车辆、举升机要及时规整复位，并对场地进行 5S 工作。

三、操作过程

序号	操作步骤	操作方法及说明	操作标准
1	准备工位	（1）准备方向盘套、座椅套和地板垫、车轮挡块 （2）查看车辆信息，选取维修手册。本次任务选用吉利帝豪 EV450 电动汽车 （3）准备故障诊断仪，本次任务选用道通 MS908S 通用故障诊断仪、万用表	能够根据车辆的型号、生产年份、配置等信息选取维修手册
2	车辆防护	（1）设置车轮挡块 （2）设置方向盘套、座椅套、地板垫	挡块、方向盘套、座椅套、地板垫设置到位
3	确认车辆故障现象	根据客户反映，确认车辆存在的故障	仪表显示车辆无法上高压电
4	读取故障信息	（1）连接故障诊断仪，读取故障码 （2）读取能够导致车辆无法上电的异常数据流	故障码：P158D-01，异常数据流
5	查阅维修手册	（1）查阅 P158D-01 故障码为"主回路高压互锁故障"，分析可知，该故障会引起车辆无法上高压电的异常现象	在手册中找到"高压互锁"电路图，并阅读、分析

序号	操作步骤	操作方法及说明	操作标准
5	查阅维修手册	（2）查阅"高压互锁"电路图 	在手册中找到"高压互锁"电路图，并阅读、分析
6	检测准备	（1）高压防护：绝缘垫绝缘测试；检查并佩戴安全帽、绝缘手套、护目镜 （2）操作启动开关使电源模式置于 OFF 状态 （3）断开低压蓄电池负极电缆	（1）绝缘垫阻值大于 20MΩ；安全帽、绝缘手套、护目镜无开裂 （2）操作的步骤顺序正确 （3）低压蓄电池负极电缆用绝缘胶带包裹
7	检测高压互锁线路	（1）断开与高压互锁线路相关连接器：CA66、CA67、BV11、BV10、BV08、CA61 	（1）线路断路状况判断标准电阻：<1Ω （2）线路短路状况判断标准电阻：10kΩ 或更大

序 号	操作步骤	操作方法及说明	操作标准
7	检测高压 互锁线路	 （2）用万用表电阻挡判断 VCU 连接器与电机控制器连接器之间的高压互锁线路： 表格见下 	（1）线路断路状况判断标准电阻： 　　<1Ω （2）线路短路状况判断标准电阻： 　　10kΩ 或更大

操作方法及说明栏中的表格：

线路断路状况判断	测量点 A	测量点 B
	CA67 - 76	BV11 - 1

线路短路状况判断	测量点 A	测量点 B
	CA67 - 76 或 BV11 - 1	车身（接地）

序号	操作步骤	操作方法及说明	操作标准
7	检测高压互锁线路	（3）用万用表电阻挡判断电机控制器连接器与车载充电机连接器之间的高压互锁线路 **线路断路状况判断 / 测量点A BV11-4 / 测量点B BV10-26** **线路短路状况判断 / 测量点A BV11-4 或 BV10-26 / 测量点B 车身（接地）** （4）用万用表电阻挡判断车载充电机连接器与空调压缩机连接器之间的高压互锁线路 **线路断路状况判断 / 测量点A BV10-27 / 测量点B BV08-6** **线路短路状况判断 / 测量点A BV10-27 或 BV08-6 / 测量点B 车身（接地）**	（1）线路断路状况判断标准电阻：<1Ω （2）线路短路状况判断标准电阻：10kΩ 或更大

表中嵌套表格：

（3）部分：

线路断路状况判断	测量点 A	测量点 B
	BV11-4	BV10-26

线路短路状况判断	测量点 A	测量点 B
	BV11-4 或 BV10-26	车身（接地）

（4）部分：

线路断路状况判断	测量点 A	测量点 B
	BV10-27	BV08-6

线路短路状况判断	测量点 A	测量点 B
	BV10-27 或 BV08-6	车身（接地）

序号	操作步骤	操作方法及说明	操作标准
7	检测高压互锁线路	（5）用万用表电阻挡判断空调压缩机连接器与PTC加热控制器连接器之间的高压互锁线路 | 线路断路状况判断	测量点 A	测量点 B | | | BV08 - 7 | CA61 - 5 | | 线路短路状况判断 | 测量点 A | 测量点 B | | | BV08 - 7 或 CA61 - 5 | 车身（接地） |	（1）线路断路状况判断标准电阻： 　　＜1Ω （2）线路短路状况判断标准电阻： 　　10kΩ 或更大

序号	操作步骤	操作方法及说明	操作标准
7	检测高压互锁线路	 （6）用万用表电阻挡判断 PTC 加热控制器连接器与 VCU 连接器之间的高压互锁线路 表格见下方 	（1）线路断路状况判断标准电阻：<1Ω （2）线路短路状况判断标准电阻：10kΩ 或更大

下表内容：

线路断路状况判断	测量点 A	测量点 B
	CA61 - 7	CA66 - 58
线路短路状况判断	测量点 A	测量点 B
	CA61 - 7 或 CA66 - 58	车身（接地）

序号	操作步骤	操作方法及说明	操作标准
8	检测高压互锁部件	用万用表电阻挡判断下列各部件的测量点的导通状况 | 电机控制器	BV11－1	BV11－4
车载充电机	BV10－26	BV10－27
空调压缩机	BV08－6	BV08－7
PTC加热控制器	CA61－5	CA61－7		标准电阻：<1Ω
9	诊断数据判断	(1) 利用万用表电阻挡低量程挡位测得车载充电机部件端子 BV10－26 与 BV10－27 之间的电阻值溢出(∞) (2) 将万用表电阻挡量程由低挡位调至 20kΩ 挡，测量值仍溢出(∞)，判定高压互锁线路在车载充电机内部断路 	标准电阻：<1Ω
10	确定维修方案	(1) 确认客户维修车辆需要更换的部件是否在质保范围内或质保期内，如是，按照厂家要求申请配件 (2) 与客户沟通维修方案，确定工时费，如果维修配件需自费，需要确定配件价格 (3) 与客户确定交车时间 (4) 按照维修手册中的步骤更换故障部件	更换车载充电机
11	验证	(1) 车辆上电，确认故障现象消失，并无其他异常现象 (2) 读取故障代码，控制系统显示正常	车辆恢复正常状况

🔧 **问题情境一**

CAN 总线网络通信故障同样会导致吉利帝豪 EV450 电动汽车无法上高压电的故障，请问遇到该问题时应该如何处理？

解决途径： CAN 总线网络通信故障会导致车辆各控制模块之间通信异常，从而使电动汽车无法上高压电。在检测、诊断过程中，利用故障诊断仪与车辆相关控制模块连接读取信息时，会提示无法连接或通信，在确保故障诊断仪功能正常且规范使用的前提下，可以查阅通信系统电路图和诊断步骤，对通信线路及相关部件进行检测，确定故障部位，从而解决车辆无法上高压电的故障。

问题情境二

客户反映吉利帝豪 EV450 电动汽车在电量充足的情况下无法启动,经维修技师初步检查发现是车辆无法上高压电,连接故障诊断仪读取故障码,显示系统正常,如果你是维修技师,下一步应该如何处理?

解决途径: 导致车辆无法上高压电的故障原因有很多,并不是所有的故障都会有故障代码。当对某一控制系统读取故障代码显示系统正常时,首先确认其他控制系统是否存在故障代码,并且会导致相同的故障现象。若均未读取到故障代码,需要根据电动汽车高压上电条件读取相关传感器或执行器的数据流。例如,制动踏板位置传感器故障,会导致无法上高压电,而且没有故障代码,但利用故障诊断仪的数据流读取功能可以发现该传感器数据存在异常。

学习结果评价

序号	评价内容	评价标准	评价结果(是/否)
1	知识与技能	能简述电动汽车上电预充电的原因	□是 □否
		能表述电动汽车高压上电过程	□是 □否
		能表述电动汽车高压下电过程	□是 □否
		能简述高压上电失败的原因	□是 □否
		能对电动汽车不能上电的故障进行检测、诊断	□是 □否
2	安全与5S	能对场地进行安全检查	□是 □否
		能安全操作举升机	□是 □否
		能做好安全防护后进入车辆底部	□是 □否
		能遵守场地日常安全条例	□是 □否
		能对工具、工位进行整理、复位、清扫	□是 □否
3	总评	是否能够进行下一步内容的学习	□是 □否

课后作业

1. 连接动力电池高压上电电路图。

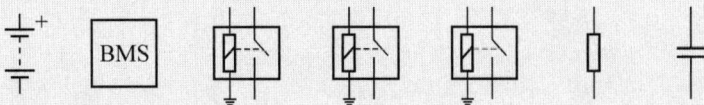

高压正极继电器　预充继电器　高压负极继电器　预充电阻　电容

2. 下列哪一幅图能够完成高压上电？说明其他三幅图不能完成高压上电的原因。

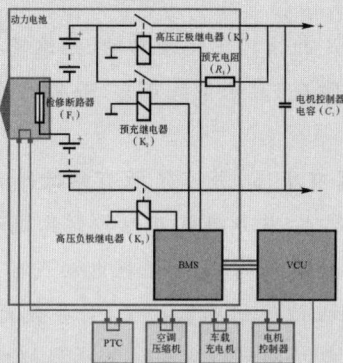

（1）

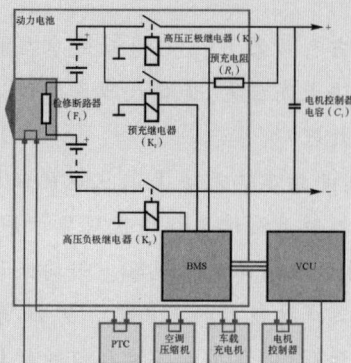

（2）

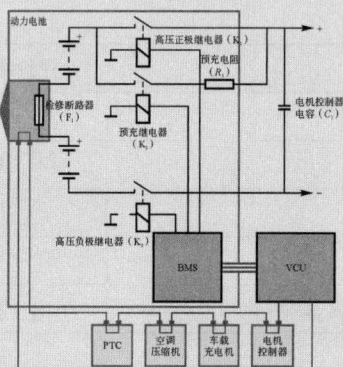

（3）

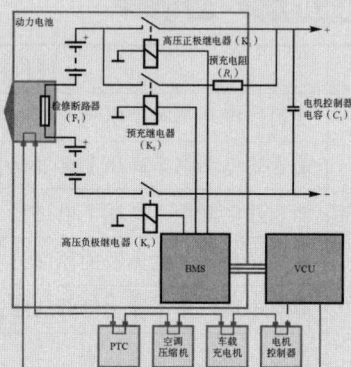

（4）

任务二

分析诊断车辆不能行驶故障

学习目标

知识目标

1. 掌握电动汽车不能行驶故障的原因；

2. 掌握车辆故障的一般诊断策略。

能力目标

1. 能正确拆装高压线束；

2. 能对电动汽车不能行驶故障进行检测、诊断。

素养目标

1. 通过对电动汽车不能行驶故障的检测、诊断,培养综合分析的能力和细致严谨的学习态度;

2. 通过工位整理、车辆防护和高压防护的作业练习,培养安全意识和规范意识。

基本知识

一、电动汽车不能行驶的原因

低压电源故障:低压蓄电池损坏、馈电;低压蓄电池电源线路故障;高压互锁电路故障;DC/DC 转换器故障。

控制单元电源故障:整车控制器、驱动电机控制器、电池管理系统等控制单元电源线路故障;搭铁线路故障;控制系统元件故障。

传感器及其线路故障:加速踏板及其线路故障;挡位开关及其线路故障;驱动电机转角/转速传感器及其线路故障;制动踏板开关及其线路故障;冷却液温度传感器及其线路故障;电流传感器及其线路故障。

执行器及其线路故障:动力电池继电器及其线路故障;驱动电机功率转换器故障。

通信故障:CAN 通信线或相关控制单元故障。

防盗系统故障:点火开关、钥匙芯片故障;防盗系统电路故障;防盗控制单元故障。

高压线路故障:高压线路故障;高压分线盒故障;动力电池损坏;驱动电机及其线路故障。

二、车辆故障一般诊断策略

当维修技师针对每个具体故障或客户反映的问题制定行动方案时,"诊断策略"可以提供指导。在面对各种不同故障情况时,能够遵循一种步骤相近的方案,可最大限度地提高车辆诊断和维修的效率。在实际解决客户报修的问题时,并不是要严格执行每一步"诊断策略",但诊断程序的第一步必须是"理解和确认客户的保修问题",诊断程序的最后一步应该是"维修并确认修复故障"。诊断策略的具体步骤如图 8-2-1 所示。

三、加速踏板位置传感器

加速踏板位置传感器由两个相互独立的电位器组成,当驾驶员踩下或松开加速踏板时,电位器滑动,电阻发生改变,如图 8-2-2 所示,传感器向 VCU 发送电压信号,电压的大小取决于加速踏板踩下的程度。

VCU 监控两个电位器信号,当其中一个电位器信号失灵时,使用另一个信号代替。如图 8-2-3 所示为吉利帝豪 EV450 电动汽车加速踏板位置传感器电路。

理解和确认客户的保修问题

目视检查是否异常 ← 否 — 确认车辆是否达到设计性能 — 是 → 对比检查相同车辆的性能/功能 → 参考维修手册或用户手册，对用户做出解释，若不满意，提交一份现场维修报告

是

正常

检查是否存在相关维修通信、召回或预备信息

有

无

检查车辆是否有故障代码 — 是 → 确定故障代码是否能够被清除 — 不能

否

能

是否存在明显故障症状或异常数据流 — 否 → 分析并制定诊断计划或请求技术支持

是

根据故障症状或异常数据流，查阅维修手册

间歇性故障或历史故障

根据故障代码，查阅维修手册

查找故障原因

维修并确认修复故障 — 否

是

一切正常

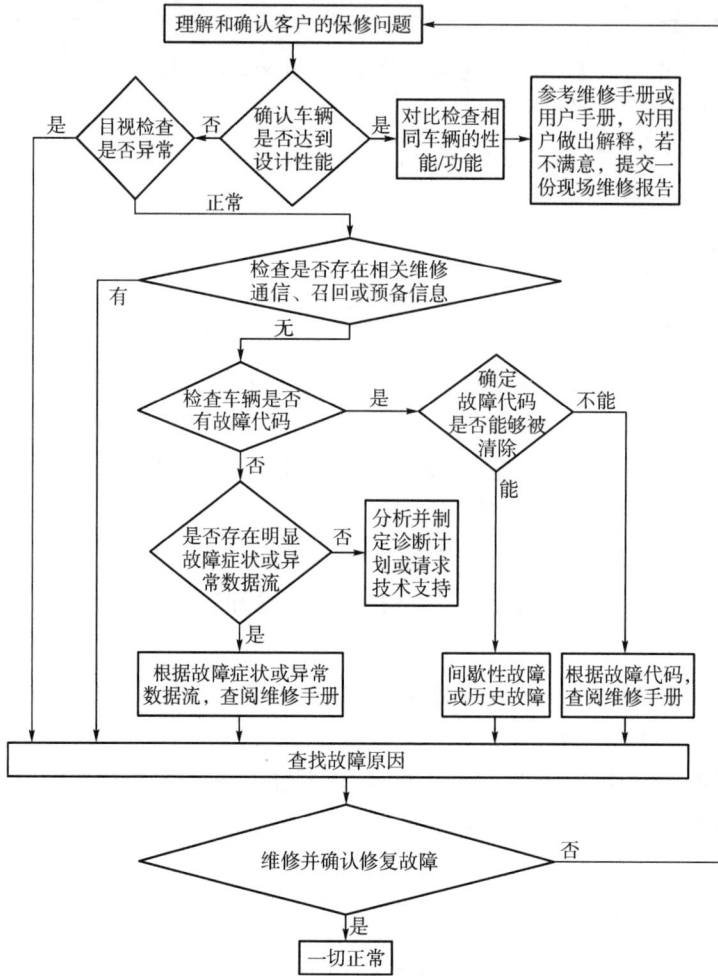

图 8-2-1 诊断策略

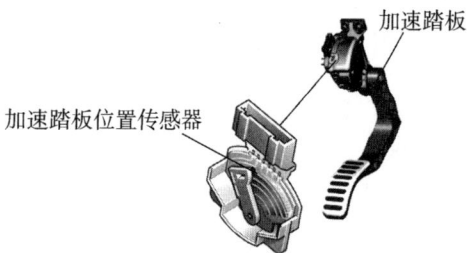

加速踏板

加速踏板位置传感器

5 IP63 6 IP63 1 IP63 3 IP63 4 IP63 2 IP63

123 CA67 112 CA67 99 CA67 124 CA67 111 CA67 100 CA67

GND2 POS2 VCC2 GND1 POS1 VCC1

VCU

图 8-2-2 加速踏板位置传感器

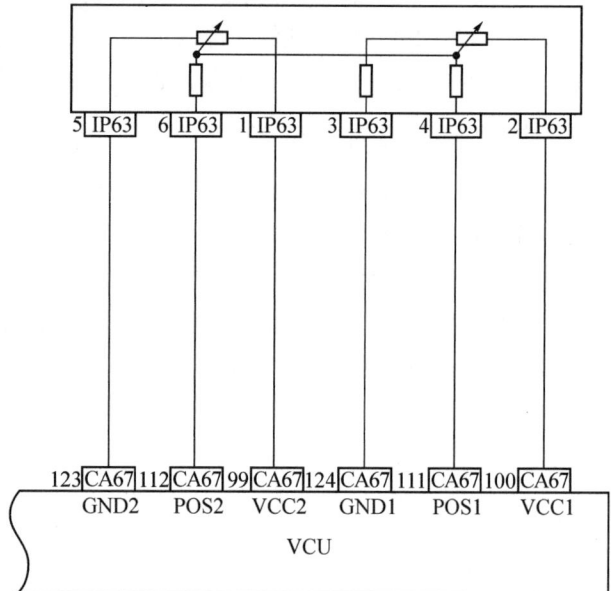

图 8-2-3 吉利帝豪 EV450 电动汽车加速踏板位置传感器电路

能力训练

一、操作条件

① 设备:吉利帝豪 EV450 电动汽车、举升机。

② 工具和器材:吉利帝豪 EV450 电子维修手册、道通 MS908S 通用故障诊断仪、万用表。

二、安全及注意事项

① 需按规范操作举升机,并做必要的安全防护,不能盲目举车或进入车底;

② 当打开车辆前机舱盖或进入车辆底部时,不要盲目碰触高压导线及设备,避免触电危险;

③ 按高压防护要求布置作业场地,检查穿戴的防护设备,规范使用检测仪器;

④ 按照技术规范完成车辆下电、验证、检测等操作;

⑤ 对所使用的计算机、车辆、举升机等要及时规整复位,并对场地进行 5S 工作。

三、操作过程

序号	操作步骤	操作方法及说明	操作标准
1	准备工位	(1) 准备方向盘套、座椅套和地板垫、车轮挡块 (2) 查看车辆信息,选取维修手册。本次任务选用吉利帝豪 EV450 电动汽车 (3) 准备故障诊断仪,本次任务选用道通 MS908S 通用故障诊断仪、万用表	能够根据车辆的型号、生产年份、配置等信息选取维修手册
2	车辆防护	(1) 设置车轮挡块 (2) 设置方向盘套、座椅套、地板垫	挡块、方向盘套、座椅套、地板垫设置到位
3	确认车辆故障现象	根据客户反映,确认车辆存在的故障现象	启动车辆,踩下加速踏板后,车辆不能行驶
4	目视检查	(1) 检查车辆高压上电情况 (2) 检查行车制动器和驻车制动器 	(1) 高压上电正常且动力电池无馈电 (2) 制动器无制动拖滞或卡滞

序号	操作步骤	操作方法及说明	操作标准
5	读取故障码	(1) 连接故障诊断仪，操作启动开关至 ON 状态，读取故障代码 (2) 清除故障代码，并再次读取故障代码	(1) 第一次读取故障代码：P1C1E04/P1C1F04/P1C2004/P1C2104/P1C2204 (2) 第二次读取故障代码：P1C1E04/P1C1F04/P1C2004/P1C2104/P1C2204
6	查阅维修手册	(1) 查阅 P1C1E04 等故障代码，为加速踏板故障，分析可知，该故障会引起车辆无法行驶的故障现象 (2) 根据故障码翻阅维修手册，并分析加速踏板电路 ▸📖 10.2.5 诊断信息和步骤 　📖 10.2.5.1 诊断说明 　📖 10.2.5.2 目视检查 　📖 10.2.5.3 计算机集成系统端子列表 　📖 10.2.5.4 故障诊断代码(DTC)列表 　📖 10.2.5.5 故障诊断数据流列表 　📖 10.2.5.6 VCU电源故障 　📖 10.2.5.7 VCU通讯故障 　📖 10.2.5.8 DTC：P1C1E04,P1C1F04……	在手册中找到加速踏板相关故障码的所在目录，并阅读所需内容
7	检测准备	(1) 高压防护：绝缘垫绝缘测试；检查并佩戴安全帽、绝缘手套、护目镜 (2) 操作启动开关使电源模式置于 OFF 状态 (3) 断开低压蓄电池负极电缆	(1) 绝缘垫阻值大于 20MΩ；安全帽、绝缘手套、护目镜无开裂 (2) 操作步骤顺序正确 (3) 低压蓄电池负极电缆用绝缘胶带包裹
8	检查加速踏板与 VCU 之间的线束	(1) 断开 VCU 连接器 CA67 和加速踏板连接器 IP63 	标准电阻：<1Ω

序号	操作步骤	操作方法及说明	操作标准
8	检查加速踏板与 VCU 之间的线束	（2）用万用表电阻挡判断 VCU 连接器 CA67 与加速踏板连接器 IP63 之间线路的导通状况 | 检测对象	测量点 A	测量点 B | |---|---|---| | 2 组电源线 | IP63 - 1 | CA67 - 99 | | 1 组电源线 | IP63 - 2 | CA67 - 100 | | 1 组搭铁线 | IP63 - 3 | CA67 - 124 | | 1 组信号线 | IP63 - 4 | CA67 - 111 | | 2 组搭铁线 | IP63 - 5 | CA67 - 123 | | 2 组信号线 | IP63 - 6 | CA67 - 112 | 	标准电阻：<1Ω
9	检查加速踏板连接器线束对地短路	用万用表电阻挡判断加速踏板连接器线路对地短路状况 | 检测对象	测量点 A	测量点 B | |---|---|---| | 2 组电源线 | IP63 - 1 | | | 1 组电源线 | IP63 - 2 | | | 1 组搭铁线 | IP63 - 3 | 车身（接地） | | 1 组信号线 | IP63 - 4 | | | 2 组搭铁线 | IP63 - 5 | | | 2 组信号线 | IP63 - 6 | | 	标准电阻：10kΩ 或更大

序号	操作步骤	操作方法及说明	操作标准
10	检查加速踏板连接器线束对电源短路	(1) 连接低压蓄电池负极电缆 (2) 操作启动开关至 ON 状态 (3) 用万用表直流电压挡判断加速踏板连接器线路对电源短路状况 检测对象/测量点A/测量点B表格如下 	标准电压:0V

检测对象	测量点 A	测量点 B
2 组电源线	IP63－1	车身(接地)
1 组电源线	IP63－2	
1 组搭铁线	IP63－3	
1 组信号线	IP63－4	
2 组搭铁线	IP63－5	
2 组信号线	IP63－6	

序号	操作步骤	操作方法及说明	操作标准
11	诊断数据判断	(1) 加速踏板位置传感器线路导通性测量值均小于 1Ω,对地短路状况测量值均∞,对电源短路状况测量值 0V,说明加速踏板位置传感器线路正常 (2) 更换新的加速踏板位置传感器,车辆不能行驶的故障现象解除,读取故障码显示"系统正常",说明原加速踏板位置传感器损坏 	更换新部件观察故障现象、读取故障码或数据流
12	确定维修方案	(1) 确认客户维修车辆需要更换的部件是否在质保范围或质保期内,若是,按照厂家要求申请配件 (2) 与客户沟通维修方案,确定工时费,若维修配件需自费,需要确定价格 (3) 与客户确定交车时间 (4) 按照维修手册步骤更换故障部件	更换加速踏板位置传感器
13	验证	(1) 车辆上电后,确认故障现象消失,并无其他异常现象 (2) 读取故障码,控制系统显示正常	车辆恢复正常状况

问题情境一

客户反映某款电动汽车无法行驶,维修技师初步检查后发现车辆高压上电正常,故障诊断仪与各控制模块通信的功能正常,且未读取到故障码,请问根据诊断策略,应该如何进行下一步的检测?

解决途径:查询厂家提供的技术公告,若没有提供导致该故障的技术说明,需要利用故障诊断仪查看动力电池、驱动电机、加速踏板传感器等部件的相关数据流,确定车辆是否存在导致车辆不能行驶的无码故障,若发现异常数据,根据维修手册进行判断、维修。

问题情境二

一辆吉利帝豪 EV450 电动汽车,维修技师在对加速踏板位置传感器线路检测时发现 IP63-1 对车身搭铁的电阻为 0.3Ω,判断传感器 2 组电源线对搭铁短路,仔细检查后发现是由于 2 组电源线绝缘橡胶破损,导致与车身金属发生碰触引起短路,对其修复后,发现故障码依然存在,但涉及加速踏板位置传感器的线路检测均正常,请问应该如何继续处理?

解决途径:首先需要更换一个新的加速踏板位置传感器,观察故障现象和故障码是否能够解除,如果故障依然存在,说明原加速踏板位置传感器正常,考虑 2 组电源线对搭铁短路的故障可能损坏了控制单元,所以需要更换 VCU 进行判断。

学习结果评价

序号	评价内容	评价标准	评价结果(是/否)	
1	知识与技能	能对车辆不能行驶的综合性故障原因进行分析	□ 是	□ 否
		能根据汽车故障诊断策略对车辆进行检测、分析	□ 是	□ 否
		能排除车辆不能行驶的简单故障	□ 是	□ 否
		能完成对加速踏板位置传感器线路的检测、判断	□ 是	□ 否
2	安全与5S	能对场地进行安全检查	□ 是	□ 否
		能安全操作举升机	□ 是	□ 否
		能做好安全防护后进入车辆底部	□ 是	□ 否
		能规范对车辆高压进行下电和上电操作	□ 是	□ 否
		能按照技术规范做好高压防护	□ 是	□ 否
		能遵守场地日常安全条例	□ 是	□ 否
		能对工具、工位进行整理、复位、清扫	□ 是	□ 否
3	总评	是否能够进行下一步内容的学习	□ 是	□ 否

课后作业

1. 请给下列的诊断步骤排序,在圆圈内填写序号。

◯	目视检查	确定故障并维修	◯
◯	再次读取故障码	检测查找故障	◯
◯	查阅维修手册确定检测步骤	目视检查	◯
◯	清除故障码	读取数据流	◯
◯	与客户沟通确定维修方案	读取故障码	◯
◯	维修并验证故障是否排除	明确故障现象	◯

2. 请圈出下图加速踏板位置传感器的电位器部分,并在正确选项前打钩。

当驾驶员踩踏加速踏板时,电位器的电阻值(□ 改变/□ 不变),传感器输送给控制单元的电压值(□ 改变/□ 不变),以此识别驾驶员的控制意图。

每个传感器一般包括(□ 1/□ 2/□ 3/□ 4)个电位器,当驾驶员控制加速踏板的轴转动时,各电位器(□ 同时/□ 不同时)滑动,输送给控制单元的电压值(□ 相等/□ 不相等)。当其中一个电位器信号失灵时,由另一个信号(□ 可以/□ 不可以)代替。

分析诊断车辆不能充电故障

学习目标

知识目标
1. 掌握交流充电的控制策略;
2. 掌握直流充电的控制策略。

能力目标
1. 能正确拆装高压线束或连接器线束;
2. 能对电动汽车不能充电故障进行检测、诊断。

素养目标
1. 通过对电动汽车不能充电故障的检测、诊断,培养综合分析的能力和细致严谨的学习态度;
2. 通过工位整理、车辆防护和高压防护作业的练习,培养安全意识和规范意识。

基本知识

一、交流充电的控制策略

如图 8-3-1 所示为交流充电的原理图,其控制策略如下所述。

① 交流充电头与充电插座连接后,车载充电机首先检测 CC 和 CP 信号,CC 信号通过 R_C 电阻值的变化判断充电线容量。供电设备中的 S_1 开关由 12V 电压切换至 PWM,发送脉冲信号给车辆,通过 CP 信号判断供电设备的供电能力。

② 当车辆处于休眠或停车状态检测到充电头连接时,车载充电机检测到 CC 或 CP 信号,自身唤醒。

③ 待车载充电机自身唤醒后,接着唤醒 VCU 和 BMS。

④ VCU 和 BMS 被唤醒后,进入交流充电模式,并检测车辆是否存在故障及动力电池电量信息。

⑤ 车载充电机反馈充电线束状态和供电设备信息给 BMS。

⑥ BMS 根据车载充电机反馈的信息和车辆状态,发送开始充电或停止充电指令给车载充电机。

⑦ 交流充电桩的供电控制装置通过 CP 信号判断车辆状态,然后连接或断开 K_1、K_2 开关,车载充电机根据接收到的指令开始或停止充电。

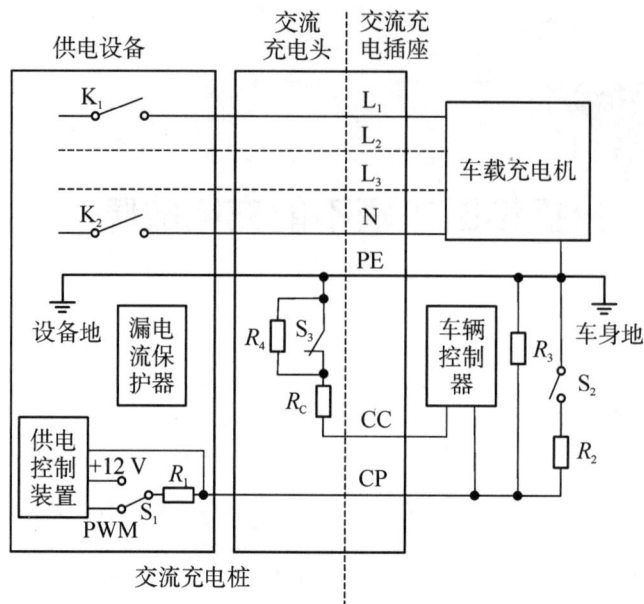

图 8 - 3 - 1　交流充电的原理图

二、直流充电的控制策略

如图 8 - 3 - 2 所示为直流充电的原理图,当直接使用 BMS 与直流充电桩进行信息交互和检测,VCU 进行辅助判断时,其控制策略如下所述。

① 当直流充电头与充电插座连接后,BMS 检测 CC_2 信号,判断充电头和插座是否连接,然后通过 CAN 通信总线 S+ 和 S- 与直流充电桩进行信息交换。

② 如果车辆在休眠或停车状态,BMS 检测到 CC_2 信号时,即充电头与插座连接时,BMS 完成自唤醒。

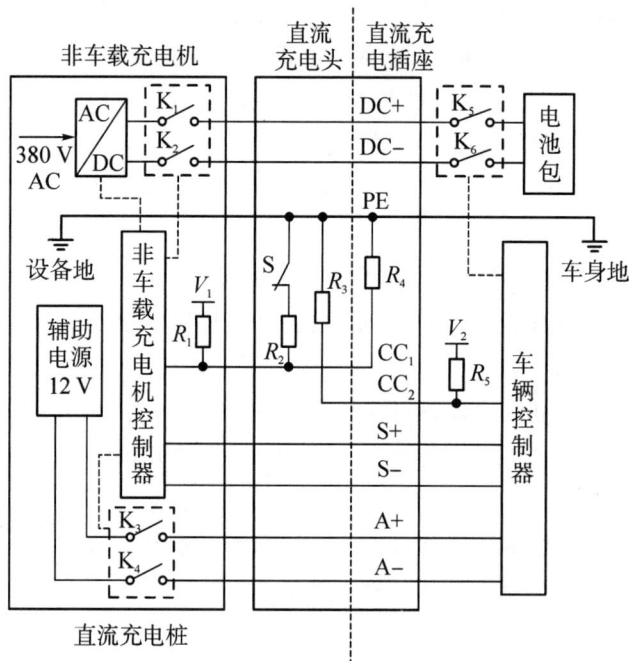

图 8 - 3 - 2　直流充电的原理图

③ BMS 自唤醒后,接着唤醒 VCU,车辆进入直流充电模式。

④ BMS 根据直流充电桩反馈的信息和车辆状态,发送开始充电或停止充电指令给直流充电桩。

⑤ 直流充电桩根据 CC_1 信号和 BMS 反馈信息,通过 K_1 和 K_2 开关控制充电或停止充电。

⑥ 当充电完成或停止充电后,整车进入休眠状态,以减少能量消耗。

A＋和 A－是辅助电源,乘用车一般为 12V,大客车为 24V。直流充电桩可通过 A＋和 A－ 为车辆提供辅助低压电源,但不强制要求配备直流充电器。

三、电动汽车不能充电的原因

电动汽车不能充电的主要有车辆外部设备故障、车载充电设备故障、VCU 故障、动力电池故障和通信故障五个原因。

车辆外部设备故障:车辆充电时需要与外部设备进行连接,故障方向主要包括充电桩、充电连接线和充电枪(充电头)。

车载充电设备故障:车载充电设备故障方向主要包括交流充电插座、直流充电插座和车载充电机。

VCU 故障:车辆 VCU 发生故障时也会使车辆产生充电异常现象。无论是直流充电还是交流充电,都需要 VCU 接收到充电连接信号和充电确认信号,并通过 CAN 通信总线和 BMS 进行通信。VCU 的故障主要包括 VCU 未上电、VCU 通信故障和 VCU 元件损坏。

动力电池故障:动力电池故障主要包括 BMS 故障、接口故障、电池内部传感器故障和电池硬件故障。

通信故障:电动汽车采用 CAN 总线通信,当 CAN 通信总线发生故障时,会导致充电系统不能唤醒。

能力训练

一、操作条件

① 设备:吉利帝豪 EV450 电动汽车、举升机。

② 工具和器材:吉利帝豪 EV450 维修手册、道通 MS908S 通用故障诊断仪、万用表。

二、安全及注意事项

① 需按规范操作举升机,并做必要的安全防护,不能盲目举车或进入车底;

② 当打开车辆前机舱盖或进入车辆底部时,不要盲目碰触高压导线及设备,避免触电危险;

③ 按高压防护要求布置作业场地,穿戴防护设备,规范使用检测仪器;

④ 按照技术规范完成车辆下电、验证、检测等操作;

⑤ 对所使用的计算机、车辆和举升机等要及时规整复位,并对场地进行 5S 工作。

三、操作过程

序号	操作步骤	操作方法及说明	操作标准
1	准备工位	（1）准备方向盘套、座椅套和地板垫、车轮挡块 （2）查看车辆信息，选取维修手册。本次任务选用吉利帝豪 EV450 电动汽车 （3）准备故障诊断仪，本次任务选用道通 MS908S 通用故障诊断仪、万用表	能够根据车辆的型号、生产年份、配置等信息选取维修手册
2	车辆防护	（1）设置车轮挡块 （2）设置方向盘套、座椅套、地板垫	挡块、方向盘套、座椅套、地板垫设置到位
3	确认车辆故障现象	根据客户反映，确认车辆存在的故障现象	车辆不能进行慢充（交流充电）
4	目视检查	（1）检查充电枪及连接线、充电插座 （2）检查充电枪与充电插头连接的情况 	（1）充电枪和充电插座连接插孔无异物、变形等异常情况 （2）充电枪与充电插头能够正常、可靠连接
5	读取故障码	（1）连接故障诊断仪，操作启动开关至 ON 状态，读取故障码 （2）清除故障码，并再次读取故障码	分两次读取故障码
6	查阅维修手册	（1）查阅 U007300 等故障码，为车载充电机与其他控制模块通信丢失故障，分析可知，该故障会引起车辆无法充电的故障现象 （2）根据故障码或车载充电机通信故障的症状翻阅维修手册 	在手册中找到车载充电机通信故障所在目录，并阅读所需内容

序号	操作步骤	操作方法及说明	操作标准
6	查阅维修手册	（3）分析车载充电机电源和通信线路 	在手册中找到车载充电机通信故障所在目录，并阅读所需内容
7	检测准备	（1）高压防护：绝缘垫绝缘测试；检查并佩戴安全帽、绝缘手套、护目镜 （2）操作启动开关使电源模式置于 OFF 状态 （3）断开低压蓄电池负极电缆	（1）绝缘垫阻值大于 20MΩ；安全帽、绝缘手套、护目镜无开裂 （2）操作步骤顺序正确 （3）低压蓄电池负极电缆用绝缘胶带包裹
8	检查低压蓄电池	利用万用表直流电压挡测量低压蓄电池电压 	标准电压：11～14V
9	检查车载充电机熔丝 EF27	（1）利用手册查阅 EF27 熔丝位置 （2）用万用表电阻挡检测 EF27 熔丝 	熔丝电阻：<1Ω

序号	操作步骤	操作方法及说明	操作标准
10	检查车载充电机线束连接器的端子电压	（1）断开车载充电机线束连接器 BV10 （2）连接低压蓄电池负极电缆 （3）操作启动开关至 ON 状态 （4）用万用表直流电压挡测量车载充电机线束连接器 BV10-4 对车身（接地）的电压 	标准电压:11～14V
11	检查车载充电机线束连接器接地端子导通性	（1）操作启动开关使电源模式至 OFF 状态 （2）测量车载充电机线束连接器 BV10-6 与车身（接地）之间的电阻值 	标准电阻:<1Ω
12	检查 BMS 线束连接器端子电压	（1）操作启动开关使电源模式至 OFF 状态 （2）断开低压蓄电池负极电缆 （3）断开 BMS 线束连接器 CA69 （4）连接低压蓄电池负极电缆 （5）操作启动开关使电源模式至 ON 状态	标准电压:11～14V

序号	操作步骤	操作方法及说明	操作标准
12	检查 BMS 线束连接器端子电压	(6) 测量 BMS 线束连接器 CA69-1/7 对车身(接地)的电压值 	标准电压:11~14V
13	检查 BMS 线束连接器接地端子导通性	(1) 操作启动开关使电源模式至 OFF 状态 (2) 断开低压蓄电池负极电缆 (3) 断开 BMS 线束连接器 CA69 (4) 测量 BMS 线束连接器 CA69-2 与车身(接地)之间的电阻值 	标准电阻:<1Ω
14	检查车载充电机线束连接器与 BMS 线束连接器之间的数据通信线	(1) 操作启动开关使电源模式至 OFF 状态 (2) 将低压蓄电池负极电缆从低压蓄电池上断开 (3) 断开车载充电机线束连接器 BV10 (4) 从 BMS 上断开线束连接器 CA69 (5) 利用万用表电阻挡测量车载充电机线束连接器 BV10-54 与 BMS 线束连接器 CA69-4 之间的电阻值 (6) 利用万用表电阻挡测量车载充电机线束连接器 BV10-55 与 BMS 线束连接器 CA69-3 之间的电阻值 	标准电阻:<1Ω

序号	操作步骤	操作方法及说明	操作标准
15	诊断数据判断	(1) 在线路检测过程中,发现 BV10－55 与 CA69－3 之间的电阻值为∞,说明车载充电机与 BMS 之间的一根数据通信线断路 (2) 目视检查车载充电机至 BMS 之间的数据通信线,未发现异常部位,更换线束后,车辆不能充电的故障现象解除,读取故障代码显示"系统正常"	目视检查线束发现异常点,对线路进行维修,如未发现异常部位,则更换新线束,并观察故障现象,读取故障代码或数据流
16	确定维修方案	(1) 确认客户维修车辆需更换的部件是否在质保范围或质保期内,如是,按照厂家要求申请配件 (2) 与客户沟通维修方案,确定工时费,如维修配件需自费,需要确定价格 (3) 与客户确定交车时间 (4) 按照维修手册的步骤更换故障部件	更换线束
17	验证	(1) 确认故障现象消失,并无其他异常现象 (2) 读取故障代码,控制系统显示正常	车辆恢复正常充电状况

问题情境一

如果你在诊断吉利帝豪 EV450 电动汽车时,发现车载充电机熔丝 EF27 熔断,请问应该如何进行下一步骤的检测?

解决途径:查阅维修手册,如下图所示,根据手册提示检测、判断熔丝后方连接的导线是否存在短路,从而导致熔丝熔断。

A 检查熔丝EF27是否熔断。

否 ▷ 转至步骤5。

是

步骤4 检修熔丝EF27线路。

A 检查熔丝EF27线路是否有短路故障。
B 进行线路维修,确认没有线路短路现象。
C 更换额定电流的熔丝。EF27熔丝的额定电流为 10 A
D 确认车载充电机是否正常工作。

问题情境二

吉利帝豪 EV450 电动汽车维修手册中车载充电机通信故障的诊断步骤包括对 BMS 控制模块电源电路的检测,但手册中并没有绘出相关的电路图,对于初次维修该车型的维修技师会造成理解障碍,那么应该如何查找该部分的电路呢?

解决途径:

① BMS 控制模块电源电路属于动力电池总成的一部分,可以在相关目录下查询到电路图,如下图所示:

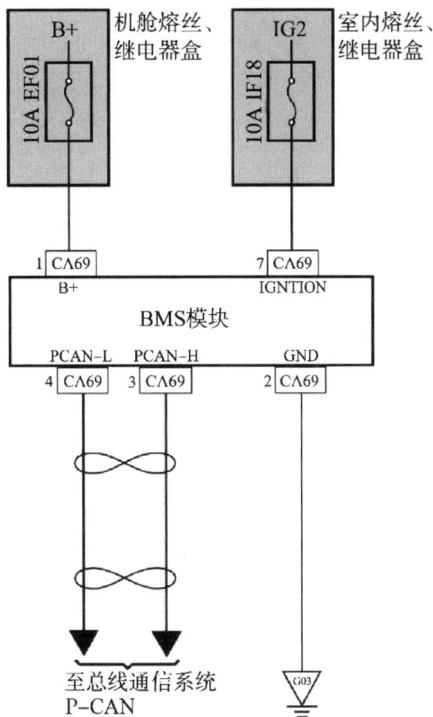

机舱熔丝、继电器盒

室内熔丝、继电器盒

B+ 10A EF01

IG2 10A IF18

1 CA69 B+

7 CA69 IGNTION

BMS模块

PCAN-L PCAN-H GND

4 CA69 3 CA69 2 CA69

至总线通信系统 P-CAN

G03

② 在电路图手册中查找 BMS 控制模块电源电路,如下图所示:

前机舱熔丝、继电器盒

室内熔丝、继电器盒

B+ 10 A EF01

IG2 10 A IF18

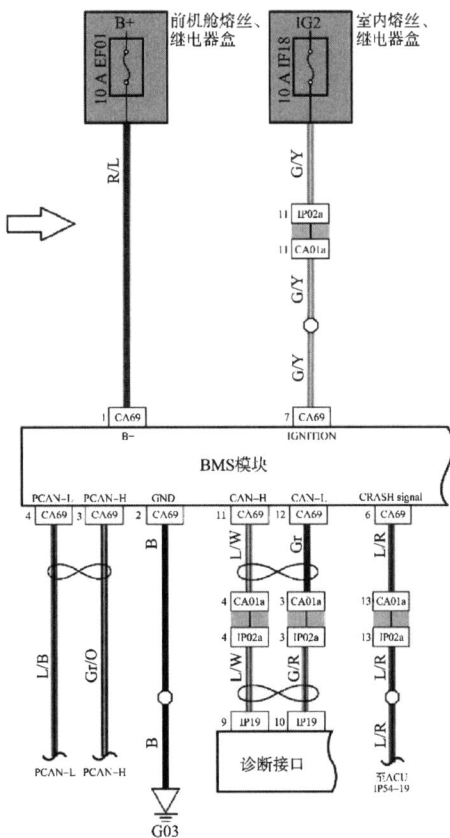

R/L

G/Y

11 IP02a

11 CA01a

G/Y

G/Y

1 CA69 B-

7 CA69 IGNTION

BMS模块

PCAN-L PCAN-H GND CAN-H CAN-L CRASH signal

4 CA69 3 CA69 2 CA69 11 CA69 12 CA69 6 CA69

L/W Gr L/R

4 CA01a 3 CA01a 13 CA01a

4 IP02a 3 IP02a 13 IP02a

L/B Gr/O B L/W G/R L/R

9 IP19 10 IP19 13 IP19

PCAN-L PCAN-H B 诊断接口 L/R

G03

至ACU IP54-19

学习结果评价 >>

序号	评价内容	评价标准	评价结果（是/否）
1	知识与技能	能对交流充电的控制策略进行简单描述	☐是 ☐否
		能对直流充电的控制策略进行简单描述	☐是 ☐否
		能够排除车辆不能充电的故障	☐是 ☐否
2	安全与5S	能对场地进行安全检查	☐是 ☐否
		能安全操作举升机	☐是 ☐否
		能做好安全防护后进入车辆底部	☐是 ☐否
		能够按照技术规范做好高压防护	☐是 ☐否
		能遵守场地日常安全条例	☐是 ☐否
		能对工具、工位进行整理、复位、清扫	☐是 ☐否
3	总评	是否能够进行下一步内容的学习	☐是 ☐否

课后作业 >>

1. 请给下列交流充电的控制策略排序，在圈内标上序号。

○ 车载充电机唤醒

○ 唤醒VCU和BMS

○ 检测CC和CP信号

○ BMS接收反馈信息后发送充电指令

○ 检测车辆及电池状态

○ K_1和K_2开关闭合

2. 下列选项中哪些故障会导致电动汽车不能充电，请在对应选项前打钩。

☐ 充电桩　　☐ 充电连接线　　☐ 充电枪　　☐ 电机

☐ 充电插座　☐ 车载充电机　　☐ 通信 VCU　☐ 动力电池

☐ BMS　　　☐ 空调系统

项目九

维修后质量检验

利用诊断仪器对维修后的车辆进行清除故障码、激活 RTM 数据操作

学习目标

知识目标
1. 了解 RTM 的含义及作用；
2. 了解 RTM 的组成及工作过程。

能力目标
1. 能利用故障诊断仪完成清除故障代码操作；
2. 能将 RTM 数据激活。

素养目标
1. 通过完成车辆维修后的故障代码清除及激活 RTM 数据等操作，培养服务意识和严谨负责的工作态度；
2. 通过工位整理、车辆防护和高压防护作业的练习，培养安全意识和规范意识。

基本知识

一、汽车维修质量检验

在汽车维修质量管理工作中，汽车维修质量检验是具体保证和监督汽车维修质量的关键工作。汽车维修质量检验部门应在厂长/经理的直接领导下，代表厂长/经理行使质量检验职能,最终对用户负责。原交通运输部发布的《机动车维修管理规定》中有关条款规定,机动车维修经营者对机动车进行二级维护、总成修理、整车修理应当实行维修前诊断检验制度、维修过程检验制度和竣工质量检验制度。

本任务中的"维修后质量检验"特指维修过程的最后,由维修技师利用故障诊断仪对所维修车辆进行清除故障代码、激活 RTM 数据等操作,以保证车辆的正常运行。

二、RTM 系统介绍

RTM(real time monitor,实时监控)系统:是一套实时监控新能源汽车工作数据的系统,在吉利帝豪 EV450 电动汽车中也称为"远程监控系统"。操作人员可以通过综合平台或企业平台便捷地获取车辆最近一段时期的实时数据(包括单体电池电压数据、动力电池包温度数据、整车数据、卫星定位系统数据、极值数据和报警数据等)。操作人员对获取的数据进行相应的分析后,可以快速地对车辆故障作出初步诊断,从而为客户极大地减少了维护车辆所付出的时间成本。

根据工信部制定的新的国家标准《电动汽车远程服务与管理系统技术规范》中的要求,RTM 系统要向企业和政府后台发送实时车辆数据,以保障新能源汽车的使用安全。其数据传输示意如图 9-1-1 所示。

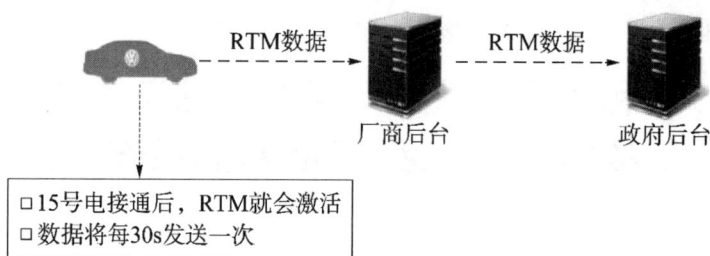

图 9-1-1　RTM 数据传输示意图

工信部对 RTM 系统作出了以下要求:

① 从 2017 年 1 月 1 日起,所有新生产的新能源汽车必须强制施行国标 GB/T 32960;

② 从 2017 年 4 月 1 日起,所有新能源汽车必须强制施行国标《电动汽车远程服务与管理系统技术规范》(GB/T 32960)。

RTM 系统的功用:事故或故障发生前,可以通过 RTM 系统检测到,并提醒用户。图 9-1-2 为 RTM 系统的功用示意图。

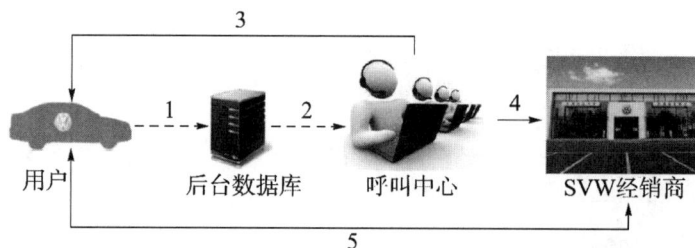

图 9-1-2　RTM 系统的功用示意图

1—告知后台,用户的车辆将出现危险;2—后台数据库向呼叫中心汇报;3—呼叫中心询问用户是否需要帮助;4—呼叫中心联系经销商去帮助用户;5—用户到店维修或经销商到现场进行救援

RTM 系统包含静态数据管理、动态数据管理、系统数据管理和报表管理,如图 9-1-3 所示。

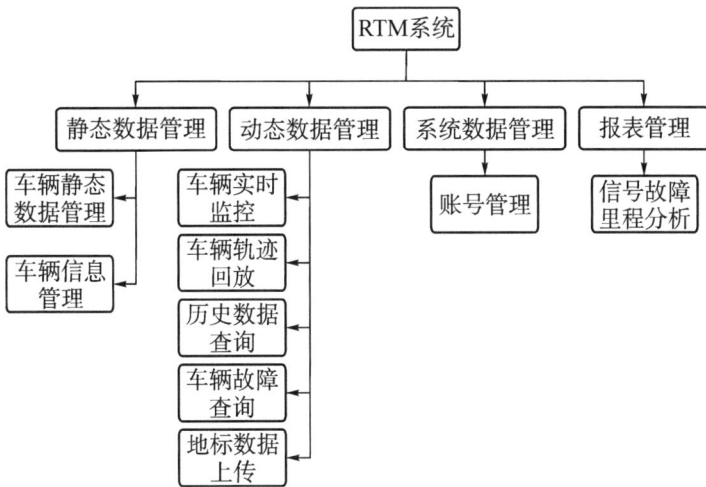

图 9-1-3 RTM 系统

RTM 系统需上传的数据见表 9-1-1。

表 9-1-1 GB/T 32690.3 中要求 RTM 系统上传的数据

序号	数据类别	具体内容
1	完整汽车数据	车辆状态、速度、电池 SOC 值等
2	驱动电机数据	电机转速、电机温度
3	发动机数据——针对燃油车	发动机状态、曲轴转速、燃油消耗量
4	GPS 数据	定位数据、经度、纬度
5	极限值数据	最大单体电压、最小单体电压
6	警告数据	电池温度过高、电池 SOC 值突变、刹车系统等 19 项
7	蓄电池电压数据	所有蓄电池电压
8	蓄电池温度数据	所有蓄电池温度

RTM 系统组成:主要由远程监控模块及双频天线组成。如图 9-1-4 所示,主电源由车上的低压蓄电池来供电;远程监控模块自带备用电池,当车辆出现异常,主电源掉电时,可以使用备用电池供电,以进行车体的状态检测,在指定的情况下可以进行报警。备用电池可供电 30min。

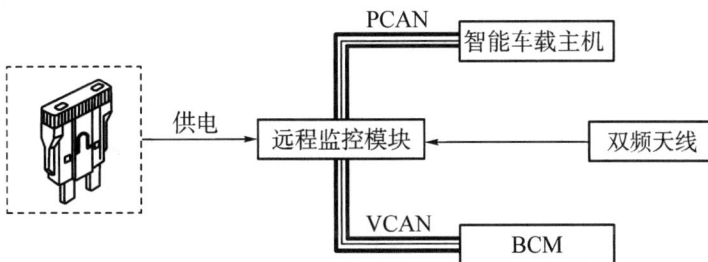

图 9-1-4 RTM 系统电气结构图

远程监控系统注册成功后,应按一定时间周期通过双频天线向后台上报 PCAN 或 VCAN 上收集的实时数据。

三、RTM 系统的操作

激活:远程监控系统装车后第一次连接网络,综合平台或企业平台可以对远程监控系统进行管理。管理内容包括软件升级、参数升级、激活等。远程监控系统只有在激活后用户才能正常使用。

注册:远程监控系统通信链路建立后,自动向后台发送注册信息进行身份识别,后台对接收到的数据进行校验;校验正确后,后台返回校验成功应答;远程监控系统在接收到后台的应答指令后完成本次注册传输。

配置参数查询、设置:后台向远程监控系统发送查询命令,远程监控系统对命令校验后,发送参数信息;后台可向远程监控系统发送设置命令,修改远程监控系统的参数信息。服务器远程配置参数包括数据上报周期、上报服务器的 IP 地址和端口号等。

能力训练

一、操作条件

① 设备:吉利帝豪 EV450 电动汽车。

② 工具和器材:吉利帝豪 EV450 维修手册、道通 MS908S 通用故障诊断仪。

二、安全及注意事项

① 断开高压线束连接器前根据手册规范断开高压电;

② 做好个人高压安全防护;

③ 断开高压线束连接器后,保护好高压互锁接头,防止意外损坏;

④ 当打开车辆前机舱盖或进入车辆底部时,不要盲目碰触高压导线及设备,避免触电危险;

⑤ 对所使用的计算机、车辆等要及时规整复位,并对场地进行 5S 工作。

三、操作过程

序号	操作步骤	操作方法及说明	操作标准
1	准备工位	(1) 准备方向盘套、座椅套和地板垫、车轮挡块 (2) 查看车辆信息,选取维修手册。本次任务选用吉利帝豪 EV450 电动汽车 (3) 准备故障诊断仪,本次任务选用道通 MS908S 通用故障诊断仪	能够根据车辆的型号、生产年份、配置等信息选取维修手册
2	车辆防护	(1) 设置车轮挡块 (2) 设置方向盘套、座椅套、地板垫	挡块、方向盘套、座椅套、地板垫设置到位
3	读取故障代码	(1) 将点火开关置于 OFF 位置 (2) 安装所有维修时拆下或更换的部件或连接器 (3) 将点火开关置于 ON 位置 (4) 读取故障码	读取故障代码:U012887,为电子驻车制动系统通信故障

序号	操作步骤	操作方法及说明	操作标准
4	清除故障代码	(1) 清除故障码 (2) 将点火开关置于 OFF 位置持续 60s (3) 如果维修与故障码有关,则再出现故障代码的条件并使用"冻结故障状态"功能,以便确认不再设置故障码	
5	复位整理	(1) 连接断开的连接器,连接蓄电池负极 (2) 恢复车辆、工具、仪器 (3) 清洁车辆、地面、操作台	(1) 连接器插合到位 (2) 蓄电池负极转矩:9N·m (3) 整洁、整齐

问题情境一

客户反馈 RTM 系统会将其行车数据泄露,且对行车毫无用处,想借保养的机会把其拆掉。如果你是维修技师,应该如何跟他解释?

解决途径:先生/女士您好,RTM 系统是不可以拆除的,它是为了符合国家标准 GB/T 32960 而设计的,用来实时监控车辆的信息,若发生故障甚至事故,可以及时监测到并反馈至后台,对您而言也是一种保护。

问题情境二

客户来店投诉,总接到电话提醒其升级 RTM 系统。这个系统一定要升级吗?

解决途径:升级是指用户可对远程监控系统的软件和参数进行升级。系统需要支持本地和远程两种升级方式,在系统升级的过程中,CAN 总线接口要处于关闭状态。从服务端下载到设备的升级数据需要由 GSM 通道传输。

学习结果评价

序号	评价内容	评价标准	评价结果(是/否)	
1	知识与技能	能掌握数据匹配流程	□是	□否
		能简述 RTM 系统的功用	□是	□否
		能正确使用故障诊断仪	□是	□否
		能简述 RTM 系统的组成	□是	□否
2	安全与5S	能对场地进行安全检查	□是	□否
		能根据手册规范断开高压电	□是	□否
		能做好个人安全防护	□是	□否
		能遵守场地日常安全条例	□是	□否
		能对工具、工位进行整理、复位、清扫	□是	□否
3	总评	是否能够进行下一步内容的学习	□是	□否

课后作业

1. 请完善流程图。

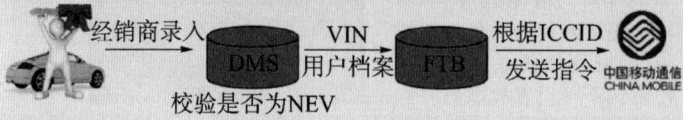

2. 填空。

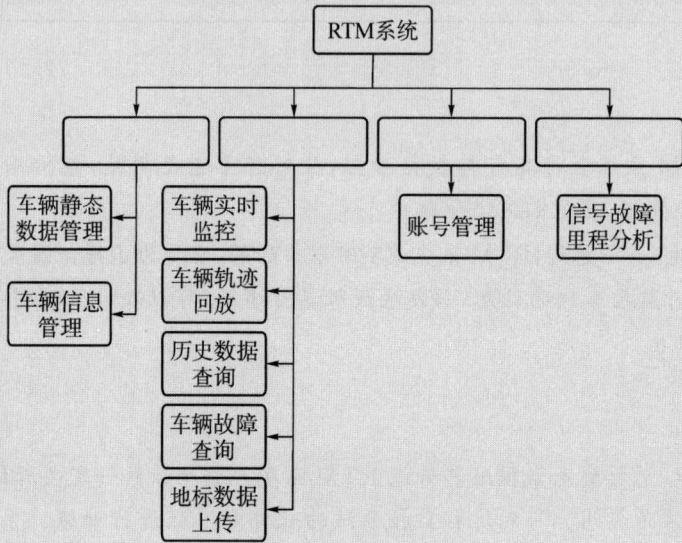

参考文献

［1］Electude B V.新能源汽车高压系统检测虚拟仿真模块(中文版)[CP/OL].北京:Electude中国教育出版中心,2022.

［2］中国汽车工程学会:电动汽车高压系统安全检测技术规范(修订版)[S].北京:中国标准出版社,2022.

［3］王建军,张伟.新能源汽车电控系统故障诊断技术[M].北京:机械工业出版社,2021.

［4］国家市场监督管理总局.纯电动汽车动力电池维护与检测规范[S].北京:中国质检出版社,2020.

［5］李明,周涛,赵强.新能源汽车故障诊断技术[M].北京:机械工业出版社,2022.

［6］陈志华,刘洋.新能源汽车电控维修基础与ECU诊断技术[M].北京:中国质检出版社,2021.